JN073057

酒井 光雄 Sakai Mitsuo

Marketing Exercise

デジタル時代のマーケティング・エクササイズ

プレジデント社

はじめに

「ＳＴＰ」や「ブルーオーシャン戦略」といった基本的なマーケティング用語、「ダイナミックプライシング」や「サブスクリプション」といった最新のビジネス用語を聞いて、「ああ、それは常識だから、知っているよ」「今さらそれがどうしたの」と考えるビジネスパーソンは多いはずだ。近年頻繁に紹介されることが多い「デジタルマーケティング」や「マーケティングオートメーション」からマーケティングに触れた世代は、「マーケティング＝戦術論」と思い込んでいる人がいるかもしれない。

豊富な知識を備えた人たちが、マーケティングの理論や手法を活用し、企業が目的とする結果を出しているのかと問えば、そうでない人たちのほうが圧倒的に多いのが日本の実態だ。

マーケティングの理論やビジネスのフレームワークを知識としては備えていても、実務に活かせていない。あるいは実務に応用できない。日本のビジネスパーソンが直面している問題がここに収れんされていると思う。ＩＴやＡＩが急速に普及する中で戦術にばかり意識が向いてしまい、肝心の戦略づくりが置き去りにされている状況が生まれているようにも見える。

せっかく豊富な知識を備えているのに、なぜ結果に結びつかないのか。その理由は、マーケティングの知識を応用し、自ら考え創造的に思考して解決策を導き出せずにいるからだ。ビジネスを成功に導く解答（鍵）はひとつとは限らず、可能性を秘めた打ち手の中から最善策だと思う方法を生み出して、実行していく。数多（あまた）あるマーケティングの専門書やビジネス書には、有益な理論や情報があふれているが、残念ながらその中に自身が求めている「答え」は記載されてはいない。学んだ知識を自身の知恵に変換し、「答え」は自分の手で導き出す必要があるのだが、そこにたどり着けずにいる。

　日本の学校教育を通じて「記憶力（暗記）を問われ」「テキストには答えが書いてある」、そして「答えはひとつしかない」と思い込まされてきたこれまでの経緯をたどると、「自ら熟慮し、最善策を自身の手で見出す」という創造的な発想と取り組みが、私たちに不足していることも背景にあるのだろう。

　マーケティングの概念を理解し、理論などの知識は得た。同時にＩＴとＡＩが新たな世界を切り開いていくこれからのデジタル社会で、いかにマーケティングを活用し、企業の戦略立案に寄与するように取り組めば、結果を出せるのか。

　そこで求められるのは、創造的な思考を可能にする応用力を磨くことだ。当事者意識を持って異業種他社の事例に取り組み、自分ならどう考え、どんな最善策を見出すかについて試行錯誤を繰り返し、答えにたどり着く経験値を増やすことだ。

　そこで、本書では理論や事例はもとより数多くの思考する場を用意し、当事者意識を持って読者が自身の手で解決策を見出せる構成にした。プロのアスリートと同様、無駄な労力を使わず、効率よくスキルが上達するよう工夫した。それが「エクササイズ」という言葉をタイトルにつけた所以だ。

マーケティングの戦略を立案し、取るべき打ち手を自らの力で考え出して初めて、ＩＴやＡＩはその本領を発揮する。これから次世代のリーダーとして活躍を期待されている読者が、世界を感動させ、魅了する人になってほしいと心から願い、何よりも読者の可能性を信じて、著者は本書を執筆した。

〈本書の使い方〉

本書の各章は、

- ・各章の個別テーマ
- ・理論を実務に活かす
- ・実務スキルを磨くシミュレーションワークショップ

の３部から構成されている。

まず、「各章の個別テーマ」では、教科書的なテーマや解説でなく、実務家が実感しやすいビジネス視点から、実務でマーケティングを実践する際に踏まえてほしいポイントを解説する。

次に、「理論を実務に活かす」では、マーケティングに登場する理論や専門用語、歴史的経緯などを含めてレビューし、「理論や学説をどうすれば実務に応用できるか」という点に的を絞って解説する。

最後の「実務スキルを磨くシミュレーションワークショップ」では、読者のマーケティングスキルを高度化するために、読者が当事者になったつもりで考察する設問を用意した。自分ならどうするかを考え、創造的なマーケティング発想と視点を磨いてほしい。

2020年4月吉日　酒井光雄

目　次

PART 2 内部資源分析

PART 3

新たな市場の策定

PART 4

マーケティング戦略の立案

PART 5 マーケティング戦術の策定

PART 6 実行計画に基づく施策の実施

PROLOGUE

「市場対応型マーケティング」から「市場創造型マーケティング」へ

ビジネス全体のフレームを俯瞰してから個別の作業内容を検討しよう

実務で直面する問題を解決し、閉塞感を打破する新たなマーケティング施策を考え出せずにいる人は多い。

マーケティングの全体構造（フレーム）を踏まえて、個別のフェーズに取り組む具体的な内容を検討せず、個々の方法論や特定分野のマーケティング手法に目を奪われてしまうと、求めている結果にたどり着けない事態が起きる。

ビジネスの現場で実際にマーケティングを活用し、最適なプランを立案して実践していくためには、どのような手順でビジネスを進めていくのか、まずはその全体像を把握しておくことだ。

求められているビジネスのゴールと目標の達成に向けて最適な解と最適な取り組みを導き出すには、まず「マーケティングの全体フレームを把握」し、次に「各フェーズで必要になる取り組みを考えて実践」するという手順を踏んでほしい。

マーケティングは目標を達成するために必要な施策を導き出し、実行する一連の取り組みだ。先ず「マクロとミクロの外部環境分析」を行い、次に「企業の内部環境分析」を実施した上で、「マーケティング戦略の立案」に着手する。どのようなマーケティング戦略を立案するかを、ここまでに分析し検討しておく。次に、「マーケティング戦術の策定」に取り掛かり、最善策を立案して組み合わせ、「実行計画に基づく施策の実施」を行う流れになる（図表1参照）。

図表1　マーケティングの全体構造（フレーム）と本書の構成

序章『市場対応型マーケティング』から『市場創造型マーケティング』へ

マーケティングによる目標とゴール

PART1「マクロとミクロの外部環境分析」

マクロ環境分析
（Chapter1　PEST分析）

ミクロ環境分析
（Chapter2　ファイブフォース分析）
（Chapter3～5　3C分析）

PART2「内部資源分析」

Chapter6　内部資源分析からコア・コンピタンスの特定方法を知る
自社独自の価値を顧客に提供するための中核となる能力を特定する

PART3「新たな市場の策定」

Chapter7　競争相手がいないブルー・オーシャン市場を創出する

PART4「マーケティング戦略の立案」

STP（Chapter8　セグメンテーション、Chapter9　ターゲティング、Chapter10　ポジショニング）

PART5「マーケティング戦術の策定」

Chapter11　4C＆4P、Chapter12～13　マーケティングミックス

PART6「実行計画に基づく施策の実施」

Chapter14　サービス財、Chapter15　サービス・ドミナント・ロジックとサブスクリプション、Chapter16　ラテラルマーケティング、イノベーション、Chapter17　ブランド、Chapter18　メディアとコミュニケーション、Chapter19　ビジネスモデルとしてのプラットフォームマーケティングの全体フレームを把握していれば、手順通りに毎回最初から取りかかる必要はない。仮説を立てた後に手順を変え、最適なフェーズから分析と検討、そして創造的思考を始めても構わない。

マーケティングプランを立案する際に留意すべきことは、各フェーズでそれぞれ緻密に分析を行ったからといって、採るべきマーケティングの答えが必ず出てくるとは限らない点だ。

それぞれのフェーズで分析結果を踏まえ、帰納法（複数の事例を基に、それぞれの共通点を導き出して結論を見出す方法）的に論理的に方向性を導き出しても、具体策を生み出せないことはよくある。

また、理屈で戦略は立案できても、戦術面で独自の解決策や具体策を考え出せず、頓挫する場合もある。分析した人の分析視点が表面的で、創造的に考えるスキルが足りなかったり、詰めが甘かったりする場合も同様だ。

業界の既存ルールや枠組み、前提が旧来のままなら、そこで抽出されたプランはひとつの選択肢としては有効かもしれない。しかし、より良いプランは従来の延長線上にはない視点から見出される場合があることも記憶しておこう。

「市場対応型マーケティング」と「市場創造型マーケティング」

マーケティングには、「市場環境の変化に対応した市場対応型マーケティング」と、「既存市場でなく新たな市場を創造し、業界の前提条件を変えてしまう市場創造型マーケティング」という2つの取り組み視点がある。

日本企業は改良改善視点に基づく経営とマーケティングにより、長年にわたり成功してきた経験があるため、「市場対応型マーケティング」が主流を占めてきた。

だが、21世紀に入るとアメリカに代表されるように、単なる製造業でなくIoTによる新たな機能を付与した製品やサービス、これまで存在しなかったネット上でのプラットフォーム構築とその事業展開、無料でサービスを受けられるフリーミアム、さらにはサブスクリプションという新たなビジネスモデルが続々と登場し、「市場創造型マーケティング」が世界を席巻している。

歴史のある企業は、収益を上げる仕組み（ビジネスモデル）を長年かけて磨き上げてきた。その仕組みが機能している限り、既存システムを活用するほうが「効率的」で「営業活動をはじめとする運営に慣れている」ため、「市場対応型マーケティング」を実践している日本企業は多い。長年にわたって改良改善を加えて今日に至っているのだから、効率のよい社内の仕組みを活用するのは当然だ。

業界の枠組みやルールが機能しているときには、歴史のある大企業は強さを発揮する。だが、新規企業が採用する「市場創造型マーケティング」によって、従来の商習慣や慣例が破壊され、新たなビジネスモデルが席巻すると、旧来の枠組みで動いてきた企業と組織は弱体化し、時に淘汰される事態も招く。

「市場対応型マーケティング」を長年継続している企業の特徴

20世紀から事業を続けてきた企業は、「高成長」「大量消費社会」「大量生産による大量販売」という枠組みの中で成長し、インターネットが存在しない情報環境の中でビジネスを行ってきた。長年事業を続け、また巨大になっているメーカーや小売業は、こうした社会環境を背景に、「市場対応型マーケティング」によって成長してきた。

日本が低成長の成熟社会になると、これまでの業界の枠組みは崩れ始める。メーカーは製造に加え販売も手がけて小売業の領域に進出し、小売業はナショナルブランド（大手メーカーが製造する商品のこと。以下ＮＢ）を販売するだけでなく、自社の優位性を発揮するためプライベートブランド（小売業が自社で販売する商品を、自社で手がける商品のこと。以下ＰＢ）を開発して販売し、メーカー的機能を備えるようになっている。

ネットの普及により、求める商品を最安値で販売するリアルとバーチャルの両方の場所を探し出せるようになって久しい。小売業はｅコマースが台頭し、リアルの専門店やショッピングセンターは競合が激しくなり、利便性と価格の競争は激しさを増している。

長年「市場対応型マーケティング」だけで成長してきた企業は、従来路線の踏襲だけでは、「市場創造型マーケティング」を実践する企業に足をすくわれることになる。

「市場創造型マーケティング」を実践する新興企業

新たなビジネスモデルとＩＴやＡＩを活用した「市場創造型マーケティング」を実践する企業は歴史が浅いスタートアップ型企業が多く、潜在需要を顕在化させると短期間に急成長を遂げる。以下に挙げるのが、その代表的な企業群だ。

- **ＧＡＦＡ**……グーグル（Google）、アップル（Apple）、フェイスブック（Facebook）、アマゾン（Amazon）
- **ＮＤＩＶＩＡ**……アメリカの大手半導体メーカーで、コンピュータのグラフィック処理や演算処理を行うＧＰＵ（グラフィックス・プロセッシング・ユニット）を開発販売。「Xbox」や「プレイステーション３」のＧＰＵ開発も行い、ロボットや自動運転車にも利用されているため注目されている
- **アルファベット（Alphabet）**……グーグルの親会社。グーグルは検索エンジン事業に集中し、親会社アルファベットは様々な分野に進出
- **アリババ（Alibaba）**……中国でオンラインマーケットを運営し、多くのグループ企業を傘下に持つ企業集団
- **ネットフリックス（Netflix）**……動画配信サービス企業で会員数は世界で１億人を超える

・テスラ（Tesla）…アメリカのシリコンバレーを拠点に、電気自動車と電気自動車関連商品、ソーラーパネルや蓄電池等を開発・製造・販売している自動車会社

・ウーバーテクノロジー（Uber Technology）……スマートフォンアプリを通じた配車サービス「Uber」などを提供する企業。

彼らは新たなビジネスモデルとＩＴやＡＩを駆使して新市場を創造し、旧態依然とした企業の市場に参入し成長している。

しかし、そんな彼らにも弱点がある。ＩＴに代表される技術開発は日進月歩で、その競争優位性を長年にわたり維持するのは並大抵のことではない。スタートアップ企業が続々と誕生し、市場をリードする企業が絶えず交代、あるいはＭ＆Ａ（企業の合弁や買収）により先行企業の傘下に入るといった状況は留まることがない。

「市場創造型マーケティング」を実践する企業も時間の経過により仕組みができ、効率化が図れるようになると、やがて「市場対応型マーケティング」になっていく。絶えず新たな市場を創造していかない限り、これから登場してくるスタートアップ企業によって、脅かされることになるわけだ。

PART 1

マクロとミクロの外部環境分析

Chapter 1

閉塞感を打ち破れずにいるのは、業界情報と業界発想に囚われているためだ

～世の中の変化を把握し、今後どうなるかを予測するにはPEST分析を使い倒す～

テーマ

マーケティングの教科書を読んでも、実務に活かせない理由

マーケティングの知識を十分に備えているにもかかわらず、問題を解決するための具体的な方法や閉塞感を打破する新たな施策を考え出せず、悩んでいる人はとても多い。

そうなる理由にはいくつかあるが、そのひとつとして挙げられるのが、マーケティングを実践する際の前提となる「将来に向けて予測できる環境変化」などの必要な〝基本的な情報〟を本人が備えていないことである。

世の中で起こっている構造変化や技術の進歩、生活者の購買行動の変化、異業種の取り組みや異業種からの新規参入、新たなビジネスモデルの登場による旧来ビジネスモデルの陳腐化など、企業

に影響を与える外部要因は数多く存在する。それらを踏まえて担当者はマーケティングを行う必要がある。

とりわけ新たな技術が生まれた結果として既存技術が陳腐化することで、後戻りすることができない構造変化が訪れる可能性が高い場合や、巨大企業が生み出した新たな仕組みが世界中で利用できるようになることで旧来のシステムが意味を持たなくなる予兆がある場合などにおいては、早急に対策を打つことが必要になる。

そして、こうした構造変化は、日本企業が得意とする「既存システムや既存商品の改良改善」発想とその対応では対処できない。

自動車のミラーにみる業界の構造変化の例

自動車を例にとってみよう。

車には左右や後ろを見るミラー（鏡）が装着されている。ボンネットについているフェンダーミラーからドアミラー、そして折畳み式ドアミラー（日産自動車が世界で初めて開発した電動で格納できる折畳み式ドアミラー）へと進化してきたが、これからの自動車はミラーレスの時代になる。

ミラーレス車とは、ボディの左右に装備されたカメラで撮影した映像を、車内のダッシュボードやＨＵＤ（ヘッドアップディスプレイ）、フロントガラスなどに映し出し、ドライバーは視線移動をそれほど行わなくても、後方や隣接する車線の側方や後方の視界を得られるというものだ。

将来の自動運転実現時には、レーダーやレーザーセンサーに加えてミラーレス車のカメラは、カメラ映像を解析して遠くの後続車を探知することが可能になり、自動運転に不可欠な全方位監視システムとして重要な役割を果たす。

従来のミラーに替わってカメラを搭載したミラーレス車への置き換えは、国土交通省が2016年6月に認可し、新型車は2019年6月18日から、生産中の車がマイナーチェンジなどで置き換わる継続生産車は2021年6月18日から、ミラーレス車を販売できるようになった。

こうした新技術の登場と国の許認可の動きを踏まえた上で、自動車関連メーカーやIT企業はマーケティングを展開しなくてはならない。もし従来の車のミラーを改良改善するだけでマーケティングを考えていたら、その企業は存続できなくなってしまう。外部要因による構造変化を絶えず把握しておくことがいかに重要なのかが、この事例からわかる。

自社を取り巻くマクロ環境（外部環境）において現在から未来に向けてどのような状況が起こり、そこでいかなる影響を受けるかを把握・予測することが、経営とマーケティングの大前提になっている。

柔軟に発想し結果を出すビジネスパーソンは、絶えず外部環境の変化に目を配り、情報収集とその内容の理解、そして今後の予測に役立てる。結果を出すビジネスパーソンが情報収集の際に集めている情報は、Ｐ（Politics 政治）、Ｅ（Economy 経済）、Ｓ（Society 社会）、Ｔ（Technology 技術）という4つのカテゴリーに大別できる。

理論を実務に活かす

PEST分析を活用する

ＰＥＳＴ分析とは、マーケティングプランを検討する際に、自社を取り巻くマクロ環境（外部環境）において、現在から未来に向けてどのような状況が起こり、そこで自社がいかなる影響を受けるかを把握・予測するための手法だ。

「Politics（政治）」「Economy（経済）」「Society（社会）」「Technology（技術）」という４つそれぞれの頭文字をとり、ＰＥＳＴと表現されている。

このＰＥＳＴ分析はノースウェスタン大学ケロッグビジネススクール教授のフィリップ・コトラーが提唱したものである。コトラーは著書『コトラーの戦略的マーケティング』（ダイヤモンド社刊）の中で、環境分析の重要性を説いている。

飛躍する企業は、世の中の変化や流れ、トレンドを把握し、自社のマーケティングに活用している。外部環境への対応が遅れると、時に企業は淘汰されてしまうことにもつながる。逆に時代に即した企業になれれば、社会から支持を集めて飛躍することになる。

企業は「内部環境（自社の技術力、製品力、営業力、生産力など）の分析と把握」とともに、「外部環境を分析し、自社への影響を絶えず把握する」ことが不可欠だ。

外部環境分析を細分化すると、マクロ環境分析とミクロ環境分析（自社の市場動向や競合企業の動き）に分けられる。マクロ環境を把握するためにＰＥＳＴ分析を行うことで、環境の変化や事業活動に影響を与える要因を探ることができる。

ＰＥＳＴ分析を有効に行うには、図表２で示した４つのカテゴリーで情報収集し、その内容を理解するのはもとより、入手した情報から今後の推移や変化について自分なりに分析予測しておくことである。

ＰＥＳＴ分析は、マーケティング戦略の立案と施策立案の前提となる

ＰＥＳＴ分析を行う目的は、「今後どこにビジネスチャンスがあるのか（機会の発見）」、あるいは「どこに障害やリスクが存在しているか（脅威の特定）」を把握することだ。

ＰＥＳＴ分析を行って単に「理解した」で終わらず、「それで、これからどうなるのだろう」「この変化をチャンスにできないか」「いずれ起きる変化のリスクに対して、どのような対応が必要だろうか」という視座を持ち、入手した情報を自分のものに加工していく。

ＰＥＳＴ分析は必要に迫られたときに拙速に行っても精度は高くならない。日常的に実践しておくことだ。

図表2　PESTを使った国内市場での情報収集と分析の視点（例）

「政治」 (Politics)	●自社に関係する政府の政策、法律、税制、外交政策などが、自社にどのような影響を与えるのかを考える。 （例）・消費税が10%に引き上げられると、駆け込み需要とその反動はどう影響を受けるか ・薬事法の規制緩和で一般用医薬品のネット販売が可能になると、どうなるか ・自動運転が認可され事故率が低下すると、損害保険業界はどんな影響を受け、その対策をどう打つか ・CO_2の排出ガス規制やプラスチックゴミの規制により、自社が対応すべきことは何か
「経済」 (Economy)	●景気動向、消費動向、金融政策、物価、貿易政策、為替状況、株価、設備投資の傾向などが、自社にどう影響を与えるのかを考える。 （例）・2018年の訪日外国人数は3,119万1,900人に増大しているが、この状況が続くと、どのような分野に影響が及ぶか ・電子商取引（EC）はモノやサービスの購入に加え、今後レベルの高い体験型サービスにまで広がることが予想されるが、それでどうなるか ・キャッシュレスが社会に広がる前に、自社として取り組んでおくべきことは何か ・原材料価格が高騰した際に、現在の取引先は値上げを容認してくれる環境にあるか。そうでないなら、どのような抜本的な対応が必要か
「社会情勢」 (Society)	●人口の減少と高齢化、世帯構成、朝鮮半島問題、人々の関心や事件、社会問題、教育政策などが、自社にどう影響を与えるのかを考える。 （例）・地方都市に暮らす高齢者が交通弱者化（移動手段がなくなること）すると、自社のビジネスにどのような影響が出るか ・空き家の割合（空き家率）は現在13.5%だが、2023年には20%、2033年には30%を超える。その際は自社にどんな影響が出るか ・ネットの拡大によってマスメディアの力が低下すると、企業のコミュニケーションはどう対応すればよいか ・結婚しない人や死別して単身者になるといった単身世帯の増大で必要になる施策は何か
「技術」 (Technology)	●内燃エンジンから電気自動車への移行、あらゆるモノがインターネットにつながるIoT、無人店舗の登場、仮想通貨、音楽やソフトウエアなどのダウンロード販売といった技術革新、新たなビジネスモデルの登場は、自社にどんな影響を与えるかを考える。 （例）・EV（電気自動車）の普及に必要なインフラ（基盤）整備はどうなり、そこでどのような需要が生まれるか ・無人店舗（例　Amazon Go）やセルフレジの導入が小売業で増えると、自社にどんな影響が出るか ・SNSを自社のコミュニケーションにどう活用していくか ・AIの活用により自社の事業はどう変質し、それにどう対応していくか

実務スキルを磨くシミュレーションワークショップ

フィルム業界の構造変化に対する富士フイルムの対応

富士フイルムはかつて写真フィルム事業で国内シェアの70％近くを握り、同社の利益の3分の2を写真フィルムなどの感光材事業が捻出していた。しかし、デジタル化の波が写真市場にも急速に押し寄せた結果、カラー写真フィルムの市場は２０００年以降急速に縮小していった。

同時期の２００１年、アメリカのインスタントカメラメーカー・ポラロイドの経営が破綻、２００２年7月にはＪＰモルガン・チェースのプライベート・エクイティ部門であるワン・エクイティ・パートナーズに2億５５００万ドルで買収された。

２００６年には日本のコニカミノルタグループは、フィルムカメラ及びデジタルカメラ、そしてフォト事業（カラーフィルムとカラーペーパーなど）から撤退する。

加えて２００８年以降毎年のように最終赤字を計上してきたアメリカのイーストマン・コダックは、２０１２年に米連邦破産法11条（いわゆるチャプターイレブン、日本の民事再生法に相当）の適用をニューヨークの連邦地裁に申請し、経営破綻した（その後、企業規模を大幅に縮小して再出発し、２０１３年に再上場）。

このような業界の構造変化に直面する中で、富士フイルムはどのような経営とマーケティングを実践しただろうか。富士フイルムが現在に至るまでの経緯をＰＥＳＴの視点から考察し、同社が採った施策について研究し、その内容を自社に当てはめてみよう。

ＰＥＳＴ分析を行う際には、富士フイルムが実践した以下の取り組みについて詳細を把握しながら進めてみると、当事者意識を持てるはずだ。

・富士フイルムは、どのような環境変化に直面したのか？
・写真関連事業の構造改革と新たな成長戦略をどのように策定したのか？
・なぜＣＩ（コーポレートアイデンティティ）を行い、社名を変更したのか？
・写真フイルムに代わる基幹事業として、どのような製品事業を強化したのか？
・写真フイルムで培ってきたノウハウを使って、ライフサイエンス分野でどのような新規事業に着手したか？
・なぜ同社は積極的にＭ＆Ａ（業務提携・資本提携・分割・買収の４つの形態がある）を行ってきたのか？
・同社はＭ＆Ａの資金をどのように調達したのか

参考文献

『全史×成功事例で読む「マーケティング」大全』 酒井光雄編著 かんき出版刊

Chapter 2

異業種から参入した企業によって、自社の市場が奪われる事態が今後多発する

〜ファイブフォース分析により、市場の魅力と想定される脅威を予測する〜

テーマ

でき上がった仕組みの中でマーケティングを理解するのに留意すべきこと

現在、企業でマーケティングに携わる人たちは、新規事業開発の担当者でない限り、自社が持つ既存の資源（製造方法や製造ライン、既存販路、既存の販売&営業方法など、これまで培ってきた仕組みとして所有するもの）を活用することを前提に、「市場対応型マーケティング」に従事することが多いはずだ。

「市場対応型マーケティング」は、既存の仕組みが機能している際は有効だが、異業種から参入した企業によって既存の仕組みがひとたび破壊されてしまうと、従来の方法論が通用せず、時に危機的状況に直面することがある。このことを消費財メーカーを事例に説明してみよう。

日本独特のシステム「委託販売」

日本の消費財メーカーは、これまで小売業の発展とともに成長してきた経緯があり、その仕組みの中でマーケティングが行われてきた。20世紀に生まれ成長してきた日本の製造業の多くは、モノづくりに徹し、販路は問屋や卸を経由して小売業に依存することが一般的だった。メーカーはモノづくりには長けていても販路を持たないため、小売のノウハウに乏しく、自社製品を販売してくれる小売業の力を借りることは必然だった。これが既存の仕組みだ。

このようにメーカーと小売業が互いに補完関係にあるうちはよいが、「売る」力を持つ小売業は次第にその力を増していく。デパート業界とアパレル業界を例にしてみよう。

デパートが台頭する１９６０年からオンワード樫山、三陽商会、ワールドといった企業が成長した。この時代のアパレルメーカーはモノづくりに専念し、販売はデパートの販路を使って、効率よくビジネスを行うことが最善策とされた。デパートは定価販売を前提にしているのでメーカーはブランド価値を維持でき、デパートへの掛け率が低くても販売価格を高くすれば利益を出せた。

このとき、デパートとアパレルメーカーの間には、「委託販売（派遣店員付委託取引）」という独特の取引慣行が生まれた。これは、デパートがメーカーから商品を預かり、一定の期間に販売を委託されるシステムだ。デパートの店頭で実際に販売しているのは、メーカーから派遣された販売スタッフであり、デパート側に人的負担はない。

デパートは納品されたすべての商品を一旦買い取り、メーカーへ支払いを行う。だが、その後メーカーへ返品する際は、返品分の返金の代わりに新たな納品商品を受け取って相殺する。これはデパートとメーカーとの間に生まれた日本特有の商習慣である。

メーカーにとって一見不利な仕組みに見えるが、メーカー側もこの商習慣を利用していた側面がある。期末になるとノルマを抱えた担当営業が一時的に売上をつくるため、商品を大量に納品し、翌期になると返品処理するといった行為が行われていた。返品コストを小売価格に上乗せして納品することもあったようだ。

「委託販売」によって、デパートは品揃えと販売員の調達が楽にできた。だが、この仕組みは次第にデパート側に有利な取引形態となり、メーカーは厳しい値入率が負担になっていく。

デパートは小売業でありながらメーカーに販売を丸投げし、テナントから家賃を得るだけの不動産業的存在に変質していった。また、デパートとメーカーは自分たちの利益を追求するだけで、最も重要な生活者（顧客）のメリットを考えた仕組みにしないまま今日まで来た。

こうした商習慣が、その後デパートとデパートを販路とするアパレルメーカー双方を苦しめる根本的問題として浮上してくる。

崩れ行く業界の取引慣行

1980年代になるとイトーヨーカドーやイオンといった量販店が成長し、これら量販店を販路とするクロスプラス、小泉グループ、タキヒヨー、万兵、ヒロタ、サンラリーグループといったアパレルメーカーが成長した。

20世紀に成長したメーカーと小売業には、製造と販売を役割分担して効率よくビジネスを行う業界の仕組みができ上がり、そこでは改良改善に代表される「市場対応型マーケティング」が機能した。競合する小売業もメーカーもみな、このような業界の慣行を前提にビジネスを行ってきた。

だが、１９８０年代に「カテゴリーキラー」と呼ばれる、特定の分野（カテゴリー）の商品のみを豊富に品揃えし、低価格で販売する小売店業態が登場する。家電なら、ヤマダ電機、ビックカメラ、ヨドバシカメラ。紳士服なら、洋服の青山、Ａｏｋｉ。カジュアルウエアなら、ユニクロ、しまむらだ。デパートはカテゴリーキラーの登場により、自社で扱ってきた商品カテゴリーを徐々に奪われていく。

１９９０年代に入ると、ＪＲが経営する駅ビル（例　アトレ）やターミナル駅の周辺に若者向けの専門店が生まれ、「BEAMS」「SHIPS」「UNITED ARROWS」などのセレクトショップ（複数のメーカーやブランドの商品を扱う小売店）が台頭して、デパートはさらに追い込まれていく。

２０００年代からアパレルメーカーは、製造だけでなく自ら販売も行うＳＰＡ（Specialty store retailer of Private label Apparel の頭文字をとったもので、アメリカのＧＡＰが始めたアパレルの製造小売業態）という仕組みとともにＺＡＲＡやＨ＆Ｍなどが登場し、勢いを増すユニクロとともに台頭していく。ＳＰＡの強みは、問屋や卸、そして小売業などを仲介していないため、自社の粗利益が高く、良質な商品を安価に販売しても利益が出ることだ。

こうした経緯の中で、デパートの売上高は1991年の9兆7130億円をピークに右肩下がりを続け、2018年は5兆8870億円にまで縮小する。

また、デパート系アパレルブランドを展開する大手4社（オンワードHD、三陽商会、TSI HD、ワールド）の2015年度の売上高合計は約8000億円と前年より1割低下し、この4社だけで2015年度からおよそ2年間で閉店は計1600店以上に上るとされている。

取引関係のパワーバランスの変動を見逃してはいけない

以上の話から読み取れる、すでにでき上がった仕組みの上でマーケティングを展開する際に留意すべきこととは何だろうか。

それは「買い手（顧客や納入先である法人ユーザー）」と「売り手（原料などの供給先）」との力関係がこれからどうなっていくかを分析し、把握することだ。

また、「業界内の競争」に加え、「新規参入の脅威」はどれだけあるか。さらには同等の価値を備えた商品やサービスが登場する「代替品の脅威」が生まれる可能性の有無について分析予測し、状況を正確に認識しておくことである。状況によっては「市場対応型マーケティング」から「市場創造型マーケティング」に転換する必要も生じる。

「市場創造型マーケティング」に転換し、顧客起点でビジネスを再編成していれば、デパートやデパート系アパレルブランドは現在のような苦境に直面せず、活路を見出せた可能性が高い。

参考資料
「百貨店とアパレル『不合理な商慣習』の正体 委託販売はなぜ重宝されてきたのか」東洋経済オンライン2016年6月24日

理論を実務に活かす

ファイブフォース分析を活用する

「5つの力」で業界を分析するフレームワーク

ファイブフォース分析（Five Forces Analysis）とは、ハーバード・ビジネス・スクール教授で、競争戦略論で知られるマイケル・ポーター（代表的著書『競争の戦略』ダイヤモンド社刊）が提唱した分析視点だ。

ファイブフォース分析は、「買い手の交渉力」「売り手の交渉力」「業界内の競争」「新規参入の脅威」「代替品の脅威」という業界に影響を与える5つの競争要因から、その業界の魅力度を分析する。この5つの競争要因によって業界における自社の収益性が決まる（図表3）。

図表3　ファイブフォース分析のフレーム

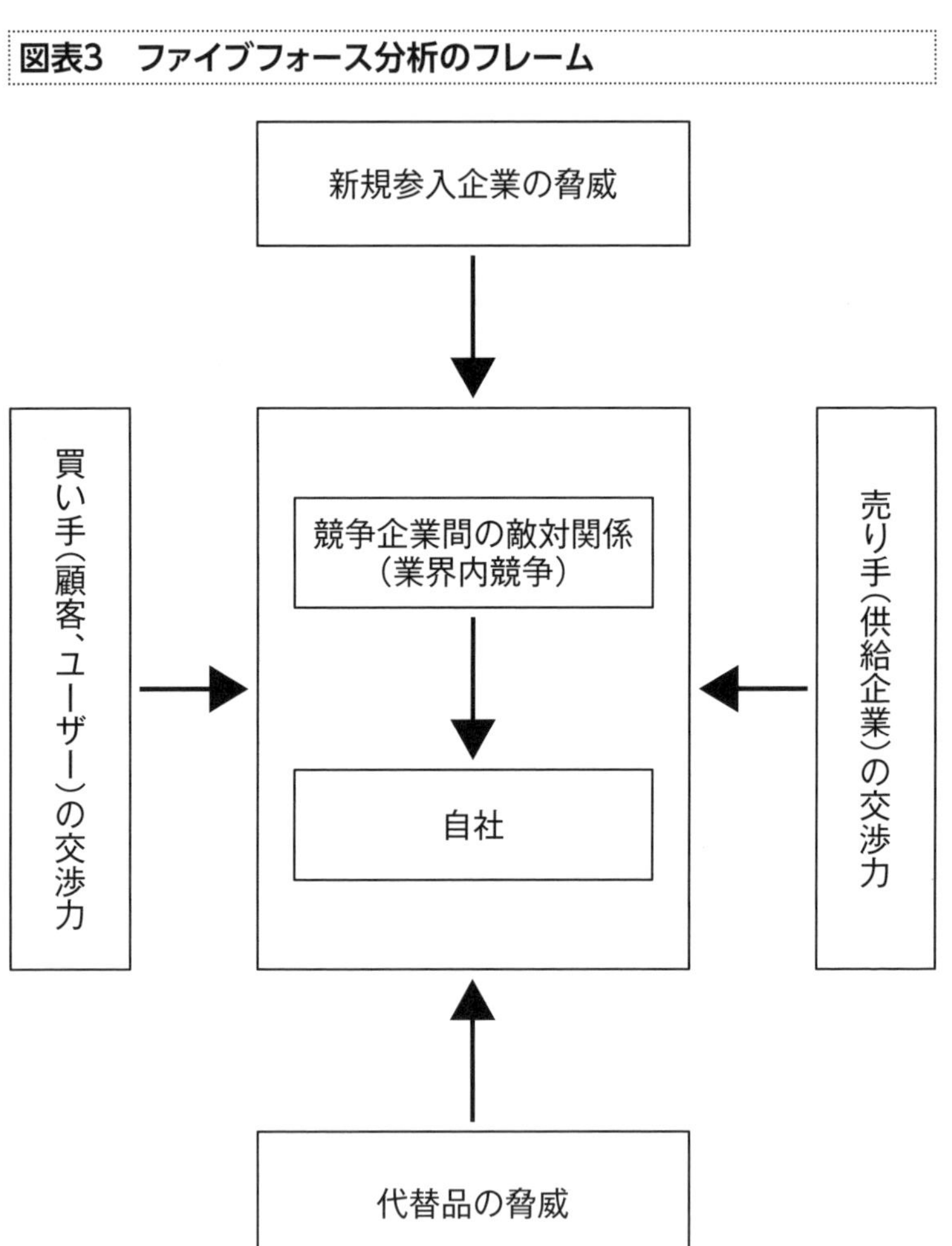

ファイブフォース分析では、次の2点が明らかになる。

①その業界で利益が上げやすいかどうか？

図表3の横軸からは、「その業界で利益を上げやすいかどうか？」がわかる。

利益の多寡は、売上を上げやすいかどうか、またコストを下げやすいかどうかに左右される。利益とは、売上からコストを引けばよいから、「利益＝売上－コスト」の式になる。売上が多くなりコストが下がれば利益は大きくなり、売上が少なくコストが上がれば利益は当然減少する。

②その業界全体で自社の利益はどれだけ見込めるのか？

次に図表3の縦軸からは、「その業界全体で自社の利益はどれだけ見込めるのか？」がわかる。

業界全体の売上から業界全体のコストを引いたものが「業界全体の利益」になるが、その利益は「業界内の競合企業」「新規参入事業者」そして「代替品」に分配される。その結果、自社が得られる利益は増えやすいのか、減りやすいのかが把握できる。

以上の2点を明らかにするためにファイブフォース分析を行い、

「想定している業界に、参入する余地はあるのか。市場としての魅力はあるか？」

「5つの競争要因の中で、どこを狙い、どこを改善すれば収益性が高まるのか？」

という戦略の仮説を導き出すことが、分析のゴールになる。

ファイブフォースの個別解説とその取り組み方法

このファイブフォース分析の全体像と目的を理解した上で、以降の5つの要因を分析する具体的方法を学んでいこう。

①「買い手の交渉力」とは

B2Cのビジネスにおいて、顧客とは本来生活者を指すが、小売業に商品を卸しているメーカーの場合なら買い手は小売業になる。B2Bの場合は法人ユーザーが買い手になる。

日本のように市場が成熟していると、多様な商品が市場に存在し、消費量よりも供給量が多い状態であるため、買い手である小売業の力がメーカーよりも強くなる。

食品や飲料を例に考えてみよう。

量販店やスーパーはコンビニエンスストア（以下、CVS）よりも売り場面積が広いとはいえ、陳列する商品量（店舗面積と商品を並べる陳列棚〔ゴンドラという〕の数）には限りがある。組織小売業は「商品力」「利益率の高さ」「新規購入はもとより継続購入される魅力」といった与件を前提に商談する。この段階で商談してもらえるメーカーは限られてくる。

組織小売業が数ある企業の中からどのメーカーの商品を採用するかは、「過去の取引実績や販売実績」「商品の魅力度や優位性」「販売力・販売量」「広告投下量」「販促費・販売協力費」「ブランド力」などを勘案し、自社の利益が増えるように「掛け率（定価に対する卸値の割合）」の交渉を徹底的に行った上で、導入を決定する。食品や飲料の業界では、買い手である組織小売業の掛け率が低くても、大量に購入（仕入れ）してくれるメリットが大きいため、メーカーの立場は弱くなる。買い手の力が強いと、売り手は値引要求されることが増え、高い収益率は望めなくなる。自社で販路を持たず、組織小売業のチャネルに依存している日本の製造業の利益率が低い理由はここにある。

次はB2Bのビジネスで、アップルに部品を供給するメーカーを想定してみる。

アップルのiPhoneに部品を供給する日本企業は、スマートフォン用電池ではTDK、通信向け電子部品では村田製作所、手振れ補正用アクチュエーターではアルプスアルパイン（旧アルプス電気）、カメラの「眼」であるイメージセンサーならソニーなどがある。

かつて精密部品は日本勢の独壇場だったが、iPhoneの部品調達先の企業数では現在台湾勢がトップを占めている。

アップルのように強力な購買力を持った法人ユーザーに自社製品を販売する場合、調達先は他にも存在するため、よほど優位性を備えていない限り、調達コストは圧縮される。そのため部品供給メーカーの収益率は低くなることが多い。

このように買い手の交渉力を分析すれば、その業界で「売上を上げやすいかどうか」が判断できる。

②「売り手の交渉力」とは

部品や原材料などの売り手（部品の調達先）が強い交渉力（立場が強い）を持っている場合、供給を受ける企業の収益性は低くなる。売り手が業界で寡占状態にある場合や独占的技術を持っているときには、買い手は先方の言い値を受け入れざるを得なくなる場合もある。

飲料メーカーを例にしてみる。飲料メーカーは自社製品をペットボトルや金属缶（アルミ缶やスチール缶など）に飲料を入れて販売するので、容器を供給する企業から調達する。同じ品質の容器を供給する企業数が多く選択肢が広ければ、買い手は調達コストを下げようと値下げ交渉を行う。

逆に、その企業にしかつくれない容器があり、代替できる容器が他の企業から入手できなければ、売り手の立場が強くなる。

売り手の交渉力（相手の立場が強いか弱いか）を分析すれば、その業界で「コストを下げる余地があるかどうか」がわかる。

③「競争企業間の敵対関係」とは

「競争企業間の敵対関係」とは、業界内で競合する企業との競争状態のことだ。業界で自社の寡占化が進んでいれば競争は少ないが、同規模の企業が多数存在する場合は競争が激しくなる。新製品が誕生し市場に受け入れられると、当面は先行優位性が発揮される。しかし、売行きが好調だと、競合他社は同様の商品や模倣した商品をすぐに投入するので、競争は激化する。

日本国内で新製品がヒットすると、中小企業がすぐに模倣品を市場に投入してくる。さらに市場が大きくなると、大企業も同様の商品を投入するのが、競合の典型的参入パターンだ。

装置型産業（原料から完成品にいたる生産工程で、大部分が装置によって生産される産業のこと。石油化学工業、鉄鋼業、セメント産業、製紙産業などがその典型。大規模投資を必要とし、資本回転率が低いホテル業も該当する）の業界では、供給が過剰でも簡単に撤退できないため、競争は厳しくなる。

業界内で競争が激しくなれば、価格競争によって販売価格は下落し、「業界全体の利益」は減少する。また顧客を競合企業に奪われると「自社の利益の取り分」は減る。

④「新規参入企業の脅威」とは

自社の市場に新規企業が参入すると競合企業が増え、自社の収益の取り分は減ってしまう。異業種から参入する企業は、従来の商取引や慣行を無視した事業展開を行うことが多く、業界のルールがひとたび破壊されると、従来の競合状況は一変する。

たとえば、リアルの小売業に対し、バーチャルのＥＣサイトが誕生し、業界の競争関係が激変した状況を想起すればいい。

新規参入が容易な業界では、新規参入企業が加わることで、業界と既存企業の収益性は下がる。

⑤「代替品の脅威」とは

既存の商品やサービスとは異なるが、顧客（生活者）や法人ユーザーのニーズを満たし、同等の価値を提供する商品やサービスが現れることを「代替品の脅威」と呼ぶ。

外食産業で考えてみよう。ファストフード業界はマクドナルドが君臨しているが、手早く食事を済ませられる代替品としては吉野家やすき家が存在する。また外食でなく中食（市販の弁当や総菜などを家庭や職場等へ持ち帰り、そのまま食事をすること）としては、ＣＶＳやスーパーが提供する弁当・惣菜類が代替品になる。

代替品の存在が多くなれば、業界と既存企業の収益性は低くなる。外食産業の競争が激しいのは、競合企業が数多く存在することに加えて、代替品となる商品が無数にあるためだ。外食企業が値上げを容易にできない背景には、代替品の存在とその販売価格が障壁になっていることがある。

実務スキルを磨くシミュレーションワークショップ

D2Cモデル隆盛の背景

ネット販売拡大の中で成長しているリアル小売り

デパートの売上は年々減少し、２０１６年には最盛期の3分の2以下まで落ち込んだ。その一方、インターネット通販市場は、２０１０年の約7兆７８００億円から２０１７年には16兆５０５４億円と2倍以上に伸びている（平成30年4月経済産業省 商務情報政策局 情報経済課データ）。

ＥＣサイトとして強力なプラットフォームを持つアマゾン、アリババ、イーベイ（アメリカのインターネットオークションサイト）、楽天といった買い手の力が強大化する中で、リアルの小売業や製造業は今後どのような買い手、あるいは販路を開拓する必要があるだろうか。

この設問では、ウォルマートやアメリカに誕生したＤ２Ｃ（Direct to Commerce の略　メーカーが自社で企画・製造した商品を、自社のＥＣサイトを用いて直接消費者に販売する仕組み）企業の取り組みを参考にすると良いだろう。

アマゾンの登場によってリアルの小売業の先行きを前途多難とする報道が多いが、アメリカの消費の91％は、今もリアルの店舗が利用されている。

デロイト トーマツ コンサルティングが発表した「世界の小売業ランキング２０１９」によると、アマゾンが4位にランクインし、初のトップ５入りを果たしているものの、ウォルマートは21年以上連続で1位を維持している。

ウォルマートの成長要因は、「Jet.com、ModCloth」「Shoes.com」「Moosejaw」「Bonobos」といったＥＣ企業の買収、店舗とデジタルビジネスを融合させる店舗への投資拡大が挙げられている。そして、何より店舗（オフライン）と自社のＥＣサイト（オンライン）をつなげたオムニチャネルによってビジネスを展開し、オンラインの売上は２０１７年比で40％も向上させた。

従来はアマゾンに依存せずにモノを販売できるのは、規模の大きい企業しかなく、中小企業の店舗やメーカーはアマゾンに出店して高い手数料を支払うか、限定したエリアに特化するかという二者択一しかないようにみえた。

だが、アマゾンに頼らず成長しているメーカーがアメリカに登場している。メガネ専門店のワービーパーカーや、マットレス専門店のキャスパー、スーツケース専門店のアウェイ、ファッション専門店のエバーレインなどだ。

各社に共通しているのは、以下の2点である。

①ディレクト・トゥ・コンシューマー（D2C、オンライン直販）モデルであること

②オンラインから始めて、オフライン展開し、この2つのビジネスを通じて顧客のデータを集めて活用している

ワービーパーカーは、顧客が好むメガネのデータ・視力・そして属性データを3年かけて収集し、そのデータを基に店舗開設する際のロケーション選定と商品選定に活用している。現在ワービーパーカーの企業価値は17億ドルを超えている。

リアル店舗を持つことのメリット

すべてを効率的に行えるＥＣサイトだけに止まらず、そこで培ったデータと知見を用いて店舗展開をするメリットとして、以下のようなものが挙げられる。

・ショールーム機能によるブランド認知の向上
・新規顧客獲得コストが安価
・購入率の高さ
・LTV（LifeTimeValue 顧客生涯価値）を重視した経営

たとえば、ワービーパーカーやエバーレインは、自社が所有する顧客データを活用し、顧客が商品代金を支払う際には、商品購入時か発送時などかを選択できる。

直販モデルによって顧客と自社ブランドとの絆を強化し、透明性を重視する（エバーレインは洋服の原価をすべて開示している）ことで、彼らは既存大手企業よりも安く商品を提供する。

こうした企業は店舗を活用してオンラインでは収集できない顧客データを収集し、需要予測や在庫管理、商品開発を行う。顧客データを収集し、それをビジネスに活用するという小売戦略だ。

こうしたアメリカでの動きを踏まえて、リアルの小売業や製造業は今後どのような買い手、あるいは販路を開拓する必要があるとあなたは考えるだろうか。

参考資料

「アマゾンに依存せず急成長　新小売店『D2C』のビジネスモデル」日経X　TREND　2019年4月18日

Chapter 3

企業にとって最大の脅威は、時代に伴う環境変化に対応できないときに訪れる

～3C分析の概要とcustomer（顧客と市場）の分析を行う～

テーマ

唯一生き残ることができるのは、変化できる者

企業とは競合企業との競争で優劣が決まるものと近視眼的には思える。しかし、中長期的視点からみると、本当の脅威になるのは時代の環境変化であり、それに伴う生活者の消費行動変化だ。時代に対応できず、市場から撤退したり、その力を急速に失ったりする企業は多い。逆に時代に先手を打ち、飛躍する企業も同時に存在する。

10年以上前から衰退は避けられないとわかっていた新聞業界

今のままでは衰退するとわかっていたにもかかわらず、抜本策を打てないまま現在に至っているのが新聞業界だ。

日本の新聞の発行部数（一般紙とスポーツ紙の合計）は、2008年に5149万1409部で一世帯当たり部数は0・98だった。しかし、2018年には3990万1576部となり、一世帯当たり部数は0・70、この10年間で1158万9833部減少している（日本新聞協会調べ）。

全国紙を個別にみると、2018年11月の段階で読売新聞の部数は895万882部（およそ896万部）、朝日新聞は570万3165部（およそ570万部）、毎日新聞は257万5930部（およそ258万部）、日本経済新聞は235万2951部（およそ235万部）となっている（日本ABC協会月別販売部数より。この数値は該当半年間における平均値で、朝刊「販売」部数のみで電子版は含まず、紙媒体の新聞販売部数に限定）。

各紙は電子版も展開しているが、唯一データを公表している日本経済新聞のデジタル購読数は65万1702となっている（日本経済新聞の日経メディアデータを参照。定期的に電子版の購読数値を公開しているのは日経新聞のみ）。

スポーツ新聞を見ると、2008年に492万7728部（およそ493万部）だったが、2018年には307万8555部（およそ308万部）と、この10年間に184万9173部（およそ185万部）も落ち込んでいる。

紙の新聞は読者に届くまでに最長で24時間以上かかることもあり、すぐに記事にできるネットのスピードにはかなわない。またスポーツ新聞は1面が大きな写真画像で、原稿の文字量は960文字前後（12字×80行程度）という場合もあり、情報量は極めて少ない。報道される主要コンテンツは、プロ野球、Jリーグ、公営競技が中心で、その他は芸能界などのスキャンダルといったトピックスで占められる。

新聞市場の衰退は、競合社との競争というよりも、インターネットを使った新たな無料メディアの登場、新聞が提供するコンテンツの魅力低下、報道する姿勢、日刊新聞紙法による既得権（日本の新聞社の株式は、日刊新聞紙法によって譲渡制限が設けられており、買収されない仕組みになっている）の弊害、料金体系と課金モデル、ビジネスモデル、さらには生活者の世代交代による情報リテラシーの高度化などの要因が複合化した結果だ。

自社の情報をデジタル化させ、事業構造を転換させて飛躍している企業

ITが進化し、書籍や新聞の「紙の形状」が、ネット上のコンテンツや電子ブックの登場により「無形」になった。検索サイトの登場で紙製の百科事典が姿を消し、同じく紙製の地図は「グーグルマップ」「ヤフー！地図情報」「マピオン」などの地図検索サイトに代替された。

これまで地図業界はゼンリンと昭文社が市場を二分していたが、現在ではゼンリンが圧倒的な地

位を築いている。それはインターネットによる地図情報配信サービスを主力とする電子地図関連ビジネスに、同社はいち早く事業構造を転換できたからだ。

ゼンリンは1982年にコンピュータ時代の到来に対応し、これまで人の手で行われていた地図の製作において、住宅地図の製作自動化システムや情報利用システムの開発を進め、電子化に取り組んだ。

ヤマト運輸による宅急便が登場すると、配送用の地図需要が拡大、ゼンリンはデータをデジタル化して地図データをCD化する。加えてGPS携帯が民間に開放されカーナビゲーションの運用が始まると、カーナビゲーションメーカーに地図のデジタルデータを提供し、データ利用料を徴収するビジネスに着手する。さらにネット上で地図情報が提供されるようになると、プロバイダーに地図のデジタルデータを提供するビジネスモデルに進化させていった。

ヤフーやマイクロソフトなどに地図データを提供するようになり、ゼンリンはカーナビゲーション用地図でトップシェアになる。

同社では宅配事業者が利用する地理情報システム（GIS）のサービスやスマートフォン用有料地図アプリに加え、全国の建物情報（個人宅・マンション・寮・アパートの区分から住宅・建物名称・階数・集合住宅の戸数・緯度・経度などを加味）をデータ化した「住宅ポイントデータ」は、チラシやサンプル配布を行う際に、ピンポイントでターゲティングが可能な内容に仕上げている。

ゼンリンが発表した2018年3月期の決算は、売上高が前年比6・1％増の613億円と過去最高で、純利益は35・5％増の33億円となっている。

ゼンリンにはトヨタ自動車が7・46％を出資（２０１８年9月中間期時点）し、デジタル地図ではトヨタと行動をともにしている。トヨタが出資するＤＭＰ（自動運転向け高精度３Ｄ地図の製作を手がけるダイナミックマップ基盤企画株式会社　略称ＤＭＰ）にも参加。グーグルとの関係が微妙になってくると、トヨタが加わるオープンストリートマップ陣営のマップボックスに地図データの提供を決めている。

世界のグーグルマップに対峙できるのは、日本ではゼンリン1社しかないといわれている。

理論を実務に活かす

まず3C分析の概要を知る

３Ｃ分析とは、「顧客（customer）」「競合相手（competitor）」「自社（corporation）」の３つの視点から分析し、ＫＳＦ（Key Success Factor の略　重要な成功要因）を見つける方法だ。

もともと3Cとは「顧客・生活者」「競合」「自社」との三角関係を分析し、ＫＳＦを深く掘り下げ、競争相手を圧倒する経営戦略を考え出すために考案された基本フレームワークだった。

この基本概念を考案したのは、当時マッキンゼーで経営コンサルタントをしていた大前研一氏（現在は株式会社ビジネス・ブレークスルー代表取締役会長）で、その著書『The Mind of the strategist: The art of Japanese business』（１９８２年刊　邦訳版タイトル『ストラテジックマインド――変革期の企業戦略論』田口統吾・湯沢章伍訳　プレジデント社刊）によって広く世界に知られるようになった。

同著の中で大前氏は、この三者がそれぞれに影響し合う関係を「戦略的三角関係（strategic triangle）」と呼んだ。

大前氏が考えた企業戦略を分析するための３Ｃは、

- **顧客（customer）を起点とした戦略**
- **競合企業（competitor）を起点とした戦略**
- **自社（corporation）を起点とした戦略**

を分析して、ＫＳＦを導き出し、競争相手を圧倒する経営戦略を考え出すという考え方だ。

このＫＳＦを抽出する目的は、

- **競合企業よりもいかに低いコストにできるか**
- **顧客に対してより良い価値と価格の商品やサービスを提供するか**

を明確にするためだ。

後に大前氏は、『The Invisible Continent』（２０００年刊　邦訳版タイトル『大前研一「新・資本論」――見えない経済大陸へ挑む』吉良直人訳　東洋経済新報社刊）の中で、新しい経済領域（サイバー経済、マルチプル経済、ボーダレス経済）が出現したため、戦略を策定する3Cは通用しなくなったと述べている。

大前氏が指摘するように、現在のようにcustomer（顧客・生活者）、competitor（競合）、corporation（自社）がどれも安定しておらず、変化が激しい状況では、当初3Cのフレームが目指した目的を抽出させにくくしている。

したがって、現在日本で「3C」と呼ばれる分析方法は、マーケティングで環境分析を行うフレームとして使用されている。

マーケティングにおける3C分析とは

マーケティングにおける3C分析とは、以下の分析をそれぞれ行い、最終的に最適な「KSF」を導き出す分析手法となっている。

①顧客（customer 顧客・生活者・法人ユーザー）と市場の動向と予測により、顧客のニーズを満たすか、新たな価値を創造する切り口を見つける
②競合企業（competitor 競合）の動向と予測により、競合企業の強みと弱みを把握する
③自社（corporation 自社）の動向と予測により、自社の強みと弱みを把握して、競合を上回る

価値や方法を見出す

3Cの中で、customer（顧客・生活者・市場）を分析する

顕在化している現在の需要と、潜在している需要の2つの側面から顧客と市場を俯瞰することから始める。需要対応型マーケティングを行う企業では、顕在需要の分析視点に留まりやすいが、需要創造型マーケティングを展開する場合は、既存市場の盲点や隙間を見つけるように取り組む。

顕在市場と潜在市場の両面を視野に入れ、顕在顧客と潜在顧客それぞれの購入意向や購買力などを把握できるように分析を行う。以下は分析項目の例である。

①市場の規模

市場規模は、需要の大きさによって決まる。多くの顧客に支持されるなら市場は大きくなるが、誰にでも手が届きやすいようにするため、商品やサービスの価格は安価になることが多い。逆に特定の顧客にだけ支持される市場は、その規模はある程度限られるが、価格を高くする余地はある。

市場規模を把握するには、国や自治体が行っている調査データ（家計調査、家計消費状況調査、全国消費実態調査など）や、民間の調査会社（矢野経済研究所、インテージ、マクロミル）など第三者機関が行う調査データが代表的な情報源になる。第三者機関が発表している市場規模は、市場内の製品やサービスの数字を合計したものになるので、市場の開拓余地などを詳しく分析するには

独自調査を行う必要も出てくる。

②市場の成長性

狙っている市場は、成長期・成熟期・衰退期のどれに該当し、そこで必要とされる要素は何かを踏まえる。市場が成長期にあるときは事業展開の「スピード」を重視し、成熟期では競合品に対する「差別化」を計り、衰退期では「コモディティ対策や低価格化」対応が必要になる。

新市場を想定している場合なら、隣接する市場や代替市場も分析する。

③顧客特性

性別、年齢、職業、年収、家族構成、出身校、ライフステージ（出生、入学、卒業、就職、結婚、出産、子育て、退職、セカンドライフなど）、居住地、エリア特性（人口、人口密度、気候など）、ライフスタイル、趣味趣向などの属性やデータなどを参考にして、顧客像を明確化する。

顧客の姿が見えてきたら、彼らの消費行動をしっかり把握し、今後の消費行動変化も予測する。

④顧客のニーズ分析

製品やサービスの購入時に購入を決定づける要素になる顧客のニーズを分析し、顕在ニーズと潜在ニーズをそれぞれ見出すように取り組む。その際の視座となる以下の点を踏まえる。

・品質、性能、利便性、耐久性などの一次機能
・デザイン、イメージ、経験価値、ブランドなどの二次機能
・自己実現性、社会貢献性などの三次機能

顧客のニーズを調べるには、第三者機関の調査データのほか、自主調査（多くの顧客にアンケートを依頼する定量調査、少人数の顧客を集めてグループインタビューを行う定性調査がある）を行う方法もある。

20世紀に誕生し現在に至っている企業の多くは、需要調査を通じて顧客が求めるニーズを聞き出し、その結果を基に既存製品の改良改善を行ってきた。白物家電（洗濯機、掃除機、冷蔵庫、炊飯器、電子レンジ、トースターなど）に代表されるように、ユーザーの使い勝手を自社製品に反映する市場が存在したからだ。

しかし、新たな需要を創造しようとする場合、調査を通じて顧客（ユーザー）から「どんな商品やサービスが欲しいか」と「答え」を聞き出そうとしても無理な場合がある。顧客は見たことや触れたことがなく、使用経験を持たない製品については、ニーズを知覚できないからだ。

たとえば、かつて携帯電話といえば「ガラケー」だった時代、国産メーカーは皆、顧客に答えを聞き、改良改善を行ったが、その結果、どのメーカーも似通った機能やデザインになっていた。

一方、アップルがiPhoneを開発する際、商品が市場に存在しておらず、調査によってどんなスマートフォン（まだ市場に存在していない）がいいかを顧客に尋ねて「答え」を聞くことはできず、

調査から答えを探すこともしなかった。

新たな需要を創造するには、顕在ニーズでなく、潜在ニーズを顕在化させ、顧客の期待を上回る製品に仕立てる必要がある。

「他人が欲しいものでなく、開発担当者として本当に自身が欲しいと思えるモノをつくれ」とよく言われる。世の中にまだ存在していない商品を生み出すには、調査に依存せず、自身が顧客になった皮膚感により仮説抽出をする力が不可欠になる。

「上司を説得するために定量調査を行い、調査結果で承認を得て仕事を進める」という、いわば慣例重視型組織では、新規需要を創造するマーケティングに取り組むことは難しい。

⑤購買行動・購買過程

生活者の購買行動の研究は古くから行われ、以下のような経緯をたどってきた。

購買行動の基本とされ、1898年にアメリカの広告研究家セント・エルモ・ルイスが唱えたとされるAIDA理論は、図表4の流れになっている。

続いて1924年にサミュエル・ローランド・ホールが提唱したAIDMAの理論は、図表5という流れで、AIDAに「Memory（記憶）」が加味された。

AIDAとAIDMAは日本でも長く活用されてきたが、その背景はまだインターネットがなく、マスメディアしか存在しない時代だったからだ。

マスメディアを使って企業と商品の知名度を向上するには多額の広告費が必要となるため、当時は大企業によるマーケティングが圧倒的に有利だった。

しかし、インターネットが登場し、これまでのマスメディアから一方的に情報発信する情報環境から、必要な情報はネットを使って自ら探し出せるようになった。またSNSの登場によりマスメディアが報道していない情報が専門家を中心に数多く発信され、双方向でコミュニケーションが可能になった。

こうした環境の中で、電通の秋山隆平氏が『情報大爆発―コミュニケーション・デザインはどう変わるか』（2007年　宣伝会議刊）の中で提唱したのがAISASの理論だ。AIDMAにネット環境とSNSを前提とした「Search（検索）」と「Share（共有）」が加味された消費行動モデルだ（図表6）。

さらに2011年、電通は「SIPS」という消費行動モデルを発表した。SIPSはAIDMAやAISASなどの消費行動モデルを否定するのではなく、現状を反映した概念といえる。その流れは図表7のプロセスを踏む。

マスメディアのコンテンツが偏向し、また広告主に対する忖度（そんたく）が過ぎた報道がSNSを通じて知られるようになり、さらにメディアを独占していたマスメディア関係者の特権意識（上から目線・選民意識）が嫌われ、ネットに親和性のある世代にはマスメディア離れが加速している。

ネット上に「YouTube」「Facebook」「Twitter」「Netflix」「Amazon Prime Video」「Spotify」といったサービスが登場し、スマートフォンによる情報入手が世界中で一般化すると、この流れを踏まえた購買行動が前提となった。

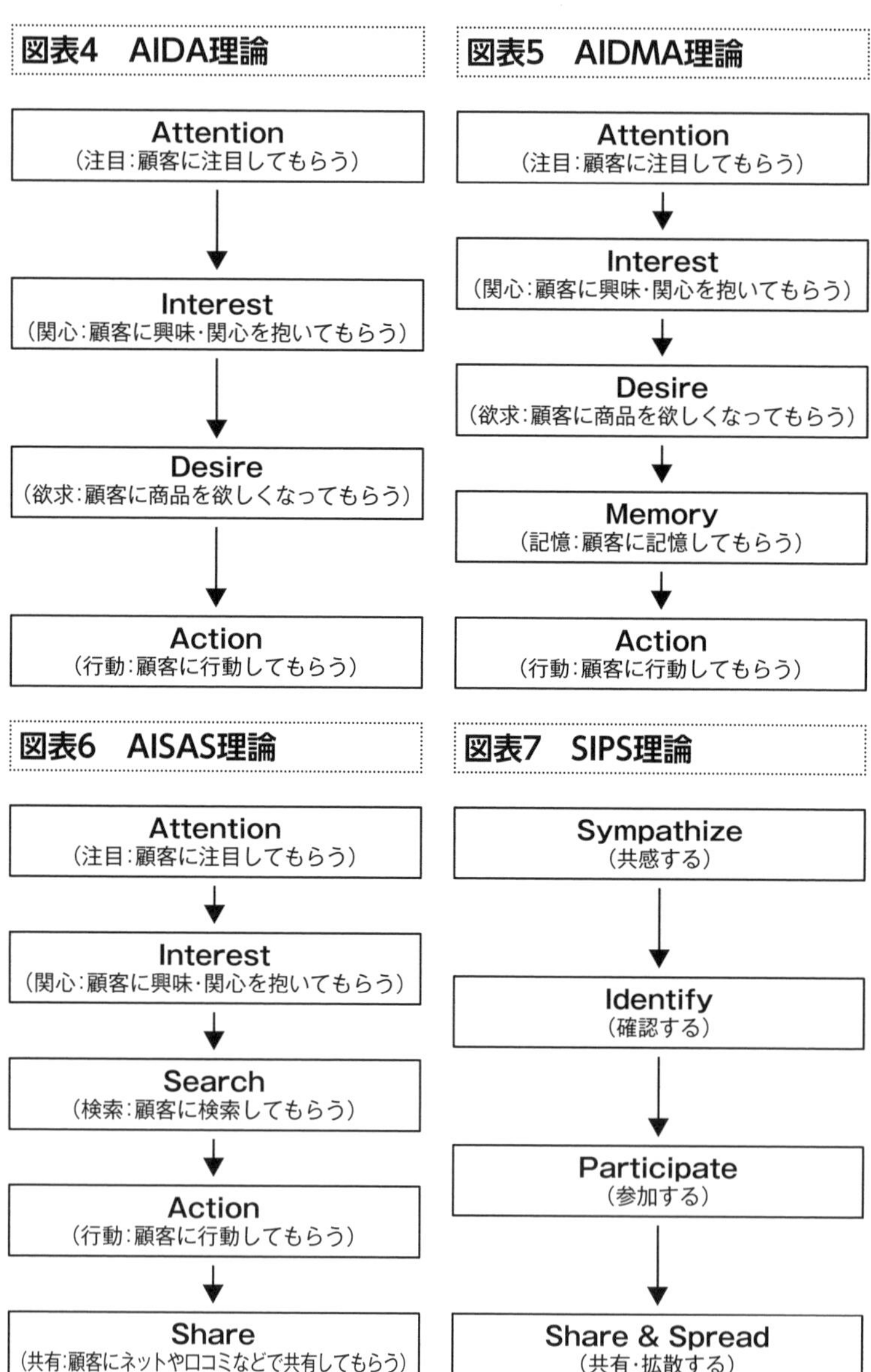
図表4　AIDA理論
Attention
（注目：顧客に注目してもらう）
Interest
（関心：顧客に興味・関心を抱いてもらう）
Desire
（欲求：顧客に商品を欲しくなってもらう）
Action
（行動：顧客に行動してもらう）
図表5　AIDMA理論
Attention
（注目：顧客に注目してもらう）
Interest
（関心：顧客に興味・関心を抱いてもらう）
Desire
（欲求：顧客に商品を欲しくなってもらう）
Memory
（記憶：顧客に記憶してもらう）
Action
（行動：顧客に行動してもらう）
図表6　AISAS理論
Attention
（注目：顧客に注目してもらう）
Interest
（関心：顧客に興味・関心を抱いてもらう）
Search
（検索：顧客に検索してもらう）
Action
（行動：顧客に行動してもらう）
Share
（共有：顧客にネットや口コミなどで共有してもらう）
図表7　SIPS理論
Sympathize
（共感する）
Identify
（確認する）
Participate
（参加する）
Share & Spread
（共有・拡散する）

マスメディアからネットメディアが台頭することで、購買行動が変わっただけでなく、大企業に有利だったマスメディアの時代のマーケティングから、ネット時代のマーケティングに変わり、中小企業でも有利にマーケティングが展開できる環境になった。

マスメディアの時代は、「皆が知っている」「商品やブランド」を「手が届く価格」で「数多くの販路で販売する」ことがセオリーになっていた。しかし、ネットの時代になると「顧客になる条件を備えた特定の人」を対象にする視点と方法が生まれ、「商品・サービス・ブランド」を「価値に見合った販路やネットだけで販売する販売方法」が加わり、マーケティングも変容を遂げてきた。

生活者の購買行動はネットとSNSをはじめとする新たなメディアの登場により、情報検索やシェアを行う行動が一般化し、情報を双方向にやり取りすることが前提になった。

⑥法的規制

法的規制とは、特定の目的を実現するために、国や自治体が許認可、介入、手続き、禁止などのルールを設け、物事を制限することだ。想定しているビジネス領域に規制がかかっていると企業活動は制約を受けるため、事前に規制の有無を調べることが必要だ。

たとえば、以下のような規制が存在している。

・環境規制や安全規制
・品質表示や安全表示

・参入規制（新たな産業の育成や衰退産業の構造転換に向けた規制）
・食料需給調整や食料の価格安定
・郵便・通信・交通などへの参入規制、価格規制、撤退規制、有害物質の規制、安全規制など（公益性を実現するための規制）

実務スキルを磨くシミュレーションワークショップ

地方の自動車ディーラーの今後の事業展開

大都市部は公共交通機関が充実しているため、自家用車がなくても生活できる。大都市で車を所有しようとすると、車両購入費用に加えて駐車場や保険料などの維持費と税金が必要となるため、それなりの経済力がないとその経費は負担できない。

一方、ローカルエリアでは１９８０年代から経営難によって公共交通機関が次々と廃止されたため、自動車のない生活は考えられず、交通手段を持たない人たちは交通弱者になってしまう。

こうした市場環境の中で、新たな事業モデルとして、カーシェア（Ｂ２ＣとＢ２Ｂの両方を手がけるタイムズカーシェアが代表例）やライドシェア（日本では規制されているため、まだ広がっていないが、世界的にはウーバーが市場を拡大）といった事業が拡大し、「所有」から「利用」の流れが加速している。

この流れを受けて、トヨタ自動車は国内メーカー初の月額定額サービス（サブスクリプション）で好きな車を自由に乗り換えできるサービス「ＫＩＮＴＯ」を開始した。

ＫＩＮＴＯのサブスクリプションサービスは、プリウス、カローラ スポーツ、アルファード、ヴェルファイア、クラウンを利用できる「KINTO ONE」と、レクサス ES300h、レクサス IS300h、レクサス RC300h、レクサス UX250h、レクサス RX450h、レクサス NX300h を利用できる「KINTO SELECT」の２つがある。

契約期間はどちらも３年（36カ月）で、「KINTO ONE」は同じクルマを、「KINTO SELECT」は６車種のレクサスを６カ月ごとに新車に乗れる。価格は「KINTO ONE」のプリウスが月額４万９７８８円から、「KINTO SELECT」は月額19万４４００円だ。この価格には車両代、登録時の諸費用／税金、メンテナンス、任意保険、自動車税がすべて含まれている。

月額定額制のサブスクリプションサービスは、すでにメルセデス・ベンツ、ＢＭＷ、ポルシェも開始している。

さらにトヨタ自動車は「トヨタ店」「トヨペット店」「カローラ店」「ネッツ店」の４販売チャネルごとの「タテ割り組織」だった国内営業体制を、２０１８年1月から地域ごとの「ヨコ割り組織」に転換する取り組みを始めた。

東京トヨタ販社（東京23区エリアは唯一、トヨタ自動車直営ディーラー）の統合は、メーカーの地域営業体制に移行する手始めだ。

また、「販売系列廃止」の取り組みに伴い、現在約40ある日本国内市場向け車種も、２０２２年から2025年頃を目途に約30車種にまで絞り込む計画だ。

東京と異なり、地方のトヨタディーラーは地元の有力企業がオーナーになっており、東京のように「販売系列廃止」に取り組むのは容易でない。

もし、あなたがトヨタ自動車系列の販売ディーラーのマーケティング担当者だとしたら、こうした状況下で、今後どのような事業展開を行うだろうか。

どのような仮説を持って分析を試み、マーケティングプランの立案にいかに活用するだろうか。

この機会に、担当者になったつもりで考えてみてほしい。

参考図書

『成功事例に学ぶマーケティング戦略の教科書』酒井光雄編著　かんき出版刊

Chapter 4

今、想定していない企業が、いつか脅威になる日が来るかもしれない

〜3C分析の中のcompetitor（競合相手）の分析を知る〜

テーマ

新たな価値を創造するために、どんな分析をすればいいか

論理的思考のプロセスやフレームワークを使う分析は、それを活用する目的を間違えると、ゴールにはたどり着けない。

新たな価値を創造するために、どんな分析をすればいいか。

それは「これからどんなサービスや商品が、生活を楽しむために必要とされるのか」という命題を自らに課し、世の中を俯瞰し、自身の持つ仮説を検証しながら、フレームワークを使った分析を行うことだ。

仮説を持たないまま、集めた資料を分析しても、その中に「答え」はない。また緻密に分析をし

ても、自ら考えて答えを見出さないかぎり、分析資料の中に答えはない。学校教育や受験勉強のように模範解答は存在せず、また答えはひとつとは限らない。この前提を踏まえた上で、分析というプロセスに取り組む。

見えざる企業が新たな価値を持って市場に登場したとき、主役が交代する

インターネットが存在せず、ITやAI、そしてeコマースすら存在しない20世紀に誕生し、大きくなってきた企業は、過去から現在にかけて競合している企業の動向を踏まえて打ち手を考え、マーケティングプランを立案し実行してきた。

国内で同じ業界にいる企業同士なら、競争するルールは同じだから、その動きはある程度予想できる。そのため、マーケティングも「過去のマーケティングプラン」に改良改善を加えた「過去の延長線」で対応できた。

こうした企業、特に製造業の多くは「モノを製造」する仕事が自社の基幹事業だと考え、販売は問屋や組織小売業に依存しているケースが多い。新たなプラットフォームづくりやネットを活用した双方向コミュニケーション、そしてeコマースの仕組みも端緒についたばかりの法人が多い。

一方、インターネットやeコマースはもとより、AIなど最先端のテクノロジーを駆使することを前提に21世紀に誕生した新興企業は、過去のしがらみを持たず、業界のしきたりなどを無視して事業を推進する。鎖国時代の日本に襲来した黒船と同じだ。

過去からの延長線上にある仕組みの上に成り立っている企業で、マーケティングに携わる人は、過去の方法論を踏襲するだけでなく、時代に呼応し、時代と呼吸できるマーケティング視点を加味していこう。

今、多くの市場では新旧の企業が直接相交わっている。その代表的な事例が、スマートフォンだ。日本の携帯電話メーカーは改良改善に終始し、どのメーカーも製品間に差のない状況に陥っていた。そこにアップルの iPhone が登場し、スマートフォン市場が誕生した。生活者はその多機能性と利便性から次々に乗り換えていき、日本の携帯電話機メーカーはそのほぼすべてが市場から撤退することになった。

この動きは携帯電話市場に留まらず、日本企業が圧倒的な力を発揮していたカメラ、ビデオカメラ、オーディオ、ナビゲーション、コンピュータゲームといった分野の市場まで代替され、そのシェアをスマートフォンに奪われている。

市場分析を行う際の目的の明確化

市場分析を行う際は、次のように分析する目的を明確化し、仮説を持って臨む。

- **競合する企業に対抗し、既存事業の商品群を「拡販」することが目的なのか。それともこれまでに存在していない新たな価値を「創造」することが目的なのか。**

・既存事業の中で収益を拡大する方法を見出すのか。それとも業界の盲点を見つけ、新規事業の糸口を探るのか。
・顕在需要に対応した製品を改良して投入するのか。それとも潜在市場を探り、そこに新たな製品を投入する是非を判断するのか。

こうした「仮説の有無」と、分析する「目的」によって、得られる結果は180度変わってくる。過去の延長線で自社のマーケティングを展開してきた企業は、これだけは視野に入れておいてほしい。それは、旧態依然とした企業しか存在しない市場とは、異業種から参入する企業から見ると〝宝の山〟であり、絶好の市場創造の機会になるという点だ。

企業が飛躍するか、衰退するか。それはマーケティング担当者が分析する際の目的によって決まるといっていい。

理論を実務に活かす

3Cの競合相手(competitor)の分析方法を知る

競合企業分析は、顕在化している競合企業、潜在しているが将来競合する可能性のある企業、あるいは自社製品やサービスの代替品になる可能性を持つ企業を抽出し、現在と今後の競合状況と今後出現する可能性のある異業種企業について把握する。

特に新技術の登場により、自社の事業や製品、さらには市場が陳腐化する可能性については、絶えず留意して情報収集をしておく。

以下は分析項目の例である。

①顕在企業と潜在企業のそれぞれに競合企業を特定する

製造業に代表される需要対応型企業は、直接競合している同業他社だけを念頭に置いて分析し、毎年のマーケティングプランに反映することが多い。国内の食品や飲料などの業界ではこの視点が中心だ。

それは組織小売業との商談が毎年訪れ、その商談で自社商品の採用・仕入れによって売上が決まるからだ。営業部門は商談に注力し、製品開発部門やマーケティング部門もそれに連動した動きをする。自社で販路を持たない企業が収益を上げるために、このような対応になるのは当然だ。

一方、需要創造型マーケティングを行う企業は、中長期的視野に立って競合環境を分析し、市場の魅力や盲点を探る。現在顕在市場で競争している企業はもとより、将来競合する可能性のある間接競合企業や、有力な代替品になる製品を世に送り出している企業も競合企業として視野に入れる。

たとえば、パソコンメーカーなら、前者の場合にはパソコンを製造する競合他社の分析を中心に行う。しかし、後者の場合には、パソコンを製造する競合企業はもとより、代替品として機能するスマートフォンやタブレット端末を供給する企業、新たな技術開発によって異分野から参入する可能性のある企業群も対象にする。

②競合する顕在企業と競合の可能性がある潜在企業のビジネスモデル分析

製造業では同業他社も自社と同様に「モノを製造して販売し、そこで収益を得る」ことを前提に事業を営んでいる。その市場に「所有でなく利用」「有料でなく無料」といった新たなビジネスモデルや課金方法を生み出して、異業種から企業が参入してくる場合がある。

これまで想定せずに来た事態が起きる可能性を加味した上で、顕在化している競合企業と潜在している参入可能性のある企業それぞれにビジネスモデルを比較し、彼らの持つ優位性を把握する。

「モノでなく、サービスとして使用料を課金する仕組みを導入する」

「これまで存在していなかったプラットフォームを作り出し、無料で利用できるようにし、集まった顧客を対象に別の商品を販売したり他社から広告掲載料を徴収したりする」

「リアルの販路でなく、ECだけの販路に限定し、定期購入を前提とした仕組みにする」

といったビジネスモデルを持つ企業の動きに先手を打たないと、致命傷を負うことがある。

③顕在化している競合企業との競争状態（寡占の度合いとその状況）

対象とする市場には、どの競合企業がどの程度のシェアを占め、その強さはどこにあり、弱点や盲点はないかを分析する。

④競合する顕在企業と潜在企業が提供している価値の特定

競合する顕在企業と潜在企業は顧客に対してどのような価値を提供して、顧客のいかなるニーズを満たしているのかを特定する。

・一次機能としての「品質」「機能」「価格」「利便性（製品だけでなく、販路や販売方法も含む）」など
・二次機能として「デザイン」「イメージ」「ブランド」など
・三次機能としての「社会貢献性」「企業の倫理観」など

以上の視点から、彼らが提供している価値を特定して、それぞれの存在意義を明らかにする。

⑤顕在企業と潜在企業それぞれのSTPを分析する

顕在企業と潜在企業のSTP（「セグメンテーション」「ターゲティング」「ポジショニング」の略）を分析し、彼らの戦略を把握する（詳しいSTPについての解説は、Chapter8を参照）。

⑥顕在企業と潜在企業それぞれの4Pを分析する

顕在企業と潜在企業の4P（「Product 商品・サービス」「Price 価格」「Place 流通」「Promotion

販売促進策・コミュニケーション」の略）を分析し、彼らのマーケティングミックスを把握する（詳しい4Pについての解説は、Ｃｈａｐｔｅｒ11を参照）。

⑦顕在企業と潜在企業それぞれの資源を分析する

顕在企業と潜在企業それぞれについて以下のような資源を分析する

・人的資源や組織力……どのような人材と組織で運営されており、競争相手の優位性と手薄な領域はどこにあるかを計る
・モノや技術、販売力……開発し提供しているモノ、基礎技術、応用技術、生産技術、設備の規模、生産力、販売力（販売拠点や販売方法など）、財務、技術開発力、物流システムなどの力を把握する
・資金……研究開発費、設備投資、販売促進費、コミュニケーション（リアルとバーチャルの広告・広報・販売促進など）費用などを把握する
・知的資産、ブランド……企業が持つ知的資産（特許、実用新案、商標、屋号、ブランドとそのブランドパワーなど）を把握する
・ＩＴの活用……歴史の長い企業では、自社の仕組みにどれだけＩＴを組み込んでいるか。潜在企業の場合にはどのようなＩＴの新技術が自社に脅威を与える可能性があるかを分析する
・販路と販売方法……販路はリアルの販路だけなのか、あるいはバーチャルも含めたオムニチャネ

ルなのか、さらにはバーチャルだけなのかなど、その販路を把握し、さらに販売方法としては対面販売、セルフ販売、ネット販売など、その力を分析する

・「利益」「コスト」「付加価値」……競合他社の売上と利益、コスト構造、そして付加価値などの構造について把握する。

⑧新市場への参入難易度

異業種から新たな市場に参入する場合には、その市場への参入する難易度を把握する。その市場は特定の企業による寡占市場なのか、複数の企業による競争市場なのか、参入障壁の低い乱立市場なのかを理解する。

マーケティングには「市場シェア」という言葉がよく登場する。これは第二次大戦中にコロンビア大学数学教授のバーナード・クープマンらが軍事理論として知られる「ランチェスターの法則」を基に、軍事シミュレーションモデルとして「クープマンモデル」を編み出したことから始まる。

このクープマンモデルがマーケティングの分野にも応用され、「弱者の戦略」と「強者の戦略」が生まれた。それぞれ、以下のようなことに着目して検討を行う。

・弱者の戦略……市場のシェアが低くても、経営資源を一点に集中し、強者が持たないニッチな分野や商品で市場の認知度を高めてシェアを獲得する、いわゆる「差別化戦略」

・強者の戦略……強者は弱者が送り出したヒット商品と同機能や同性能の商品を販売し、弱者が持

たない企業規模を活かした競争を行う、いわば「追随戦略」

参考図書
『全史×成功事例で読む「マーケティング」大全』酒井光雄編著　かんき出版

実務スキルを磨くシミュレーションワークショップ

カフェ市場に新規参入する場合の分析

スターバックスを凌ぐカフェ事業に参入すると仮定したら、あなたは競合企業であるスターバックスなどの既存企業をどのように分析するだろうか。
スターバックス コーヒー ジャパン 株式会社は、1996年8月に東京銀座に日本で1号店をオープンさせ「生活者のサードプレイス（第三の場所）」（※1）として、より豊かで潤いのある時間を提供するカフェとして成長してきた。

※1　生活者のサードプレイス（第三の場所）
サードプレイスの提唱者は、1932年生まれのアメリカの社会学者であるレイ・オルデンバーグだ。アメリカの都市社会学者で、ネヴァダ大学、州立スタウト大学（現ウィスコンシン州立大学スタウト校）、ミネソタ大学

を経て、1971年から2001年まで西フロリダ大学で教鞭をとった。西フロリダ大学社会学部名誉教授。オルデンバーグは著書『サードプレイス』(日本語版　みすず書房刊)の中で、都市社会学的見地から第一の家、第二の職場とともに、個人の生活を支える場所として、家庭や職場の役割から解放され、一個人としてくつろげる「サードプレイス(第三の場所)」として地元の飲食店や書店などを位置づけて解説した。

参考文献

『サードプレイス　コミュニティの核になる「とびきり居心地よい場所」』(原題THE GREAT GOOD PLACE Cafés, Coffee Shops, Bookstores, Bars, Hair Salons and Other Hangouts at the Heart of a Community)レイ・オルデンバーグ著　忠平美幸訳　みすず書房刊

現在同社は従業員数4021名、店舗数1434店舗(うちライセンス店舗113店舗)という国内規模に成長している(2019年3月31日現在)。

矢野経済研究所による2018年度の外食産業の調査結果によると、喫茶店・カフェ経営業者1180社の2017年の売上高合計は、前年比4・6%増の6415億3200万円。売上高規模別では事業者の70・5%(832社)が「1億円未満」を占め、個人事業者が203社ある市場だ。

また売上高100億円以上の事業者は10社で、この10社で売上高合計全体の66・3%(4251億8500万円)を占めている。トップはスターバックス コーヒー ジャパンの1709億8400万円、2位はドトールコーヒーの725億6000万円だ。

市場の売上高は2013年以降拡大傾向が続いており、2017年の増収率では、コメダ（243億円、前年比10・7％増）やタリーズコーヒージャパン（302億6800万円、同9・1％増）が伸張している。

あなたが、スターバックスが圧倒的な強みを発揮している国内のカフェ市場に新規に参入する企業のマーケティング担当者だとしたら、スターバックスのどこに盲点があるかを見つけられるだろうか？

スターバックスと競合しているドトール、エクセルシオール カフェ（共に株式会社ドトールコーヒー）、タリーズ（タリーズコーヒージャパン株式会社）や、間接競合しているコンビニエンスストアのコーヒー、ファストフード、ファミリーレストランなども視野に入れて分析してみてほしい。

Chapter 5

自社の強みや優位性について、競合他社よりも気づいていないのは、社内の人材かもしれない

~3C分析の中のcorporation（自社）の分析を知る~

テーマ

自社の分析を行う

１９９０年に婦人服の年間支出は6万３５００円だったが、２０１６年には３万90円にまで縮小し（総務省家計調査より）、国内の婦人服の年間支出は２０００年からの17年間に約６割まで減少した。

この背景には、「ユニクロ」や「ＺＡＲＡ」をはじめとするファストファッションや多様な通販サイトが登場した結果、品質のよい商品やファッション性の高い商品を手軽な価格で入手できるようになった環境の変化が挙げられる。

２０１７年は、生活者が化粧品に支払う額が初めて婦人服を上回った（同じく総務省家計調査よ

り）年になった。2017年の化粧品の年間出荷額は前年比6・9％増の1兆6292億円で、2年連続で過去最高を更新（経済産業省生産動態統計より）している。

2017年の全国の百貨店の化粧品売上高は5122億円で、対前年比は17・1％増となり、5年間で約1・5倍に伸張している（日本百貨店協会調べ）。デパートにおける化粧品需要の拡大要因は、2014年以降の訪日外国人（インバウンド）需要にある。

2008年のリーマン・ショック以降、化粧品の出荷金額は減少していたが、2014年に外国人旅行者向けの免税制度（※1）が拡充されたことで訪日外国人需要が拡大し、その後も化粧品は増加傾向にある。

※1　外国人旅行者向けの免税制度
従来、免税販売の対象になっていなかった消耗品（食品類、飲料類、薬品類、化粧品類その他の消耗品）を含めたすべての品目が新たに免税対象になった。

訪日外国人に人気が高く、売れている化粧品は、高価格帯のスキンケア化粧品（基礎化粧品）だ。2017年度の化粧品業界は市場全体で前年比7％も伸張しているが、これに貢献しているのが資生堂の「クレ・ド・ポーボーテ」やコーセー「コスメデコルテ」などの高価格帯のスキンケア化粧品だ。

こうした市場の中で、業界4位（図表8）のマーケット・ニッチャー（説明は後述）であるポー

図表8　化粧品業界の企業別シェア

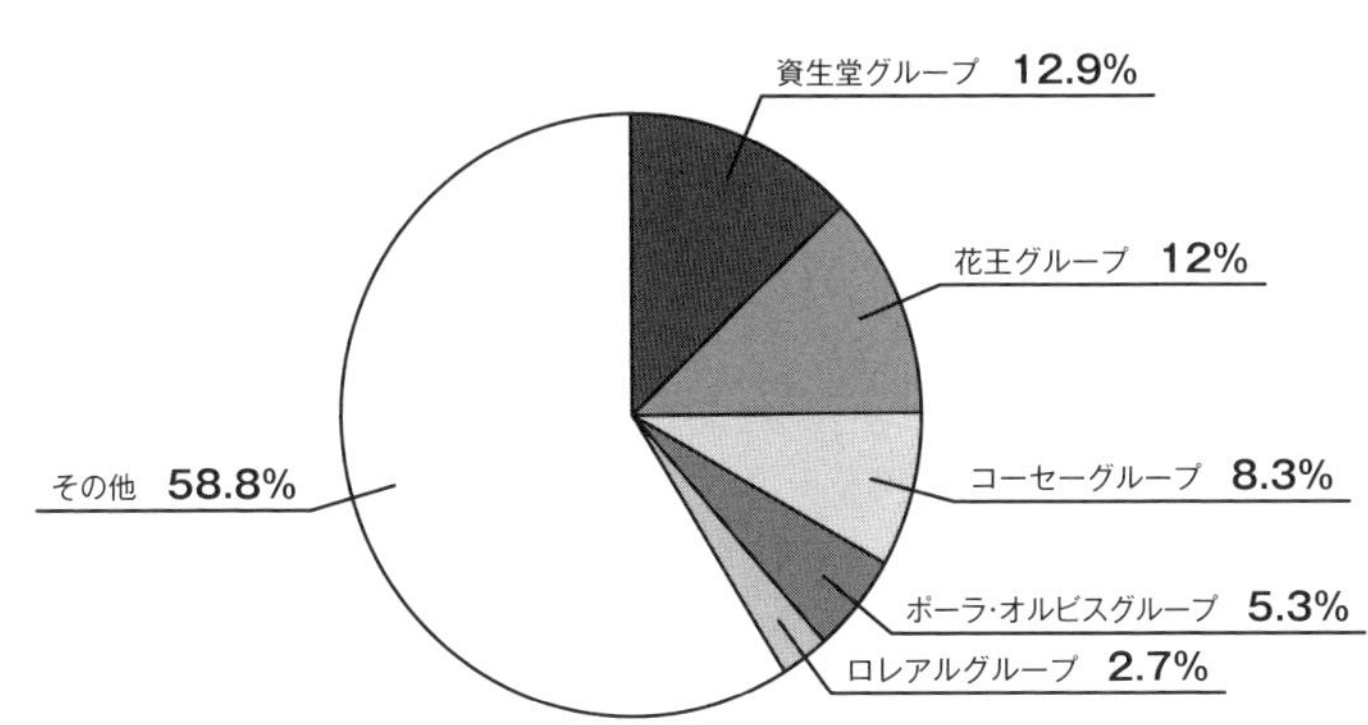

出所：『会社四季報2019年版業界地図』東洋経済新報社

ラは、資生堂がトップメーカーとしてシワ改善化粧品医薬部外品の承認第１号を目指す姿勢を明らかにした２００２年に、シワ改善化粧品の開発に着手した。

厚生労働省への医薬部外品の申請から認可までに通常の２倍の８年を要したこともあり、研究開始からおよそ15年を経て「ポーラ　リンクルショット」の発売となった。

２０１７年にシワ改善化粧品「ポーラ　リンクルショット（価格は１本１万５０００円税別、２０１８年に１万３５００円に値下げ）」を市場に投入すると、１年間におよそ１３０億円の大ヒットとなった。

この動きを受けて資生堂は同年６月に「シワ改善」を明記できる商品を主力ブランドであるエリクシールから「エリクシール　シュペリエル　エンリッチド　リンクルクリームＳ」を発売。長年にわたり基礎研究を続けてきた「純粋レチノール」

を配合し、15グラム入りで価格は5800円税別で発売した。

同商品は累計出荷個数250万本（2017年6月〜2018年6月までのエリクシール シュペリエル エンリッチド リンクルクリーム S・L メーカー累計出荷個数）を売上、しわ改善薬用化粧品販売数量でナンバー1（インテージ SLI 基礎化粧品（スキンケア）しわ改善市場2018年1月〜2018年12月金額シェアブランドランキング）となった。

大手化粧品各社は少子高齢化で国内市場の伸びが見込めないため、積極的に海外市場に進出。国内ではアンチエイジングやオーガニックなど細分化する生活者ニーズに対応した機能性商品の人気が高く、今後も高機能の化粧品の需要が高まると予想される。

化粧品市場は参入障壁が比較的低いため、ロート製薬や富士フイルムといった異業種企業が次々に参入しており、近年は医薬分野からの参入が目立つ。化粧品の販路としてはドラッグストアやネット通販が台頭している。

マーケット・ニッチャーのポジションにいるポーラは、かつて売上の8〜9割を占めていた訪問販売が、女性の在宅率が低下するなどの影響もあって1割強にまで落ち込んでいる。今後資生堂や花王、コーセーといった競合企業とどう競っていくのか。「ポーラ リンクルショット」の成功が、今後の試金石になる。

参考資料

『日経ビジネス』オンラインゼミナールインタビュー　2018年10月15日

「苦節15年で大ヒット、シワ取り元年ポーラ拓く」日経産業新聞　２０１７年10月9日
『会社四季報２０１９年版業界地図』東洋経済新報社

理論を実務に活かす

3Cの中の自社(corporation)分析の方法を知る

顧客・生活者（customer）分析と競合（competitor）分析に続いて、最後に自社（corporation）の分析を行う。

チャプター2のマイケル・ポーターによる「ファイブフォース分析」ですでに解説したが、業界構造に代表される外部環境を分析した後に、自社を最適な場所にポジショニングし、そこで優位に立つために自社の分析を行うというフレームワーク（ポジショニング・ビューと呼ばれる思考法）に沿って、本章の自社分析の解説を行う。

自社分析は、自社（商品・ブランド）が現在どの位置にあるのかを把握し位置づけることから始める。競合分析の際にも用いられるが、市場シェアによって市場での自社の立ち位置を把握することができる。

市場シェアによる4つの分類

市場シェアによって企業を4つに分類したものを、「コトラーの4つの競争地位分類」と呼ぶ。これは1980年にコトラーが提案した競争戦略の理論で、マーケットシェアの観点から企業を4つに類型化し、競争地位に応じた戦略目標を提示したものだ。

市場シェアによる4つの分類とは、以下のとおりである。

①マーケット・リーダー

最大のマーケットシェアを持ち、業界を牽引するリーダー的立場にある、いわばトップ企業を指す。潤沢な経営資源を活かし、市場全体を掌握する力を持っている。自社のシェアを増大させ、同時に市場全体を拡大させることで自社の地位をより強固にすることが戦略目標になる。

マーケット・リーダーの選択肢としては、市場に低価格な商品を投入し、競合企業を圧倒するといった戦略がある。

②マーケット・チャレンジャー

業界の中で2~3位の地位におり、リーダー企業に挑戦してトップを狙う企業である。シェアを高めれば収益性が高まるので、競争相手を明確にして差別化を行い、競合他社の弱点を突くなどして資源を集中化し、シェアを高めることが戦略目標となる。

マーケット・チャレンジャーの選択肢としては、先行する商品より価格が高くても付加価値が高い商品を投入する差別化戦略がある。

③マーケット・フォロワー

市場シェアが上位から3位以下で、業界のトップになることを狙わず、競合他社の戦略を模倣する企業を指す。製品開発コストを抑え、高収益を達成することが戦略目標となる。

マーケット・フォロワーの選択肢としては、上位企業の商品を分析し、彼らの商品の隙を突く戦略がある。

④マーケット・ニッチャー

業界内のシェアは低いが、隙間市場（ニッチ市場）で独自の地位を築いている企業を指す。商品の価格帯や販売チャネルを限定し、専門化することで収益を高めることが戦略目標となる。

マーケット・ニッチャーの選択肢としては、他企業との競合を避け、ニッチな市場に専門特化する戦略がある。


以上の4分類を使えば、自社の現状の立ち位置を把握でき、基本的に押えるべき戦略も明確化する。

参考文献
『図解＆事例で学ぶマーケティングの教科書』酒井光雄監修　マイナビ出版刊

自社の経営資源・能力の分析

次に自社の経営資源・能力について把握する。本章では競合分析と同じ分析項目を踏襲する。

①自社が提供している価値の特定

自社は顧客に対してどのような価値を提供して、顧客のいかなるニーズを満たしているのかを明確化する。

競合分析で前述したように、その価値は、一次機能としての「品質」「機能」「価格」「利便性（製品だけでなく、販路や販売方法も含む）」、二次機能としての「デザイン」「イメージ」「ブランド」、三次機能としての「社会貢献性」「企業の倫理観」などの視点から、自社が提供している価値を明確化し、現在の自社の存在意義を明らかにする。

②自社のSTPを把握する

自社が実践している現在のＳＴＰ（「セグメンテーション」「ターゲティング」「ポジショニン

グ」の略）を明確化し、自社の現状の戦略を把握する（詳しいＳＴＰについての解説は、Ｃｈａｐｔｅｒ８を参照）。

③自社の４Ｐを把握する

自社が実践している４Ｐ（「Product 商品・サービス」「Price 価格」「Place 流通」「Promotion 販売促進策・コミュニケーション」の略）を明確化し、自社のマーケティングミックスを把握する（詳しい４Ｐについての解説は、Ｃｈａｐｔｅｒ11を参照）。

④自社の資源を把握する

以下のような自社の経営資源を把握する。

・人的資源や組織力……現在自社の人材と組織はどのように運営されており、競争相手に対していかなる優位性を発揮しているか。あるいはどこに弱みがあるかを把握する

・モノや技術、販売力……自社が開発し提供しているモノ、基礎技術、応用技術、生産技術、設備の規模、生産力、販売力（販売拠点や販売方法など）、財務、技術開発力、物流システムなどの力を把握する

・資金……自社の研究開発費、設備投資、販売促進費、コミュニケーション（リアルとバーチャルの広告・広報・販売促進など）費用などを把握する

・知的資産・ブランド……自社が持つ知的資産（特許、実用新案、商標、屋号、ブランドとそのブランドパワーなど）を把握する
・ITの活用……自社の仕組みの中にどれだけITを組み込んでいるか。競合他社に対してITなどのシステムは優位性を持っているかどうかを分析し把握する
・販路と販売方法……自社の既存販路と販売方法を把握する。時代の潮流の中で、現在の販路と販売方法は今後も活用できるかどうかを把握する
・利益・コスト・付加価値……自社の売上と利益、コスト、そして付加価値などの構造について把握する

企業内にある能力や強みから自社の戦略を立案する概念の登場

テクノロジーの進展と時代の推移により、業界の構造は流動化し、環境変化のスピードが劇的に速くなってきた。マイケル・ポーターの「ファイブフォース分析」を使い、市場環境の機会と脅威を中心に企業戦略を考える思考法は、業界構造を分析するには非常に時間がかかるため、ある面で限界も出てきた。

そこに登場したのが、企業の内部資源に着目し、「持続的競争優位性を発揮するには、その企業が世の中に提供する能力で、企業は自社のコア・コンピタンスを把握し、それを有効に使い、拡張していくことで、企業は競争優位性を発揮できる」という概念だ。この内容については次のＣｈａ pter6で解説する。

実務スキルを磨くシミュレーションワークショップ

競争戦略としてのマーケット・ニッチャー

マーケティングの書籍に事例として登場する企業は、書き手が経営内容を把握しやすい大企業が多くなる。そのためスタートアップ企業や中小企業にとっては身近でない事例と感じられる場合もある。

企業規模は限られていても、個性を活かして高収益を上げる企業は国内に数多く存在している。近年はマーケット・リーダーである大企業でも経営基盤が揺らぐ事態が頻発しており、より工夫が必要なマーケット・ニッチャーが戦略の選択肢として取り入れる視点が必要だと、筆者はかねてより考えていた。

そんな中で山田英夫・早稲田大学ビジネススクール教授は、マーケット・ニッチャーに対して戦略として10視点を、「リーダー企業と戦わず、「ニッチ」を狙え 競争しない競争戦略【第2回】（2015年3月10日付『DIAMOND ハーバード・ビジネス・レビュー』より」の中で、詳細に解説している。貴重な指摘なので、その概要を抜粋し、以下に紹介する。

「差別化はリーダーと戦う戦略であり、ニッチはリーダーとは戦わない戦略である」

差別化は、リーダーとの違いを強調することでシェアを奪うのが目的である。ニッチ戦略は、リーダーの地位を狙うのではなく、限られた市場において、利益を上げていく戦略である。

一般にコスト・リーダーシップは資源が業界で最大のリーダー企業が採れる戦略、差別化はリーダーの座を狙うチャレンジャー企業の戦略、そして集中がニッチ企業（ニッチャー）の戦略と言われている。

①技術ニッチ

リーダー企業が技術を持っていない分野を開拓する戦略を指す。眼科領域に特化した参天製薬、歯科用医療機器のマニーなどの例がある。

②チャネル・ニッチ

リーダーが追随できないチャネルを押さえ、それを通じて限られた市場の寡占を作る戦略である。税理士ルートを押さえた大同生命、全国のバレエ教室ルートを疑似チャネルとして押さえたバレエ用品のチャコットなどがその典型例である。

③特殊ニーズ・ニッチ

一般的ではない特殊なニーズに対応した技術・サービスにより、限定された市場を獲得する戦略である。タクシーの自動ドアに特化したトーシンテック、理容・美容用椅子に特化したタカラベルモントなどの例がある。

④空間ニッチ

限られたエリアだけを事業領域として資源集中することで、その地域に関しては、大手企業であってもシェアを取れない状況にしてしまう戦略である。北海道に特化したコンビニのセイコーマート、豊橋のヤマサちくわなどの例がある。

⑤時間ニッチ

限られた時間だけに事業が集中し、固定費の高い大手企業は、需要の閑散期に固定費が回収できなくなることから、なかなかその事業に参入できない戦略を指す。ドーピング検査のＬＳＩメディエンス、棚卸代行のエイジスなどの例がある。

⑥ボリューム・ニッチ

リーダー企業が参入するには市場規模が小さすぎ、それ故にリーダーが参入してこない結果、ニッチ企業が利益を享受できる市場である。卓球のタマス、ハイエンド・アウトドア用品のスノーピークなどの例がある。

⑦残存ニッチ

製品ライフサイクルの衰退期に入り市場が縮小し、もはや利益が出なくなったため、大手企業が撤退していった結果、残った企業が限られた規模の中で、利益を追求する戦略を指す。レコードの東洋化成、レコード針のナガオカなどの例がある。

⑧限定量ニッチ

生産・供給量を意図的に絞ることでプレミアム感を出し、利益を確保する戦略である。ボリューム・ニッチと限定量ニッチの違いは、前者は市場規模自体が小さいケースをいうのに対し、後者は事業的には量産が可能にもかかわらず、戦略として供給量をコントロールし市場規模を小さくとどめ、利益を獲得しようとするものである。

古くは老舗の菓子、日本酒など原材料の確保や職人の生産量がネックとなる分野でとられてきたが、最近は嗜好性の強いフィギュアやコインなどでも取られる。量産の効く分野でも、数量を限定することによって希少ニーズを喚起する意図もある。最近の失敗例として、ＪＲ東日本の「東京駅開業１００周年記念スイカ」がある。

⑨カスタマイズ・ニッチ

完全オーダーメイドに基づく製品・サービスを提供する戦略である。例として銀座山形屋の注文服がある。

⑩切替コスト・ニッチ

製品・サービスの規模が小さいだけでなく、当該市場に参入するための壁があり、既存客が製品・サービスを切り替えるコストが大きい場合、リーダー企業は同質化をしかけにくい。こうした戦略を、「切替コスト・ニッチ」と呼ぶ。例として、クオリカプス、ホギメディカルの手術キット製品などがある。

日本国内にある大企業は約1万1000社、中規模企業は約55万7000社、小規模企業は325万2000社で、全法人に占める割合は、大企業の比率は0・3％に対して中小企業の比率は99・7％となっている（2017年中小企業庁調査室）。

モノづくりの資源が集積する新潟で生まれたツインバード工業株式会社は、メッキの下請けから一代で家電メーカーに成長した企業で、昭和から平成初期にかけて小型家電を安価な価格で提供するビジネスモデルで経営を行ってきた。

しかし、1990年代に入ると業績は漸減を始め、2000年代に5期連続赤字を計上することになってしまう。先代の野水重勝社長のカリスマ性で成長し、昭和のスタイルによるモノづくりに限界が来ていた面も否めない。

過去の方法論が通用しなくなる事態は、ツインバード工業に限らず日本の製造業全体が共通して直面している問題だ。

経営者が野水重明氏に変わり、構造改革を進めながら、「くつ乾燥機」、360度首が回転する扇風機「PIROUETTE（ピルエット）」などの家電を送り出し、2017年からは単身世帯向けの小型冷凍冷蔵庫に注力する。

庫内の温度が選べる「3ドア冷凍冷蔵庫 ハーフ&ハーフプラス（定格内容量199L）」と、冷凍室内の霜取りが不要な「2ドア冷凍冷蔵庫（同110L）」。既存の「2ドア冷凍冷蔵庫 ハーフ&ハーフ（同146L）」を含めた3製品は、同定格内容量クラス帯で最大級の冷凍室を備える。単身者世帯が今後も増加し、冷凍食品の需要が膨らむと考えた商品戦略だ。

同年には1日分の洗濯物を10分で洗える「快速モード」を搭載した「全自動洗濯機5・5kg」を発売。2019年には正面パネルを開けてファンを取り出し丸洗いできるタワー型扇風機の「タワーファン」を開発している。

こうした取り組みの結果、ツインバード工業は復活し、2018年には売上高131億6400万円、営業利益2億1100万円、経常利益1億5000万円という実績を上げている。

仮にあなたがこのツインバード工業のマーケティング責任者だとしたら、今後どのようなマーケティング戦略を立案して遂行するだろうか。前述の山田英夫教授が提示した「マーケット・ニッチャーの戦略10視点」を踏まえて、この機会に検討してみてほしい。

発想する際のヒント

以下の視点を参考に、自身で検討してみてほしい。

・どのメーカーでもつくれる製品なら、日本の企業は価格面では勝てない。またニッチな製品がヒットすると、大手企業や海外メーカーが参入する可能性もある。どこで自社の強みを発揮するか。
・アメリカをはじめ製造業では、モノの販売からモノを利用するサービス化への対応にシフトしている。「モノを製造して販売し、そこで収益を得る」というビジネスモデルのままでよいのか。
・家電製品が単独で機能するのでなく、ＩｏＴによってその機能を高度化させる必要はないのか。
・モノの高機能化や技術の高度化は陳腐化するスピードが速く、競争優位性を長く維持できないことが増えている。どこで自社の魅力を発揮するのか。
・モノによる優位性だけでなく、企業と製品それぞれのブランド価値を高める必要はないか。
・工場を持たないファブレスメーカーに対して、どこで優位性を発揮するのか。

PART 2

内部資源分析

Chapter 6

過去の成功モデルが、いつまでも通用するとは限らない。自社で独自の戦略を立て、成長していく方法がある

～内部資源分析からコア・コンピタンスの特定方法を知る～

テーマ

規模の拡大だけが高収益の方法ではない

事業を拡大するために企業が採用する戦略の中には、共通する打ち手がいくつか存在する。そのひとつが、販路（店舗数）の拡大だ。

たとえば、CVS（コンビニエンスストア）、カフェ、家電量販店、ドラッグストア、外食などの業界では、店舗数を増やして売上を伸ばし、事業を拡大してきた企業が多い。

CVS市場では、業界1位のセブン-イレブン・ジャパンはチェーン全店売上高が4兆6780億円、営業利益2441億円、国内店舗数は2万260店、店舗平均日販65・3万円。2位のローソンはチェーン全店売上高2兆2836億円、営業利益658億円、国内店舗数1万3992店、

店舗平均日販53・6万円だ。

カフェ市場では、業界1位のスターバックス コーヒー ジャパンの売上高は1709億円（2017年9月期）、営業利益143億円、国内店舗数1342店（2018年3月期）。2位のドトール・日レスホールディングス（ドトールコーヒーショップ、エクセルシオールカフェ、星乃珈琲店）の売上高は1311億円、営業利益103億円、店舗数1458店。

これらの業界を見ても、店舗数の拡大によって売上を伸ばしている企業が多い。海外に進出する目的も、店舗を増やして規模を拡大することを狙っていることが多い（しかし、既存店全体の売上が前年より大きく下落すると、新規店舗数を増やしても売上の落ち込みをカバーできないこともあり、既存店舗の売上を維持拡大することも欠かせない）。

多くの企業が踏襲する過去の成功モデルを採用せず、自社で独自の戦略を推進し、高収益企業になっている企業も存在する。家電量販店市場におけるヨドバシカメラとそのECサイト「ヨドバシドットコム」だ

家電量販店市場は、業界1位のヤマダ電機の売上高は1兆5738億円、営業利益473億円、国内店舗数649店（100%子会社のベスト電器の売上高は1289億円、営業利益49億円、店舗数直営142店 FC175店）。2位のビックカメラの売上高は7906億円、営業利益243億円、国内店舗数38店（子会社のコジマの売上高は2327億円、営業利益32億円、店舗数139店）。3位のエディオンの売上高は6862億円、営業利益161億円、店舗数直営425店 FC761店となっている。

しかし、この業界で異彩を放つのが業界4位のヨドバシカメラだ。

ヨドバシカメラの売上高は6805億円、営業利益606億円、直営店舗数23店だが、経常利益率を見ると、業界1位のヤマダ電機が3％、同2位のビックカメラが3％なのに対して、ヨドバシカメラは実に8・9％もある（図表9）。経常利益金額を見ると、業界トップ（606億円）なのだ（前記法人データは、『「会社四季報」業界地図2019年版』東洋経済新報社刊を参照）。

ヨドバシカメラが高収益企業である6つの理由

ヨドバシカメラが高収益企業である理由を探ってみると、以下の6点を指摘できる。

①規模拡大よりも利益重視の姿勢を貫き、付加価値経営を実践

「付加価値経営を実践し、売上高でなく収益を重視する」と、ヨドバシカメラの藤沢昭和社長は『日経ＭＪ』（2013年4月14日付）の取材時に述べている。

②少量・多品種・高回転の徹底

何百万とある品目をコンピュータによって単品管理し、すべて自動発注できる仕組みを構築するなど、少ない在庫で回転率を高めている。

図表9　過去3年間のヨドバシカメラの売上高・EC売上高・経常利益・売上高経常利益率の推移

2016年 3月	総売上高　6,796億円 経常利益は512億円	EC売上高　992億円(14.6%) 売上高経常利益率は約7.5%
2017年 3月	総売上高　6,580億円 経常利益は556億円	EC売上高　1,080億円(16.4%) 売上高経常利益率は約8.4%
2018年 3月	総売上高　6,805億円 経常利益は606億円	EC売上高　1,110億円(16.3%) 売上高経常利益率は約8.9%

ヨドバシカメラは未上場のため、2018年8月27日付『通販新聞』、ヨドバシカメラホームページの会社概要、及びオープンデータを基に筆者が作成

③都市型大型店によるビジネスで、店舗数を絞る

同社は東京・秋葉原や大阪・梅田など大都市の駅前に大型店を構えるが、全国で23店舗と店舗数は多くない。平均年商で300億円を超す駅前の大型店が中心で、原則として自社保有物件のため初期投資はかかるが、家賃の負担はない。

④日本で先駆的な存在としてECを推進し、独自のサービスにより優位性を発揮

ヨドバシカメラは1998年に「Yodobashi.com（当初はYodobashi.co.jp）」を開設し、ECに参入している。楽天市場の立上げが1997年、アマゾンジャパンのサービス開始は2000年なので、ヨドバシカメラの取り組みがいかに早かったかがわかる。

「Yodobashi.com」は、家電製品から書籍や食料品など約550万品目（2018年1月末時点）を展開。日本全国配達料金無料で、注文当日、翌

日、指定日指定を行っても追加配達料金は必要ない。

自社の社員が配送サービスを手がけ、エリアは限られるが注文から2時間30分以内に届ける「ヨドバシエクストリーム」に代表される競争優位性の高いサービスと、アマゾンや楽天に比べて還元率の高いポイントサービスとともに運営されている。

⑤実店舗のショールーミング利用を逆手に取りながら、オムニチャネル化を推進

ヨドバシの実店舗はショールームおよび物流倉庫、そして修理センターとしての機能を備え、ネットと実店舗を統合するオムニチャネルを推進している。実店舗のショールーミング（店頭ではショールームのように商品を見てチェックするだけで、購入はＥＣから行うこと）利用を逆手に取り、店内の商品に添付されたバーコード値札にスマートフォンをかざすと、その場で「Yodobashi.com」の該当ページに移ることができる仕組みにした。

店頭とサイトの価格は同じで、アマゾンなど他社の売価も見られ、ポイントは共通化されている。「Yodobashi.com」から購入しても、店舗の販売実績としてカウントされる。

⑥顧客満足度が高い

サービス産業生産性協議会が実施した「日本版顧客満足度指数（ＪＣＳＩ）」２０１８年度第6回調査を見ると、ヨドバシカメラは家電量販店部門で1位を記録、２０１４年度から5年間連続で1位を維持しており、顧客満足の高い企業として評価を受けている。

参考資料
「東洋経済オンライン」（2018年2月20日）、「ダイヤモンド・チェーンストア・オンライン」（2018年5月15日）

ヨドバシカメラと「Yodobashi.com」の戦略ポイント

実店舗を持つ小売企業にとって、ネット通販は悩ましい問題がある。それは、店舗を所有するので固定費（家賃や光熱費、販売員の人件費など）がかかり、ネット通販専門企業のように身軽に動けないことだ。

実店舗の物流システムは利用できても、顧客の元に届ける〝ラストワンマイル（本来は「インターネット接続の最終工程のこと」を指すが、流通（物流）においては「商品の受け渡し接点（場所）」を意味する）〟の配送システムやコールセンター、受発注と顧客管理を司るシステム投資には多大なコストがかかる。さらに実店舗とネットでは売れる商品とカテゴリーに違いがあり、在庫管理の内容が異なる面がある。

また実店舗で見た商品を最安値のサイトから購入するショールーミング利用が生じるため、リアル小売業のＥＣの取り組みは遅れた。

そんな中で、ヨドバシカメラと同社が運営する「Yodobashi.com」は、以下のような取り組みを行って、高収益体制を実現している。

・業界の競合他社が進める「多店舗化」という定石を踏襲しない
・競合他社が手がけていない草創期にECに取り組んだ
・リアルの店舗とECサイトを最適化する独自のオムニチャネル構築を行った
・業界の覇者であるアマゾンを越える付加価値サービスを生み出した

以上は、同社が競合他社の経営や戦略に目を奪われることなく、自社で独自の経営戦略を立案し実践している証しである。

ファイブフォース分析や3C分析、さらには自社の既存資源分析や内部資源分析を行う際には、競合他社の動きを踏襲し、過去の成功モデルにとらわれるだけでなく、独自の視点で経営戦略を構築することも念頭に入れて取り組みたい。

理論を実務に活かす

内部資源分析からコア・コンピタンスの特定方法を知る

自社独自の価値の中核となる能力（コア・コンピタンス）を特定する

ポーターが提唱した「ファイブフォース分析」は、業界構造などの外部環境を分析し、どこに自社を位置づけ（ポジショニング）、競争優位性を発揮するかに重点を置き、魅力の乏しい市場で収益を高めることは難しいので、そこは避けるという発想になる場合があった。

しかし、１９９０年代から環境変化が速まり、業界の垣根がなくなってその構造が流動化してくる。時間を費やして業界構造を分析し、自社の経営を導き出す方法に限界が生じた。また競争が激しい市場でも高収益を上げる企業が出現するという事実も現れた。

こうした中で、ゲイリー・ハメルとＣ・Ｋ・プラハラードは、企業の内部資源に着目し、「持続的競争優位性を発揮するには業界の特徴ではなく、その企業が世の中に提供する能力であり、この力が収益性を決める」と提唱した。「企業は自社のコア・コンピタンスを把握し、それを有効に使い、拡張していくことで、競争優位性を発揮できる」という概念だ。これをＲＢＶ（Resourced-based view リソース・ベースト・ビュー）と呼ぶ。

この概念は１９９０年に『ハーバード・ビジネス・レビュー』に、『The Core Competence of the Corporation』と題して紹介されて注目を集め、年間最優秀論文賞（マッキンゼー賞）を受賞している。

コア・コンピタンス(Core Competence)とは

企業が持つ多様な能力（Competenceとは「能力」「適性」「資産」「力量」「機能」という意味）の中でも、他社にない自社独自の価値を顧客に提供するための中核（Core）となる能力（一連のスキルや技術など）を、コア・コンピタンスと呼ぶ。

ハメルとプラハラードは、次の3条件を満たしていることがコア・コンピタンスだとした。

①顧客に対して高い付加価値を提供できる能力

商品やサービスを通じて他社にはない付加価値を提供し、顧客から支持される能力かどうかを判別する。いかに最新の技術で自社に利益をもたらしても、顧客が付加価値やメリットを認めなければ、コア・コンピタンスにはならない。

②その強みが、競合他社に模倣されにくいこと

競合他社が模倣できないノウハウや技術をはじめ、特許やブランドに代表される知的所有権などを有している能力かどうかを判別する。いかに優れた技術であっても、競合他社が参入し短期間に模倣できるようでは、コア・コンピタンスにはならない。

③幅広い分野に応用できる能力

自社のカテゴリーはもとより、他のカテゴリーや異業種の商品などに活用、あるいは転用できる能力かどうかを判別する。他社にないノウハウや技術であっても、他分野に転用できる力がないと、それらが陳腐化すると競争力を失ってしまう。複数の商品領域や他業界で活用できてこそ、コア・コンピタンスといえる。

以上3つを満たす能力が企業のコア・コンピタンスであり、企業を支え、企業を成長させる際の中核を担う存在になる。

自社のコア・コンピタンスを特定する手順

以下は自社のコア・コンピタンスを特定するための手順である。

〈ステップ1〉強みを洗い出す

他社にない自社の強みと思われる能力（たとえば技術力・製品・サービス・知的資産・特許・人材・ブランド・企業文化など）を抽出する。「企業力とは個別のスキルや技術ではなく、それらを束ねたもの」だ。

強みを洗い出した際に、40〜50以上抽出された場合、それはコア・コンピタンスではなく、コア・コンピタンスを構成するスキルや技術になっている。逆に1つや2つしか特定できないのは、コア・コンピタンスのまとめ方が広すぎる。5～15ぐらいの数が上手くまとまっている目安だ。

〈ステップ2〉コア・コンピタンスの条件を満たすかどうかを評価する

ステップ1で抽出した強みは、コア・コンピタンスかどうかを見極めるため、前述した3条件（①顧客に対して高い付加価値を提供できる能力、②その強みは、競合他社に模倣されにくいこと、③幅広い分野に応用できる能力）を満たす能力かどうかを判別する。

創業して歴史の浅い企業や、コア・コンピタンスと呼べる能力をまだ持っていない企業の場合、将来コア・コンピタンスになり得る資源を特定し、中長期的に育成していくことが必要だ（ハメルとプラハラードも、コア・コンピタンスは5年～10年先を見つめながら育成し、展開していくものだと述べている）。

〈ステップ3〉コア・コンピタンスの絞り込み

現在コア・コンピタンスと呼べる能力と、将来コア・コンピタンスとして育成すべき能力を抽出できたら、将来の市場を予測しながら、自社のビジネスの中核を担える能力を絞り込んでいく。

現在はコア・コンピタンスと呼べるものでも、5～10年後にはコア・コンピタンスではなくなり、ひとつの能力に過ぎなくなる事態も起こり得る。企業が位置する市場環境や競争環境によって、どの要素がコア・コンピタンスとして有効かは時代によって変わるからだ。

競争優位性を発揮していた能力でも、市場環境が変われば陳腐化するリスクは存在する。特定したコア・コンピタンスを絶えず見直し、再定義しながら、将来を担う新たな能力の育成も不可欠になる。

参考資料

『コア・コンピタンス経営　大競争時代を勝ち抜く戦略』ゲイリー・ハメル＆C・K・プラハラード著　日本経済新聞出版社刊

実務スキルを磨くシミュレーションワークショップ

内部環境の分析からコア・コンピタンスを特定する

老舗企業のジレンマ

組織が大きくなればなるほど、社内の手続きと意思決定には時間がかかり、構造改革や新規事業に着手するタイミングを逸し、結果的に後手に回ることがよくある。また管理職層がＩＴやＡＩに代表される技術について理解力が不足し、システム化が遅れることも多い。

この数年、日本を代表する企業に異変が起きている。東芝、シャープをはじめ、NEC（日本電気）や富士通などが精彩を欠いている。過去の経営手法やマーケティングでは、現在のような環境変化のスピードが速い中にあっては通用しなくなっていることは否めない。

日本には創業から100年を超える企業が数多く存在する。その代表が東芝（1875年）、NEC（1899年）、パナソニック（1918年）、日立製作所（1920年）であり、創業80年を超える企業にはトヨタ自動車（1933年）、富士通（1935年）がある。

企業が創業から歴史を重ねれば、その事業内容は自ずと変化する。時代の潮流を先読みし、自社の事業を進化させていけば、市場と顧客から継続して支持される。

IBMが業績悪化から復活した理由

1911年にアメリカで生まれ1924年に現在の社名に変更したIBMの歴史は、100年を超えている。IBMはパンチカードによるデータ処理機器を開発し、その後電子計算機を世に送り出した。

現金自動預け払い機（ATM）、ハードディスク、フロッピーディスク、磁気ストライプカード、リレーショナルデータベース（RDB）、SQLプログラミング言語、バーコード、DRAMなどを生み出した実績をIBMは持つ。

そんなＩＢＭは１９９０年代に主力であったメインフレームがダウンサイジングの流れに巻き込まれ、業績が急速に悪化した。１９９２年度には、単年度の単一企業による損失額としてはアメリカ史上最悪といわれる49億７０００万ドル（日本円で約５４７０億７３６４万４６００円）の損失を計上した。

ＩＢＭはこれ以降ハードウエア事業から、ソフトウエアとサービスへ事業の主体を転換していく。同時に終身雇用制度を見直し、最盛期には全世界で40万人いた社員を22万人まで削減する。

そのＩＢＭはコモディティ市場を脱出し、コンピュータ関連サービスとコンサルティング、ソフトウエア、ハードウエアの開発・製造・販売・保守とファイナンシング、メインフレームコンピュータからナノテクノロジーに至る分野でサービスを提供し、活躍している。同社にはＡＩでは「ワトソン」があり、ヘルスケアや量子コンピュータの分野でも先行している。

ＩＢＭは優秀な大学生やベンチャー企業と交流し、そこから新たな技術を取り入れる仕組みを昔から持っていた。創業から歴史のある企業だが、古いままではない。

その一方、新興勢力であるグーグルやフェイスブックは吸収・合併を戦略的に行い、短期間に急成長を遂げている。

かつて日本を牽引したパナソニックやソニーは、今後どのようなコア・コンピタンスの下で経営を推進すればいいだろうか？　あなた自身がプロジェクトの担当者になったつもりになって考えてみてほしい。

PART 3

新たな市場の策定

Chapter
7

「レッド・オーシャン」と「ブルー・オーシャン」。競争相手がいない場所を探してビジネスを行う

~競争相手がいないか少ない市場を見つけてビジネスをするのが王道~

テーマ

日本市場は、レッド・オーシャンに溢れている

社会が成熟すると市場には多くの商品が溢れ、同じようなものを売る企業が乱立するため、価格競争が激しくなる。「ものが安価になるからいいじゃないか」と考えるかもしれないが、それは誤りだ。ものの値段が下がり続けると経済はデフレになり、働く人の給与が下がり、購買力が低下してさらに販売価格を下げるという悪循環に陥る。

競争相手が山ほど存在し、競争が熾烈で、値上げもままならない典型的なレッド・オーシャン市場(競合企業が乱立し、競争が激しい既存市場)の典型例といえば、外食産業だ。

「新規開業パネル調査」(日本政策金融公庫)によると、調査期間の5年間(2011年から20

15年）の全業種の廃業率平均は10・2％だが、飲食店・宿泊業の廃業率は18・9％と高率だ。

2017年の外食産業の市場規模は25兆6561億円（2018年7月日本フードサービス協会の推計）とされ、売上高トップのゼンショー（「すき家」や「なか卯」を運営）の売上高は5400億円あるものの、市場全体から見ると2・4％のシェアに過ぎない。外食産業上位10社の売上を合算しても2・2兆円で、市場全体の8・7％のシェアにしかならない。

外食市場には毎年数多くの新規企業が参入し、その一方で競争に敗れた企業は退出していくという、典型的なレッド・オーシャンだ。

なぜ飲食ビジネスはレッド・オーシャンなのか。それはこの業界の厳しさを知らぬまま、新規参入する人々が後を絶たず、失敗して撤退しても、すぐにまた別の新規参入組が現れるからだ。

そもそも飲食ビジネスは立地に左右されるものの、設備投資がかかるので一度その場所に出店したら容易に転居はできない。自宅を改装し、人を雇わず夫婦で営業するなら経費を下げられるが、家賃を払って人を雇えば当然コストはかかる。コストをまかなうために料理の価格を高くしようとしても、安価な料金で提供する競合店舗が多ければままならない。競合する相手は飲食店だけでなく、コンビニエンスストアに代表される弁当惣菜類もある。さらに生活者はすぐに飽きるので、人気が出たからといって、それが永続するわけではない。いくら参入障壁が低くても、この業界で生き残って収益を上げるのはたやすくはないのだ。

参考資料

「飲食店経営に手を出したら、その先には「地獄」が待っている」マネー現代　2017年7月25日

ブルー・オーシャンで成功するには、真似されない仕組みをつくること

競争が激化する中で、独自にブルー・オーシャン市場を創造した企業も存在する。たとえば、タイムズ24（パーク24の100％出資会社）が展開する貸し駐車場の「タイムズ24」やカーシェアにいち早く取り組んだ「タイムズカープラス」、「メルカリ」「ユーチューブ」「QBハウス」、リクルートマーケティングパートナーズが生み出した「スタディアプリ（旧受験サプリ）」、「オフィスグリコ」などが代表的だ。どの企業も誰も気づかずにいた新市場を生み出した。

ブルー・オーシャンを見つけて成功する企業が登場すると、それを真似て参入する企業が必ず現れる。しかし、競合企業が参入しても、模倣できない独自の仕組みを備えていれば、競争優位性を発揮できる。反対に参入障壁が低いと、その市場はたちまちレッド・オーシャンに転落してしまう。

理論を実務に活かす

ブルー・オーシャン戦略を自社に応用する

「ブルー・オーシャン戦略」とは、欧州経営大学院（ＩＮＳＥＡＤ）のＷ・チャン・キム教授とレネ・モボルニュ教授が提唱した経営戦略論で、２００５年に『ブルー・オーシャン戦略』（新版２０１５年ダイヤモンド社刊）として刊行された。

この中で、競合企業が乱立し競争が激しい既存市場を「レッド・オーシャン（血で血を洗う競争の激しい領域）」とし、競合企業が存在せず競争のない新市場である「ブルー・オーシャン（競争相手がいない領域）」を創造する必要性が説かれている。

以前から「日本の企業にはイノベーションが必要だ」と指摘されていたが、イノベーションを「技術革新」という意味と考えてしまう人が多かった。そのため新たな技術を搭載した製品が登場し、それがイノベーションだと報道されても、別の新たな技術が登場すると淘汰されてしまう繰り返しが続いた。

「ブルー・オーシャン戦略」は、「技術」という狭い概念ではなく、「顧客に新しい価値を提供し、そこで新たな市場を生み出すこと」が本当の革新だとして、「バリュー・イノベーション」の重要性を説いている。

バリュー・イノベーションの要諦

『ブルー・オーシャン戦略』で紹介されている「バリュー・イノベーション」とは、コストを下げながら、顧客（購入者）にとっての価値を高め、企業と顧客の双方に価値が飛躍的に高まる状態になることだと説明している。

従来の競争戦略では、高コストと高価格によるプレミアム価値を提供することで差別化を実践してきた。いわば価値と価格を連動させる発想だ。

だが『ブルー・オーシャン戦略』では差別化と低コストを同時に実現しようと提唱している（図表10）。

特に重要なのは、単なる低価格によって競合他社の価格と競うのではなく、戦略的な価格設定により業界が取り込めていなかった非顧客層（潜在顧客層）が購入する代替品になることを念頭に置いて価格を設定する点だ。こうすれば多くの顧客を獲得することが可能になる。

単に低価格にするのではなく戦略的な価格設定によって、スターバックスやシルク・ドゥ・ソレイユのようなハイエンド市場から、サウスウエスト航空やスウォッチのようなローエンド市場までブルーオーシャンは開拓できるとしている。この指摘は従来の差別化戦略にはない貴重な視点だ。

また、『ブルー・オーシャン戦略』の中では、ブルー・オーシャンを生み出す代表的な2つのフレームワークと4つのアクションなどの考え方が紹介されている。

図表10　ブルー・オーシャン戦略

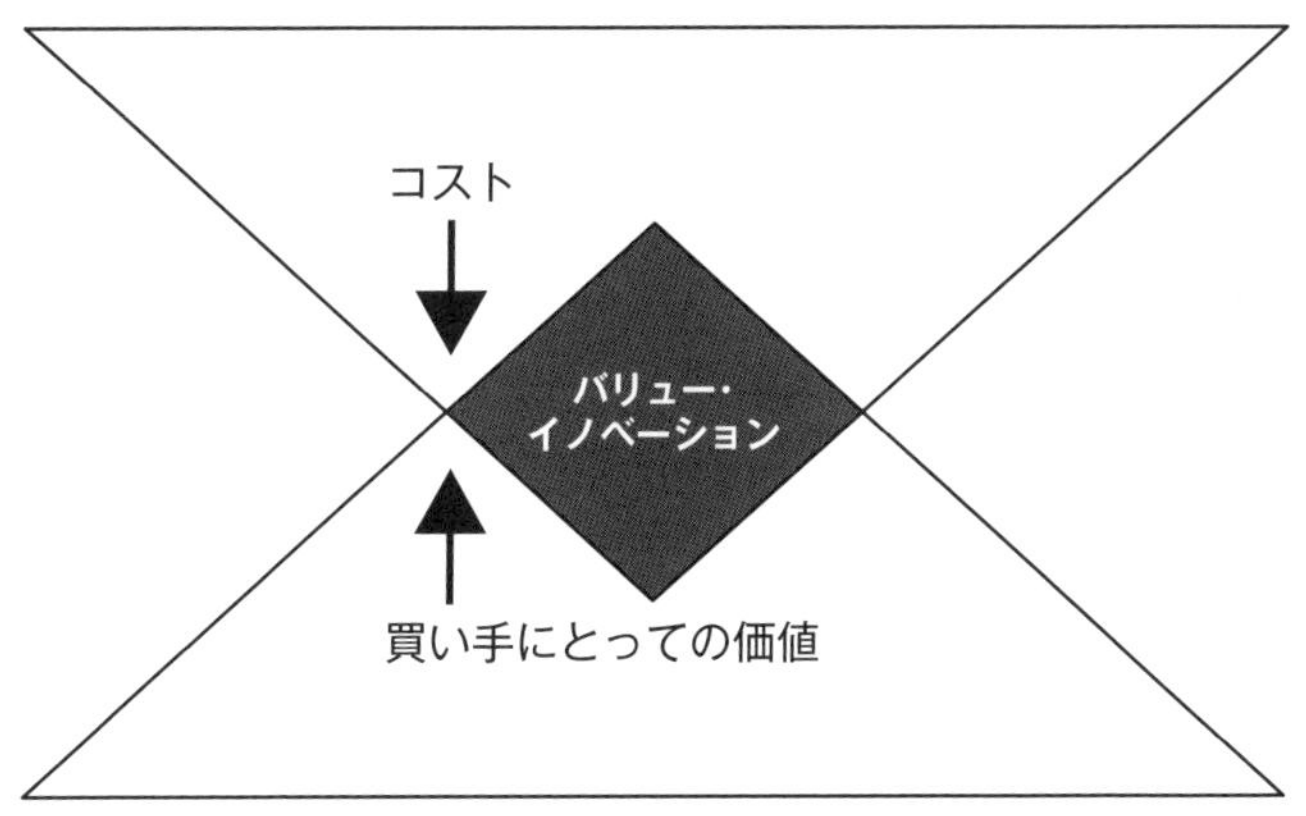

出所：『新版ブルー・オーシャン戦略』ダイヤモンド社

図表11　アクション・マトリックス

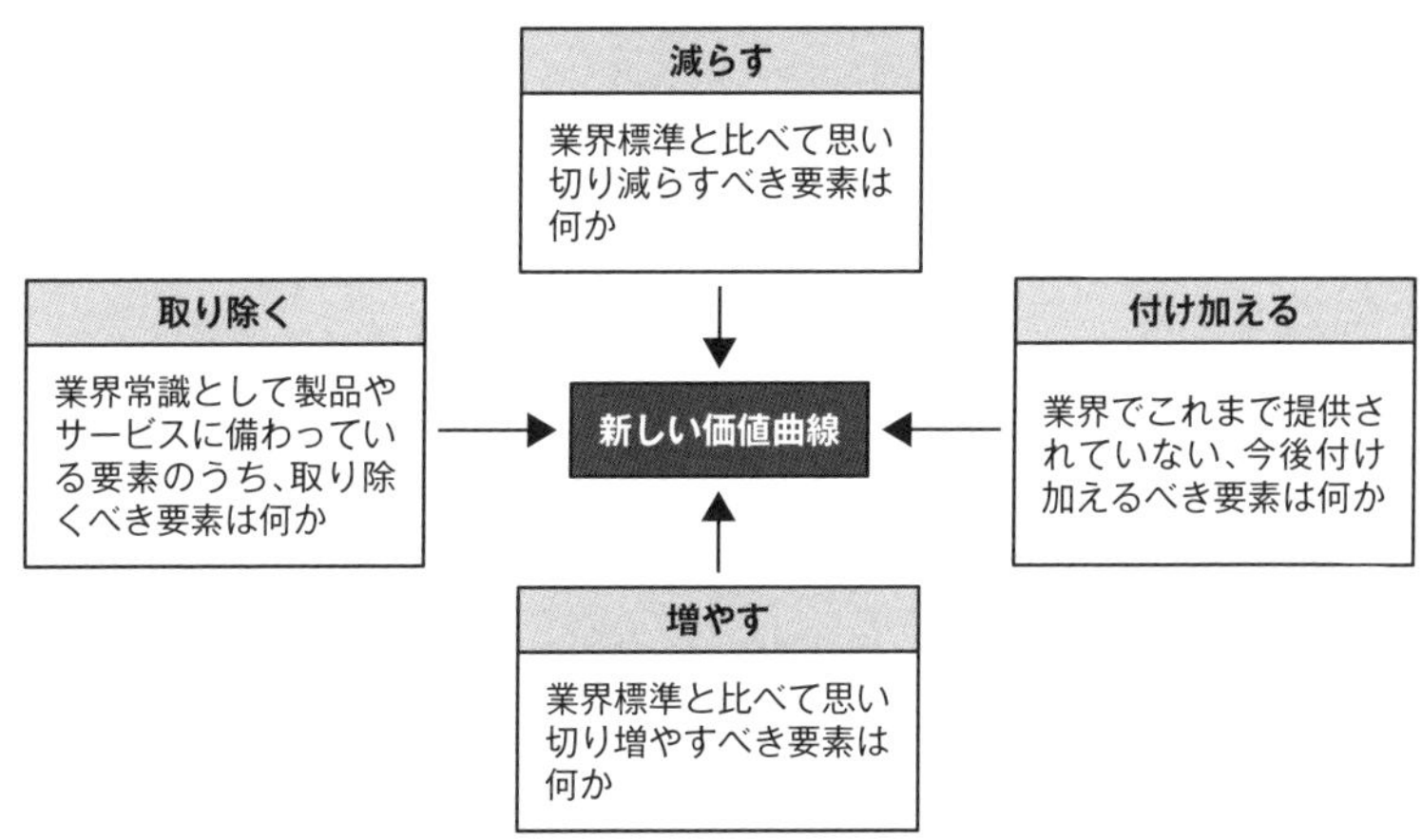

出所：『新版ブルー・オーシャン戦略』ダイヤモンド社

ブルー・オーシャンを生み出す代表的な2つのフレームワーク

①アクション・マトリックス

アクション・マトリックスとは、現状の業界に対して、新たな価値が生み出せないかを考えるために図表11に上げた4つのアクションが提示されている。

②戦略キャンバス

戦略キャンバスとは、横軸に顧客に提供する価値を置き、縦軸には顧客が享受するメリットの大小を示すグラフをつくることだ。

戦略キャンバス上に、既存事業と新事業の価値曲線を描けば、新事業の優位性や差別化ポイントを明確化できる。また戦略キャンバスを作成すれば、ブルー・オーシャン戦略のコンセプトも明確化できる。

『ブルー・オーシャン戦略』に紹介されているシルク・ドゥ・ソレイユの戦略キャンバスは、図12のようになっている。

また同じくサウスウエスト航空の戦略キャンパスは図13のようになっている。

図表12　シルク・ドゥ・ソレイユの戦略キャンバス

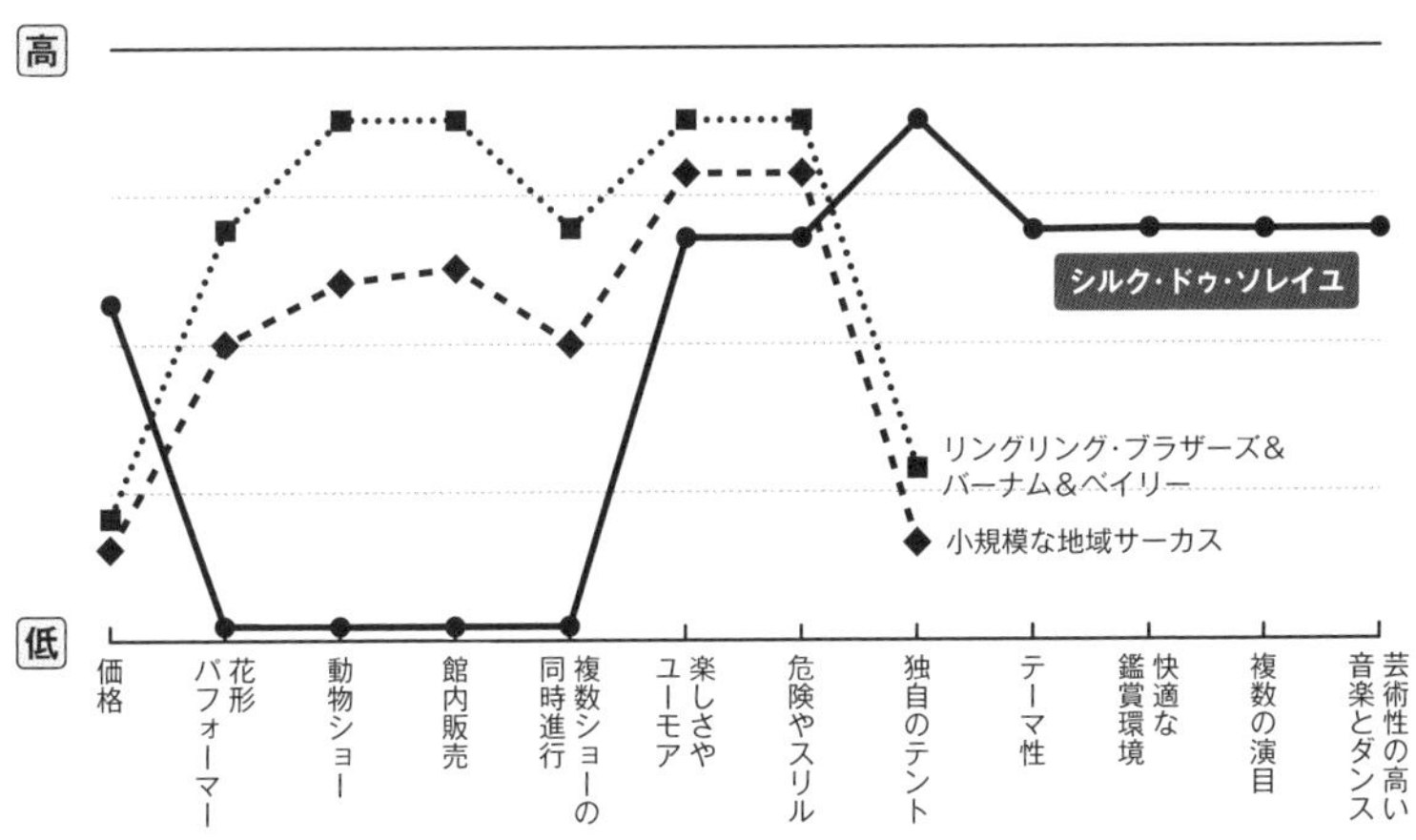

出所：『新版ブルー・オーシャン戦略』ダイヤモンド社

図表13　サウスウエスト航空の戦略キャンバス

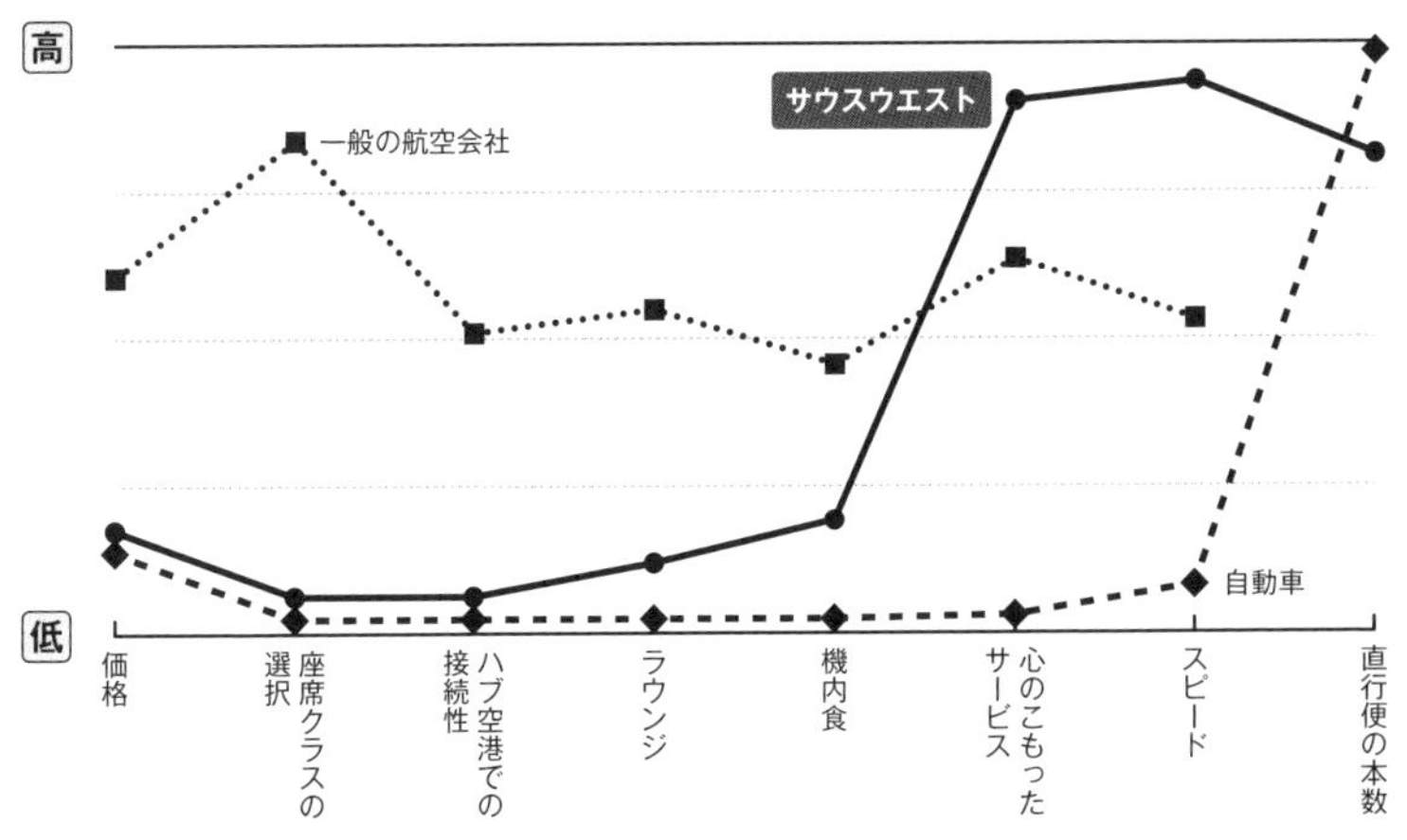

出所：『新版ブルー・オーシャン戦略』ダイヤモンド社

アクション・マトリックスと戦略キャンバスを実務で描く際の要諦

実務において、新たな価値を創造するアクション・マトリックスと、顧客に提供する価値とメリットを検討して戦略キャンバスを作成する際に、最も重要なこと。それは「増やすこと」と「減らすこと」に加えて、「これまで存在しなかった新たな価値を創造し付与する」点にある。

書籍に例示してある新たな価値になる因子を真似ても、自社の戦略にはそのまま使えない。他社が気づいていない「これまで存在しなかった新たな価値を創造し付与するとは何か」を、自社で創出できるか。どの企業にも共通する因子でなく、自分たちで新たな価値となる因子を見つけられるかどうかで、戦略の成否が決まる。自社の答えは自ら考える以外にない。書籍やテキストに、自社の回答は記載されていない。

また独自にブルー・オーシャンを創造しても、その市場が有望だとわかれば、競合企業が数多く参入してくる。そうなったときに、いかに独自性や優位性を発揮できるかが問われてくる。ブルー・オーシャンを創造した後は、その市場を守るために新たなマーケティング施策を講じる必要が生まれる。

参考資料
『新版ブルー・オーシャン戦略　競争のない世界を創造する』W・チャン・キム&レネ・モボルニュ著　入山章

栄・有賀裕子訳 ダイヤモンド社刊
『ブルー・オーシャン戦略ツール「戦略キャンバス」と「4つのアクション」を使いこなす』SimilarWeb大浦雅俊

実務スキルを磨くシミュレーションワークショップ

ブルー・オーシャンを創造した企業から、「参入障壁づくり」を学ぶ

ブルー・オーシャンを創造し、競合他社にない優位性を発揮している企業は日本にいくつも存在する。彼らが考え出したブルー・オーシャン戦略の中で最も重要な点は、「模倣されない仕組みづくり」にある。競合他社の参入を阻むために、彼らはどんな仕組みをつくり、他社が真似できないビジネスモデルに昇華させていったのかを学べば、実務に活かす「視点」が得られる。

ブルー・オーシャンの事例として、貸し駐車場「タイムズ24」を研究する場合なら、次のようなプロセスで経緯を洗い出し、その戦略づくりを把握する。

①これまでの「貸し駐車場の盲点」はどこにあるか？

貸し駐車場のビジネスは、古くから存在していた。「タイムズ24」が登場するまで貸し駐車場のビジネスは「1時間単位の時間貸し料金か月ぎめ契約」「有人による運営」「有人のため営業時間に

制約があった」「貸し駐車場の運営は、土地や建物のオーナーかテナント入居する企業が行う」という構造だった。

②貸し駐車場の用地をどのように取得したか?

駐車場は大都市を中心に慢性的に不足している。しかし、需要が大きくても地価の高い場所では、土地を購入して駐車場ビジネスを行うには返済額が大きく利益が出にくい。逆に土地が安価なエリアでは、駐車場の需要は少ない。

〈ヒント〉
・都市部には更地になった土地や遊休地がかなり存在する。そうなる理由は土地の活用方法を決めていなかったり、土地は取得したが建物を建てる予算が捻出できなかったりするといった事情がある。
・不動産は所有しているだけで固定資産税がかかり、活用していないと出費が伴う。

③「タイムズ24」が創出した貸し駐車場の「時間」と「運営方法」による顧客価値とは何か?

「タイムズ24」は駐車場市場を細分化し、独自の「貸し時間」と「運営方法」を編み出した。その結果、利用者であるドライバーと不動産オーナーに対して、それぞれどんな顧客価値を提供したか?

図表14　タイムズ24の駐車場台数と件数

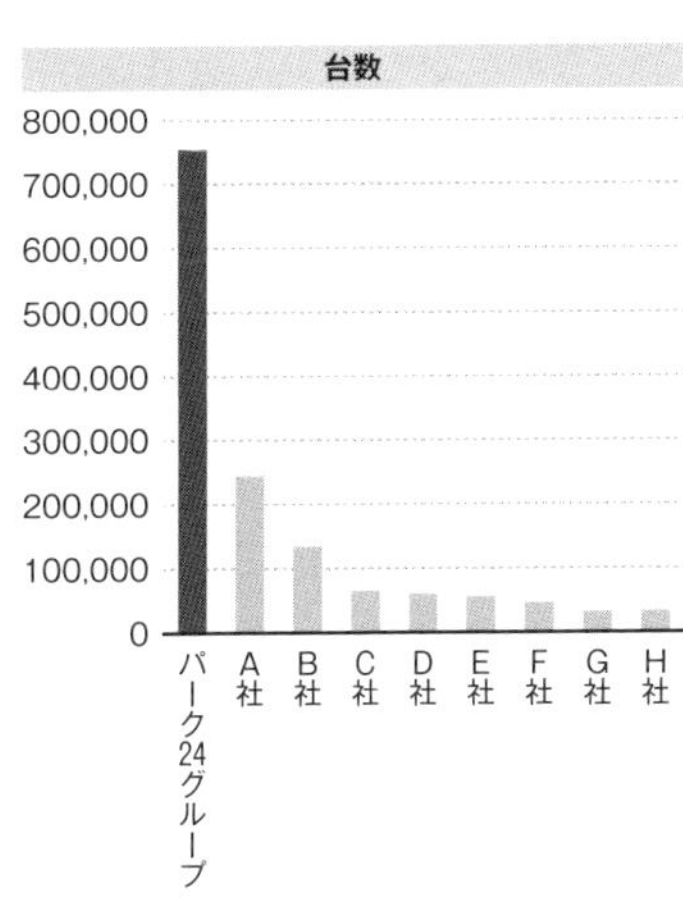

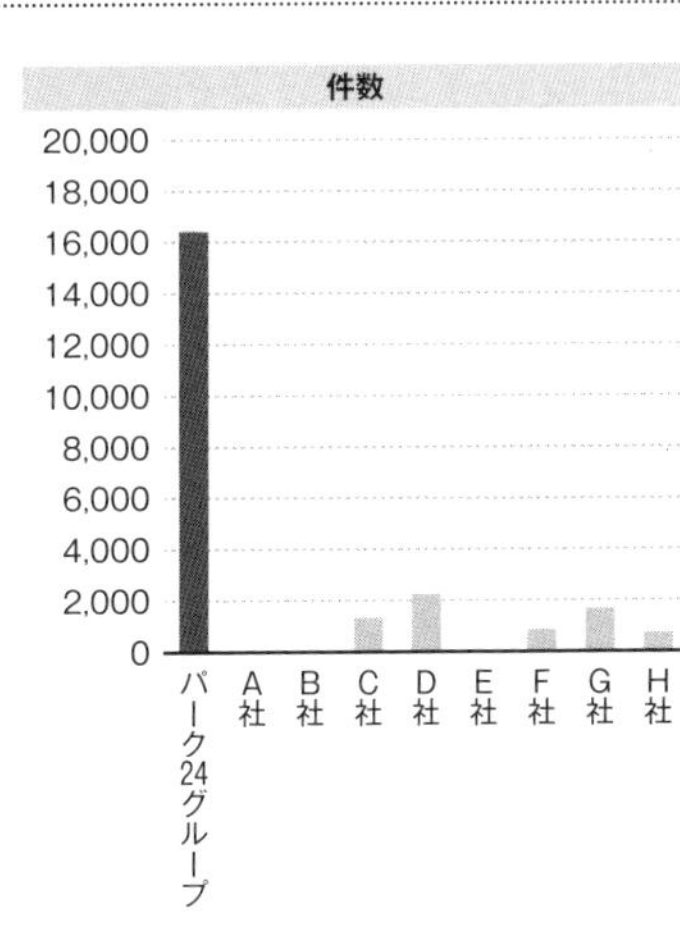

出所：パーク24のホームページ

〈ヒント〉

・「タイムズ24」は「これまでの1時間単の料金体系」をどう進化させたか？

・有人運営を無人運営にするために、どんな仕組みを生み出したのか？

・駐車場の位置、満車や空車の情報などをユーザーに対してどのように提供したか？

・駐車場の支払いが現金だと、どんな手間と経費がかかるか？

・キャッシュレス利用を促進するため、どのような会員制度を設けたか？

・駐車場の稼動状況や顧客特性を把握してエリアマーケティングを展開するために、同社はいかなる工夫を行ったか？

・どのような収益モデルにしたか？

・全国に1万8981（2018年10月時の企業発表データ）の貸し駐車場を運営している同社は、その事業基盤を活かして新たなビジネスを推進している。それはどのようなビジネスであり、相乗効果があるか？

参考資料

『成功事例に学ぶマーケティング戦略の教科書』酒井光雄編著　かんき出版刊

PART 4

マーケティング戦略の立案

Chapter 8

万人を相手に仕事をするのか、それとも特定の人たちだけを相手に仕事をするのか。ビジネスはそこから考える

～どの市場でビジネスするかを決めると、そこで競う方法も決まる～

テーマ

STPの基本概念とセグメンテーションを知る

「万人相手」のビジネスは価格競争を勝ち抜くための投資を継続できる体力が必要

アマゾン、グーグル、ユニクロ（ファーストリテイリング）、マクドナルドなど、世界的に成功している企業は、「万人（すべての人）」を対象にビジネスを行う。この市場をマスマーケットと呼ぶ。

メーカーなら「大量生産」「大量販売」「リーズナブルプライスまたは低価格」「数多くの販路」

でビジネスを展開する。ECなら「幅広いジャンルと品揃え」「恒常的なシステム投資」「即日配送などの利便性の提供」「大規模な物流センターによる高効率運用」「使いやすいプラットフォーム」などにより、ひとりでも多くの顧客を取り込もうとする。

「万人」を狙うビジネスは市場規模が大きいため、非常に魅力的だが、安価もしくはリーズナブルな価格で良質な商品やサービスを大量に提供できる企業の体力と仕組みづくりが欠かせない。食品や飲料などのNB（ナショナルブランド）メーカーや外食産業などは、万人を対象にした市場でビジネスしていると、価格競争による消耗戦が頻発する。

企業の戦略として「万人」を対象にしていても、個別の商品領域ではセグメンテーション（商品市場の細分化）を行うことが多く、ここでも価格の優位性を発揮して「万人」に興味を抱かせて購入につなげるように努める。

この市場でビジネスする企業には、巨人たちと競える体力（ヒト、モノ、カネ、システム）と知恵がいる。

「特定の顧客に絞り込む」ビジネスは、付加価値の創造と維持できる力が必要

対照的に「特定の顧客に絞り込む」ビジネスを行う企業がある。企業の戦略として最初から「万人」を狙わず、限定した顧客と市場だけを相手にする。全方位に展開するよりも、特定の顧客市場や分野に絞り込んだほうが自社の強みを発揮でき、企業の個性も際立つからだ。

具体例としては、村田製作所、スターバックス、大塚商会、ポルシェ、レゴ、三ツ星レストラン、ハイエンドホテルなどの企業は、自社の個性や特長を好む人だけを相手にビジネスを行う。

メーカーなら「限定生産や少量生産」「高付加価値」「高価格あるいはリーズナブルな価格」「限定された販路」でビジネスを行う。

サービス産業なら「希少価値」「格付けなど外部からの高評価」「卓越した人的サービス」「料理の楽しみを倍増する外観や内装」などを備えて競い合う。

「特定の顧客に絞り込む」企業は、質と付加価値を売り物にするので、低価格や価格競争に参加せず、高価格であっても顧客に認めてもらえる魅力づくりを実践し、収益を上げていく。この方法では、万人向けだと100人に販売して売上た金額を、ひとりの顧客で売上ることも珍しくない。このマーケティング視点は顧客が限定される分、顧客単価が高くなるが、市場規模が限られることが多い。

この市場でビジネスを行う企業は、価格の安さでなく、定価や高額でも購入してもらえる顧客にとっての価値づくりが欠かせない。

「万人を狙う」のか。あるいは「特定の顧客に絞り込む」のかによって、企業としてビジネスの取組み方は大きく異なる。

理論を実務に活かす

STPの基本概念を理解する

マーケティングのテキストにはSTP（セグメンテーション、ターゲティング、ポジショニング）が必ず登場する。

1956年にウェンデル・スミス（アメリカのマーケティング学者・コンサルタント）によって提唱された「市場細分化概念」により、「製品差別化」と「ポジショニング」の概念とともに、大量生産・大量販売を前提に異なるニーズを持つ顧客の需要を獲得する必要性が認識されるようになった。

従来の経済学では「完全競争（同一の品質同士で徹底的に競い合い、時に飽くなき値下げ競争にまで至る）」か、「独占市場（強者しか存在しない環境）」しかないとされたが、実際のビジネスではこのようなことはありえず、不完全な競争市場（製品ごとに違いがある競争市場）になっている。製品の差別化と市場の細分化は密接な関係にあり、細分化には製造から広告販促（例　極めて小さな市場なのに、巨大な設備投資やプロモーションを行っていては成立しない）などコストの問題にも関わってくるとスミスは指摘した。

これが今日でいう製品差別化・市場細分化、STP（セグメンテーション、ターゲティング、ポジショニング）の概念について最初に言及したものだ。

STPで最初に取り組むセグメンテーションの概要

「STP」をマーケティングの中核として位置づけたのが、マーケティングの第一人者で、アメリカの経営学者（マーケティング論）であるノースウェスタン大学ケロッグ経営大学院SCジョンソン特別教授のフィリップ・コトラーだ。

コトラーはSTPを「効果的に市場を開拓するためのマーケティング手法」と位置づけ、マーケティングの目的である「自社が誰に対してどのような価値を提供するのか」という課題を明確にするために活用する概念だとした。

コトラーは、市場における自社の競争優位性を創造するために、

- 市場を細分化し（セグメンテーション）
- 中核となる顧客層を抽出し（ターゲティング）
- 想定した顧客層に対する競争優位性を設定する（ポジショニング）

ことが欠かせないと指摘した。

本章ではまずセグメンテーションの方法から解説する。

セグメンテーション(市場細分化)の方法

市場の細分化には「マスマーケティング」「セグメントマーケティング」「ニッチマーケティング」「ミクロマーケティング」という4つの発想軸がある。

①マスマーケティング

市場を細分化することなく、すべての人(万人)を対象にし、単一の商品を大量に生産し、可能な限り多くの販路に流通させるマーケティングである。セルフ販売の販路で販売する商品の場合にはマスメディアを中心に大規模な広告や販売促進活動を行う。

②セグメントマーケティング

市場を個別に分け、自社商品に最適な市場を特定し、最適な商品・価格・プロモーションを組み合わせて展開するマーケティングである。たとえば、富裕層向け商品やリゾート、妊婦向け商品、高齢者向け商品などがある。

③ニッチマーケティング

セグメントされた市場の中をさらに細分化して特定の市場に絞り込み、競合企業が少なく小規模な市場で展開するマーケティングである。大企業が参入するには市場規模が小さい領域や、顧客となる人の数は限られるが顧客単価が高くできる市場などが該当する。

④ミクロマーケティング

特定の地域に限定したり、顧客の個別ニーズに対応したりするマーケティングである。展開する場所や地域、販路を限定することを「地域別（エリア）マーケティング」と呼ぶ。

顧客の個別ニーズに対応したマーケティングを「個別マーケティング」「ワン・トゥ・ワン・マーケティング」「カスタマイズドマーケティング」などとも呼ぶ。

消費財・耐久消費財の場合のセグメンテーション（市場細分化）視点

市場を細分化する際、どの企業にも活用できる基準や方法が存在するわけではなく、自分たちで最善の方法を見つけ出すことになる。その際に参考になる拠り所として、次の4つの視点がある。

①地理的細分化（Geographic Variables　地理的変数）

国や都道府県、特定の地域（東日本と西日本）、都市の規模（大都市～小都市）居住地、人口や人口密度、気候、文化など地理的要因で細分化する。

②人口動態的細分化（Demographic Variables　人口動態変数）

年齢や性別、職業、収入、家族構成、学歴などの属性的要因で細分化する。

③心理的細分化（Psychographic Variables　心理的変数）

ライフスタイル、社会階層、価値観、趣味など心理的要因で細分化する。

④行動による細分化（Behavioral Variables　行動変数）

購買状況や使用頻度・利用率、求められるベネフィット（品質やサービス、価格や利便性）、購買動機、購買パターンなど、製品に対する買い手の知識や態度、ロイヤルティ（顧客の忠誠度）などによって顧客を細分化する。

生産財の場合のセグメンテーション（市場細分化）視点

生産財の場合に参考になるセグメンテーション視点としては、次の5つがある。

①人口動態的細分化

産業（どの産業にするか）、企業規模（どの企業規模に絞るか）、地域（どのエリアに絞るか）などによって細分化する。

②オペレーティングからの細分化

どの技術に絞るか、使い手のタイプ（大量に使用・中程度の使用）、顧客の力量（モノだけでなく、サポートなどのサービスも必要か）などの視点から細分化する。

③購買方法による細分化

購買組織（購買組織が集中しているか、分散しているか）、権力構造（部門間での力関係や決裁権の所在）、関係性の有無（すでにつき合いがあるか、ないか）購買の基本スタンス（リース、システム購入、モノ＋サービスなど）、注文の規模（大口か小口か）などによって細分化する。

④状況からの細分化

緊急性（どれくらい急いでいるか、いないか）、用途（広範囲か特定の用途か）などによって細分化する。

⑤人の特性から細分化

販売者と購入者の価値観は似ているか、リスクを取るか取らないか、ロイヤルティがあるかないかなどから細分化する。

参考資料

『成功事例に学ぶマーケティング戦略の教科書』酒井光雄編著　かんき出版刊

日本の実情に当てはめて、セグメンテーションを行った企業

日本のように成熟した国ではモノやサービスが市場に溢れており、万人を対象にビジネスしている企業も市場を細分化し、顧客を特定したニーズや需要を狙った商品やサービスを投入する。市場が成熟すると、どの市場も競合他社が数多く存在して競い合うレッド・オーシャンの業界ばかりに見える。こうした中で市場対応型マーケティングを行うと、後発企業には圧倒的に不利になる。特に消費財では先行する大手企業に、リアルの販路を押さえられているからだ。

新たな市場を見つける際には、市場創造型マーケティングによって、市場を再定義する。先行企業が展開している商品・サービスの既存事業領域やこれまでのマーケティングの方法論を疑い、固定観念に縛られず発想する。既存商品やサービスがカバーしている事業領域には、社会変化の中で事業として漏れがないかを探ってみる。

セグメンテーションを行う前に、業界を問わず新たな動きを見せている成長市場や生活者行動、消費行動を見て、注目すべき動きがないか調べてみる。世の中に存在していない新たな領域を見つけ、そこで新規事業を立ち上げるには多額の費用と人材が必要になり、大企業など資金力のある組織に有利になる。

しかし、関連市場が拡大しているのに、同市場をカバーする自社領域の商品やサービスが存在していなければ、大きなチャンスになる。

日本では少子高齢化が叫ばれ「内需が縮小する」といわれて久しいが、人口が減少するのと反比例して増えている動きがある。それは犬や猫などのペット数が増えている点だ。

日本の総人口は2017（平成29）年に1億2671万人になり、年少人口（0〜14歳）は1559万人（2017年総務省「人口推計」）となった。一方、2018年の犬猫推計飼育頭数の全国合計は1855万2000頭（一般社団法人ペットフード協会　2018年全国犬猫飼育実態調査結果）で、ペットの数は15歳未満の人口よりも多くなっている。

ペット市場が拡大すれば、ペットフード・ペット用品・動物病院（医療）などの需要が膨らむ中で、ペット市場で動きのない領域で自社の事業を展開し成功した企業が存在する。

アニコム損害保険は従来の損害保険会社が対象にしてきた領域以外に有望な市場を探し、心理学的（サイコグラフィック的）細分化（セグメンテーション）の中で「生活者とペットとの暮らし」に着目した。核家族化や単身世帯の増加に伴いペットと暮らす人が増え、ペットは家族同様に愛情を注ぐ存在になり、ペットに費やす時間と費用は拡大してきた。

恵まれた環境で人間と共に暮らすペットの寿命は延び、生存リスクは高まってくる。ペットが病気や怪我で治療を受けると保険は適用されず、高額な医療費が必要になる。飼い主の経済的負担が膨らむのは確実だった。

共済や一部の損害保険会社はペット保険を用意していたが、ペット保険の専門企業は当時存在し

図表15　セグメンテーションの例

例-1

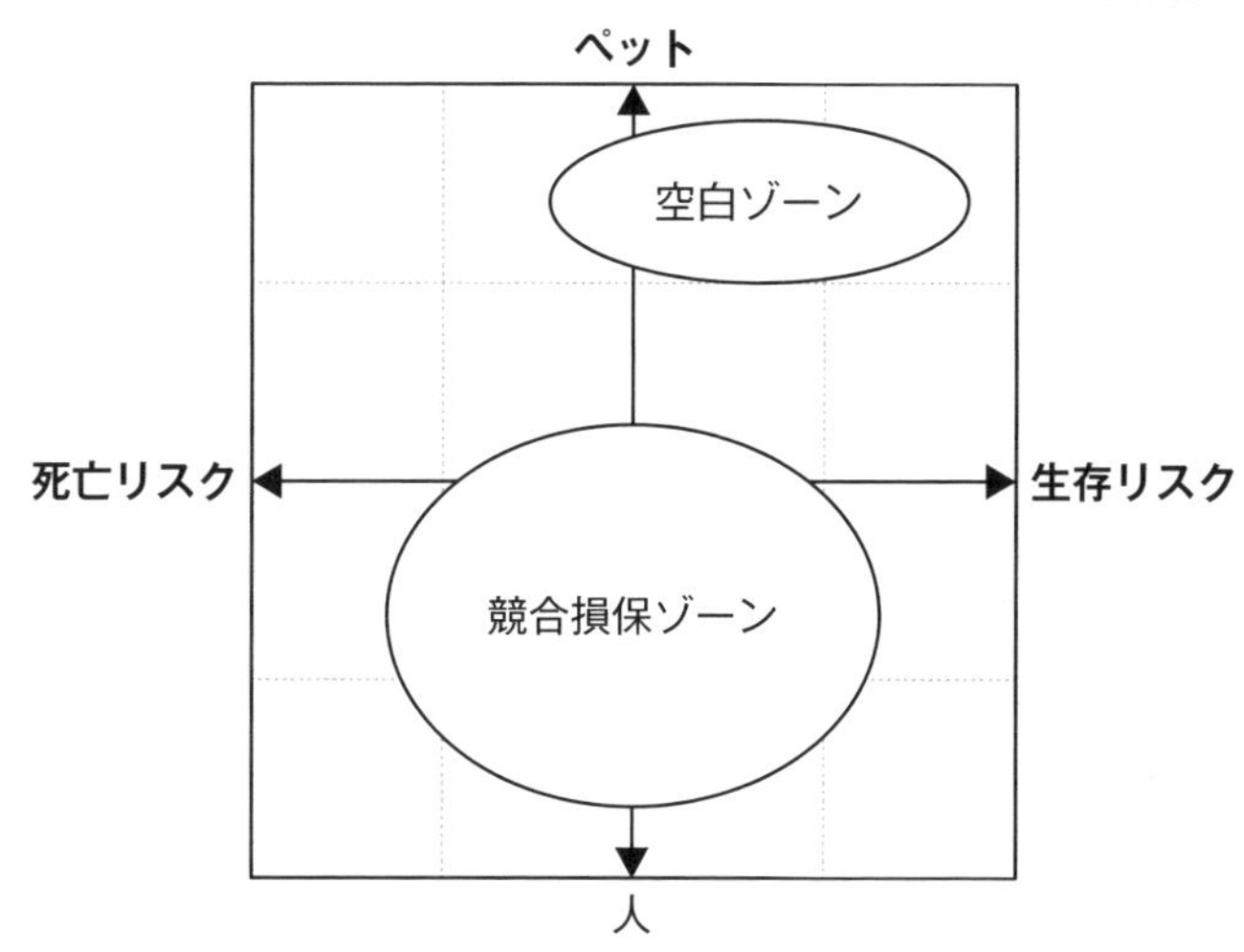

例-2

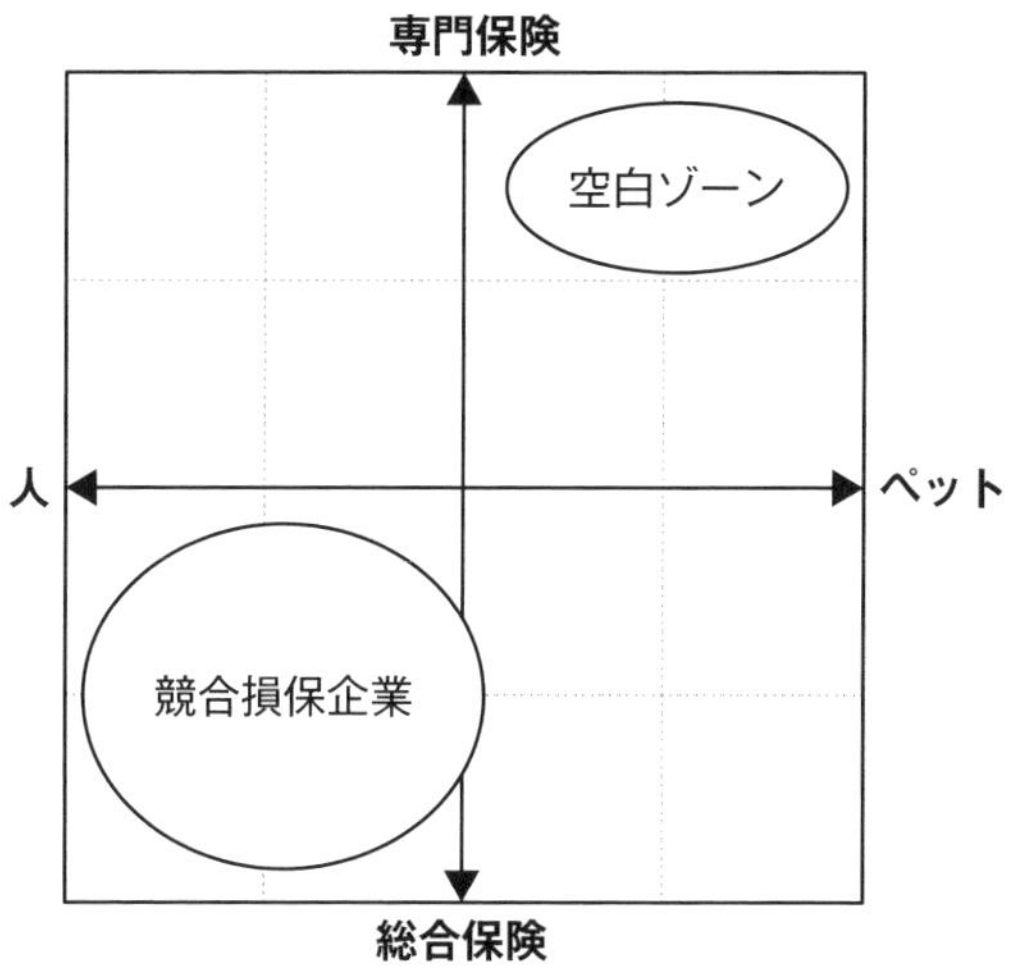

ておらず、先行優位性が発揮できると判断した。同社は保険商品を販売するだけでなく、自社の強みとして提携した動物病院の窓口で医療費を精算する仕組みを考案し、国内のペット保険市場でトップシェアを握ることに成功する。

大手損害保険会社は既存事業の一環として商品を追加あるいは拡張して対応するか、どれだけの市場規模になるか様子見している状況の中で、同社はペット保険専門保険会社としての地位を確立してしまった。

参考資料

『成功事例に学ぶマーケティング戦略の教科書』 酒井光雄編著 かんき出版刊

実務スキルを磨くシミュレーションワークショップ

腕時計の市場をセグメンテーションし、新たな市場を探る

今時、時を知る方法は時計がなくても、スマートフォンがあればことは足りる。腕時計は「時間を知る」という一次機能で選ばれる時代ではなくなり、「デザイン性」や「ブランド性」などの二次機能を重視する人たちのアイテムに変わった。

図表16　腕時計の国内市場

企業名・企業グループ名	主要ブランド	部門売上高	部門利益
スウォッチグループ	オメガ、ロンジン、スウォッチ、ブランパンなど	8,503億円	1,218億円
LVMH（モエヘネシー・ルイヴィトン）	タグホイヤー、ブルガリ、ウブロ、ショーメなど	4,843億円	651億円
CASIO	Gショック、オシアナスなど	1,703億円	343億円
CITIZEN	ザ・シチズン、ブローバなど	1,637億円	161億円
SEIKO	グランドセイコー、アストロン（ソーラー時計）など	1,388億円	79億円

出所：各社オープンデータを参照に著者が作成

腕時計の国際市場を見ると、図表16のような企業が競い合う。

この他にも、リシュモングループ（IWC、ジャガー・ルクルト、パネライ、カルティエ、ピアジュ、ヴァンクリーフ&アーペルなどを擁する）、ケリンググループ（グッチ、ブシュロンなど）のほか、独立系としてロレックス、パテックフィリップ、エルメス、シャネルがある。

①国内の時計市場規模

2017年の国内時計市場規模は小売金額ベースで前年比101・9%の8572億円で、分野別にみると、国内ウォッチ市場規模は小売金額ベースで前年比101・7%の8004億円、また国内クロック市場規模は同104・0%の568億円だ（一般社団法人日本時計協会データ）。

2015年にアップルのスマートウォッチが発売されたが、現状ではインポートウォッチブランド市場への影響はまだ出ていない。

②今後の国内の時計市場の展望

同協会が予測する2022年の国内時計市場規模は、2017年比で105・9％の9075億円で、このうち国内ウォッチ市場規模は2017年比106・2％の8500億円、国内クロック市場規模は同101・2％の575億円としている。

時計メーカーやブランド各社における顧客層拡大も活発化するとみられることから、今後も底堅く推移するものと予測する。

国内のウォッチ（腕時計）市場は、これまで中国人のインバウンド（訪日外国人客）需要から、台湾、韓国、インドネシア、タイなどの東南アジアの顧客層や女性層、さらに2018年時点で20代前半から30代後半の次世代の顧客獲得に向けた施策が活発化すると予想され、その市場は今後も堅調に推移するようだ。

参考資料

「時計市場＆ブランド年鑑」矢野経済研究所　2018年

---

③国内外メーカーにおける腕時計の取り組み

・スウォッチグループでは低価格のスウォッチから高額品のブランパンまでフルラインに品揃えを行う
・LVMHはスポーツウォッチのダグ・ホイヤーから宝飾品ブランドのブルガリなど高付加価値ブランドの品揃え
・CASIOは「G-SHOCK」ブランドでアジア市場を開拓し、デジタル腕時計に強みを発揮
・CITIZENは電波時計の先進技術で成長し、中国とアメリカで高いシェアを誇り、中価格帯に強い
・SEIKOは機械式の生産を止めていた時期もあったが、「グランドセイコー」で富裕層と20代～30代の高額品市場を狙う

④日本の時計メーカーは、どの領域にチャンスを見出すか？

時計市場は機械式のスイスブランドが主流で、スイスブランドは日本市場で約7割のシェアを持つと言われている。クルマから宝飾品まで高級品市場はヨーロッパ企業が支配する業界が多い。品質では評価が高くても、ブランド力で劣るのが日本の時計メーカーに共通する弱点だ。

あなたがCASIO、CITIZEN、SEIKOのいずれかの企業のマーケティング担当者なら、どのようなセグメンテーションを行って活路を見出すだろうか。この機会に考えてみてほしい。

腕時計のセグメンテーション視点(例)

・グローバル市場にするのか、国内市場に重点化するのか
・機能重視でいくのか、デザイン重視でいくのか
・大衆を狙うのか、それとも顧客を絞り込むのか。それはカローラ型か、クラウン型か、レクサス型か、ポルシェ型か、フェラーリ型か
・男性用か、女性用か、その世代イメージはどこか
・着用場面はビジネスシーンか、それともオフタイムシーンか
・購入目的は自分用か、それともギフトか
・ユーザーイメージは、成功者か、それともこれから成功する人か
・機能は機械式か、それ以外のデジタルなどか
・ライフスタイルは都市型生活者か、それとも自然派か
・腕時計の所有価値を何に設定するのか
・どんなブランドが好きな人を想定するのか。あるいはノンブランド性にするのか
・何をブランド資源にするのか。日本製の職人芸なのか、グローバルな先進性か
・海外メーカーと、どこで優位性を発揮するのか。品質なのか、顧客イメージなのか
・誰に着用してもらうと、似合う腕時計なのか。それは日本人か外国人か

こうした発想視点を参考に、独自のセグメンテーションを行い、可能性を見出してみよう。

Chapter 9

多くの企業は万人から支持されようとして、結果的に誰からも愛されなくなる

～STPのターゲティングを知る・・・市場と顧客の設定～

テーマ

既存資源を活用する需要対応型マーケティングは、後発企業には不利になる!?

既存資源を最大限に活用する需要対応型マーケティング発想で、セグメンテーションとターゲティングを行う場合、留意しなければならないことがある。

それは先行する企業が作り出した「今そこにある市場」の状況や条件を前提にマーケティングを考えてしまうことだ。この発想起点に立つと、いくら細分化を行っても、競合企業が考えた土俵（市場）の中で考えていることに気づかないケースが出てくる。

たとえば、先行するトップメーカーの商品のシェアを奪うには、既存ユーザーに対して商品の差別化視点によるブランドスイッチを促す戦略を採用しやすい。しかし、カテゴリートップの商品を

愛用しているユーザーにブランドスイッチさせるのは容易ではなく、セルフの販路を使うならコミュニケーションコストが膨大にかかる。

顕在化している顧客ニーズや顕在化している市場とは、過去に業界のトップをはじめとする先行企業によってつくられ、競争ルールも彼らにつくられた場所だ。新たな市場と潜在する顧客のニーズを顕在化させるには、需要創造型マーケティングの視点からセグメンテーションとターゲティングを行い、発想視点を柔軟に設定する。

「ポイント・オブ・エントリー」というターゲティング概念を知る

企業が自社の重点顧客を設定し、その市場を拡大しようとする際には、現在自社の商品カテゴリーを購入し使用している生活者（ユーザー）を念頭に置くことが多い。そのためマーケティングは他社から自社に乗り換えてもらう発想になりやすい。

コカ・コーラとペプシコーラ、アサヒビールとキリンビール、花王の「アタック」とP＆Gの「アリエール」、そしてライオンの「トップ」など、業界の上位メーカーはシェアの争奪戦になる。

この固定観念から離れ、新たなターゲティング発想をもたらしてくれるのが、「ポイント・オブ・エントリー」という概念だ。これは「初めてその商品カテゴリーを使い始める時点（年齢）」という意味である。

自動車なら免許証を取得したときであり、ヒゲ剃りなら男性のヒゲが生える頃、ブラジャーであれば女性の初経（初潮）の1年以上前から初経が始まる頃（ワコール調べ）、生理用品であれば女性が初経（初潮）を迎えるときになる。

自動車教習所で使用されている教習車は、トヨタ「コンフォート」「プリウス」、マツダ「アクセラ」、スバル「インプレッサG4」など、教習所側の都合で選択されており、クルマを初めて運転する人に使い勝手のよい車が選ばれているわけではない。

自動車学校の差別化として、コヤマドライビングスクールのように「AudiA3」「BMW X1」「BMW320i」を選べるプランを提供しているところもある。

自動車教習所とは、初めて自動車を運転する人にとっての「ポイント・オブ・エントリー」だと位置づければ、現在の教習車の選択は正しいとはいえない。自動車メーカーにとってはビギナードライバーを獲得する最初のコンタクトポイントだと想定できる（ただし、「完全自動運転が始まるまで」という条件がつくが）。

「2%の人」の市場と顧客にターゲティングして飛躍するマツダ

大企業が斬新な施策や卓越したデザインに遅れをとる最大の理由。それは多くの生活者やユーザーの声を聞き、そこで得られた声を商品やサービスになんでも取り入れようとする傾向があるためだ。売上を拡大するには「ターゲットを広くとることが不可欠だ」と考えてしまう企業が多い。

もちろん顧客の声に耳を傾けることは大切だが、ひとりでも多くの顧客を増やそうと、調査で得られた大多数の意見を取り入れてモノづくりに反映させていると、尖ったアイディアは丸くなる。

企業によっては「調査結果はこうなっている」「調査によるとこういう要望が出ている」と上層部に説明し、意思決定した自部門や自身の責任を回避するために調査が使われるケースもある。

こうした悪弊を打破して、市場と顧客を絞り込んで成功した企業がある。

トヨタ自動車や日産自動車、さらには輸入車メーカーが競い合う自動車市場で、マツダもかつては競合他社と同様、誰もが欲しがるクルマを模索したため、存在感を希薄にしていた。

そこでマツダが採用したのが「シェア2％戦略」だ。市場シェアの2％と聞くとわずかな数字に見えるが、現在のマツダにとっては高い目標だ。というのも、世界の車市場における新車の販売総数は年間におよそ1億台で、マツダの2019年3月期の世界販売台数は156万1000台（マツダの2019年3月期業績発表より）と、世界シェアの1.56％に過ぎないからだ。

マツダは98％の不特定多数のドライバーでなく、世界でマツダを愛してくれる2％の人たちだけに絞り込む戦略に転換し、クルマづくりについても「2％戦略」が実践された。

どのメーカーも新製品開発を行う際には定量調査（数百から数千のサンプルを対象にアンケート調査を行う）と定性調査（5〜6名を1グループとして、6〜10グループ程度のフォーカスグループインタビューが多い）を行う。また自動車メーカーの場合には、発売前の新車を一般の生活者に見せてその評価を聞く「クリニック調査」を行うのが一般的である。

しかし、マツダは主力セダン「アテンザ」の新型車開発を前に、世界から5人の熱狂的な「アテンザ」ファンを選び、彼らからのヒアリングから着想を得ようとした（2015年4月20日付『日経ＭＪ』）より）。マツダのデザイナーは熱狂的なファンの考えを踏まえ、その思想に共鳴する２％の人たちの支持を集めることに注力した。

この取り組みから最初に登場したのが、２０１２年に発売されたＣＸ－５だ。これ以降のマツダ車も市場と顧客を絞り込み、その存在感を増すようになって来ている。

参考資料

２００４年度第７回物学研究会レポート「これからのマーケティングとブランド戦略」和田浩子氏（日本トイザらス社長兼最高執行責任者・社長　※肩書きは当時のもの）２００４年10月

「マツダの好調を支える「２％戦略」その秘密　人の意見をあえて聞かない」現代ビジネス　２０１８年６月６日

知識を実務に活かすために

ＳＴＰにおけるターゲティングを理解する

市場を細分化して、有望な市場（重点顧客を設定する場合には、その顧客層がつくり出している市場ととらえる）がいくつか浮かび上がると、それぞれの「市場の規模と成長性」「市場が持つ構造的な魅力度」「企業の目標と経営資源」との整合性を照らし合わせて評価を行い、参入する市場や重点化する市場を決める。これを「市場のターゲティング」と呼ぶ。

市場を細分化していくつかの市場が浮かび上がったら、その中でどの市場にするかを決めるために評価を行う。評価をする際の要素としては次の3つの視点がある。

①細分化されて浮かび上がった「市場の規模と成長性」

現状の市場の売上高や成長率、収益率などから分析を行う。市場の規模と成長率が高く有望に見えても、自社の経営資源では対応できない市場は有望とはいえない。自社の力量を踏まえて検討する。もし中長期的に着目したい市場なら、中長期市場として設定する。

②細分化されて浮かび上がった「市場が持つ構造的な魅力度」

市場の構造は魅力的かどうかを判断する。現状では中小企業や零細事業主しか存在せず、マーケティングの方法によっては市場を拡大できる可能性を秘めていれば、魅力度は高くなる。特に大企業が参入するには市場規模が限られているが、自社にとっては成長が見込める規模を持つ市場は有望だ。

逆に異業種の大企業がすでに参入していたり、先行する競合企業がその強みをすでに発揮したりしている場合は、市場自体の魅力は低くなる。

③細分化されて浮かび上がった「市場と『企業の目標と経営資源』との整合性」

抽出された市場が魅力的でも、企業の目標や理念に合わない場合には企業として整合性がとれないので選択しない。また自社の資源が不足しており、独自の優位性を発揮できない場合にも選択はしない。

市場が特定できたら、自社のマーケティングにおける基本戦略を決める

抽出され、細分化された市場の評価が終わり、自社でマーケティングを展開する市場が決まると、自社のマーケティングにおける基本戦略を決める。マーケティングの基本戦略には以下の3種類がある。

①非差別型マーケティング

すべての人や法人に自社製品をアピールする方法で、鉄鋼やアルミなどの生産財産業のように製品が画一的な場合に採用されるマーケティングである。消費財や耐久消費財産業では近年ほとんど採用されなくなっている。

②差別型マーケティング

巨大市場を独自に細分化し、それぞれの市場で最適な商品とマーケティングを展開する方法であ

る。化粧品、ヘアケア（シャンプー&リンス、ヘアカラーなど）、自動車などの業界でよく採用される。

③集中型マーケティング

選択した市場の中で、自社の力が最も発揮できる狭い領域（ニッチも含む）に絞り込んでマーケティングを展開する方法である。全方位で自社の力を発揮する体力がない場合や経営資源に限りがあるときに採用される。

以上の3つの戦略のどれを採用するかは、次に述べる5つの要素を勘案して決定する。

3戦略の中から自社の戦略を決定する5要素

前述した3つの戦略のどれを採用するかは、次の5つの要素を勘案して、決定する。

1 経営資源
2 商品の多様性
3 商品ライフサイクル
4 市場の多様性

5　競合他社のマーケティング

ターゲティングを行う際に、「市場（重点顧客層）を絞り込むと、売上や市場規模が小さくなる」と考えてしまうことがあるが、それは正しくない。顧客の幅を広げれば拡げるほど多様なニーズに迎合することになり、せっかくの個性が希薄化してしまう。その結果、誰からも支持を受けなくなる。

参考資料
『成功事例に学ぶマーケティング戦略の教科書』　酒井光雄編著　かんき出版刊

実務スキルを磨くシミュレーションワークショップ

P&Gの生理用品のターゲティングと活性化戦略を立案してみる

「ポイント・オブ・エントリー」に着目してターゲティングしたP&G

生理用ナプキンの「ウィスパー」は1986年にP&Gから発売され、その後2年で国内シェアの3割を獲得するまでに成長。競争が激しい生理用ナプキン市場において、先行商品よりも高い価格設定にもかかわらずヒット商品となった。

「ウィスパー」の商品特長は、従来品の表面シート（肌にあたる部分）は主に不織布が使われていたが、経血をすばやく下の吸収層に導き、表面をドライに保つ特殊メッシュ構造の「ドライメッシュシート」を売り物にした。また全面粘着テープを採用し、もれの原因となるズレを防ぐ工夫を施した。

「ウィスパー」は、後発ブランドだったため、当時のマーケティング担当者は「ポイント・オブ・エントリー」に着目し、これからユーザーになる小学校5～6年生を主要顧客に設定した。サンプリングや教育プログラムを実施する戦略を採用（当時マーケティングを担当した和田浩子氏談）し、当時の小学生は保健の授業で試供品のウィスパーが配布され、大学生になるくらいまで使う人もいた。

子供たちや保健の先生などに多様なインタビューを実践し、1万人以上の女性にモニターを実施。徹底した顧客調査に時間と費用をかけ、競合が採用しない戦略で市場導入に成功した。吸収力、ドライ感、ズレの防止という大きなニーズを満たしたウィスパーはナプキン革命とも呼ばれた。

１９８７年に発売された「ウィスパープラス」は、ナプキンの両サイドに羽をつけて横もれを防ぐデザインだった。１９８９年に発売の「ウィスパーエクセル」は超薄型タイプで〝カードナプキン〟として話題を集めた。

女性の使い勝手を考え、個包装の袋とテープを一体化させ、装着が簡単な上に使用済みのナプキンを包んで捨てられるワンステップラップを１９９２年に投入。２００３年にはカラーセラピーの考えを取り入れ、タンポポ柄をプリントした「さらふわスリム」を投入した。

２０１２年に新素材「ラクトフレックス」を採用し、体にシンクロするような付け心地と吸収力を高めた「ウィスパーコスモ吸収」も発売していた。

2018年に「ウィスパー」シリーズは国内販売を終了

生理用品市場は対象世代の女性は減っていても、各社の新商品やリニューアル商品の投入が積極的に実施され、堅調に推移している。にもかかわらず、一時は国内トップクラスのシェアを誇っていた「ウィスパー」シリーズは、国内販売を２０１８年に終了した。

近年Ｐ＆Ｇの生理用品は業界1位のユニ・チャームの10分の1以下にまで落ち込み、ドラッグストアなどの店頭でも販売は不振だった。

獲得した市場を、維持・成長させるマーケティングの難しさ

国内で3割ほどのシェアまで獲得した実績のある「ウィスパー」は、「ソフィ」（ユニ・チャーム）や「ロリエ」（花王）といった他社製品との競合に敗れ、発売から30年以上にわたるロングセラー商品でありながら、終売となった。

「ポイント・オブ・エントリー」に着目し、これからユーザーになる小学校5～6年生を主要顧客として育てながら、「ウィスパー」はなぜ市場から撤退することになったのだろう。

あなたがP&Gで「ウィスパー」のマーケティング責任者だったら、どのようなターゲティングを行い、「ウィスパー」の活性化戦略を立案していたか。一度検討してみてほしい。

参考資料

2004年度第7回物学研究会レポート「これからのマーケティングとブランド戦略」和田浩子氏　2004年10月

P&Gホームページ「暮らしを変えた　P&Gのイノベーション」1986年

「生理用ナプキン「ウィスパー」販売終了、その背景に競争の激化　市場そのものは堅調推移」オトナンサー2018年5月18日

Chapter
10

顧客の心の中に、この製品でなくてはならない価値を認識してもらう

〜ＳＴＰのポジショニングを知る　価値が認められるポジションの設定〜

テーマ

ポジショニングを間違えると、顧客が求めていない多機能化により価格競争に陥る

ＳＴＰのセグメンテーションとターゲティングにより重点顧客と重点市場が浮き彫りになると、次は顧客の心の中に自社商品の優位性をどう位置づけるかを考える。それがポジショニングだ。

ポジショニングはこの後に取り掛かる４Ｐ（商品戦略、価格戦略、流通戦略、プロモーション戦略）の基本戦略とその具体的内容を決定づける重要な役割を果たす。しかし、ポジショニングを単なる差別化の方法と勘違いし、個別商品の差別化マップにしてしまうと、無用な価格競争を引き起こす原因になる場合がある。

一時は世界を席巻した日本の家電市場を思い出してほしい。日本の家電メーカーは競合他社の製

品と差別化し優位性を発揮しようと、「高機能化と多機能化」に邁進した。「独自の価値」を「機能面」だけに集中させるメーカーが多かった。

生活者が価値と認める高機能化と多機能化である間は良かったが、すべてのメーカーが同様の視点でモノづくりを進めた結果、生活者にとっては操作性が複雑で、使い勝手が悪く、しかも使用頻度の低い機能があれこれ付与された製品が市場に溢れることになってしまった。

その結果、メーカーが考えた高機能で多機能の製品は、顧客にとっては滅多に使う必要のない機能が増え、価値として認められなくなってしまった。さらに毎年新製品を市場に送り出すことが業界の慣例だったこともあり、どのメーカーも些細な多機能化機能を搭載した製品が毎年店頭（ＥＣも含む）に溢れてしまった。誤った差別化により家電業界は価格競争が熾烈になり、新製品を開発したコストを回収する前に値崩れを起こす原因にもなった。

ポジショニングとは、目先の差別化や機能だけに着目した優位性づくりではなく、顧客の心の中に「この企業のこの製品でなくてはならない」という価値が認められ、指名購入され、さらに継続購入に至るポジションをつくり出すことだ。

発売57年の超ロングセラー商品の市場が新規参入企業に狙われた

我が国の栄養ドリンクは、医薬品医療機器法（旧薬事法）の下で効果を謳える「ドリンク剤」と、医薬品成分を含まない清涼飲料水の扱いとなる「エナジードリンク」の２つに大別される。

前者の代表的な例で、１９６２年に日本初のドリンク剤として発売された大正製薬の「リポビタンD（指定医薬部外品）」は、世界12カ国（同社ホームページより）で販売され、年間８億本以上を生産し、発売から57年（２０１９年段階）を迎える超ロングセラー商品だ。

大正製薬ホールディングスの２０１９年３月期のセルフメディケーション事業（ＯＴＣ）事業の売上高は１８０１億円で、「リポビタン」シリーズ全体の売上高は５２０億円（構成比28・９％）、そのうち「リポビタンD」の売上高は３３４億円（構成比18・５％）となっている。しかし、２０００年３月期には同シリーズの単体売上は９７２億円（２０１７年６月14日エキサイトニュースより）だったが、ピーク時より４５２億円（53・５％）も減少している。

２０１７年度の栄養ドリンクの市場規模を見ると、ドリンク剤は１７２３億円で２００７年より２割減ったが、その一方でエナジードリンク市場は２００７年からの10年間に急速に拡大し、８１５億円（調査会社インテージ調べ）に拡大している。

日本はもとより世界でエナジードリンク市場を牽引しているのが、レッドブル（Red Bull）だ。この企業は２０１８年時点で68億本を１７１カ国で販売し、グループ売上高は55億４１００万ユーロ（１ユーロ１２１円換算で６７０４億６１００万円）、従業員数１万２２３９名を雇用する。

同社は２００５年12月に日本に参入し、当初はクラブやバーの市場を開拓。２００６年から関東・関西地区のセブン‐イレブンとファミリーマートに販路を拡大していく。

独自の商品のポジションを設定して、成功したレッドブル

レッドブルの創業者でオーストリア人のディートリッヒ・マテシッツ氏は、ユニリーバの子会社ブレンダックスでマーケティングを担当していた。1982年に香港のマンダリンオリエンタルのバーにいた折に、「リポビタンD」を製造販売する大正製薬の創業者が日本の長者番付で1位であることを雑誌『ニューズウィーク』で知った。これがレッドブルの始まりである。

マテシッツ氏はタイにあるユニリーバのフランチャイズパートナーであるTC製薬社が製造する、「リポビタンD」と同様の成分を含んだタイ語で「赤い雄牛」というドリンクを気に入り、アジア以外の地域で販売するライセンスを獲得。商品を英語名に翻訳し、タイの創業者一族とともにレッドブル・トレーディング社を設立した。

レッドブルはヨーロッパ人の好みに合わせて炭酸を添加し、内容成分は変えず配合量の調整を行った。当時ヨーロッパ諸国の法律に「エナジードリンク」というカテゴリーは存在せず、新しい嗜好品を販売する許可を取得する必要があった。ドイツでは承認審査に時間がかかり過ぎるため、オーストリアで許可を取得（それでも会社設立から製品の承認まで3年を要した）し、本社をこの地に置いた。

こうした経緯の中で、レッドブルはポジショニングで独自性を発揮する。「リポビタンD」のような医薬品は「マイナスの状態をゼロにする」疲労回復剤の位置づけだが、レッドブルは「ゼロの

状態からプラスにして」パフォーマンスを向上するエナジードリンクのポジションに設定したことである。このポジショニングによって、レッドブルはマーケティングを展開していく。

同社は生産・流通部門は社外の提携企業に委託し、マーケティング、広告宣伝、ブランディングに特化した経営スタイルを実践していく。

Ｆ１レース、サッカー、スラロームをしながら飛行機が走り抜けるエアレース、モトクロスライダーが技を披露するX-Fighters、ダンスバトル、人力のみの動力と４輪以上で、ブレーキとハンドルを搭載したボックスカートレース、フリースタイルフットボールといったスポーツをスポンサードして知名度を向上させ、若年層を中心に新規顧客を開拓していく。

レッドブルは先行する商品に対して独自のポジショニングとコンセプトにより成功した、代表的な成功事例といえる。

参考資料

『レッドブルはなぜ世界で52億本も売れるのか』ヴォルフガング・ヒュアヴェーガー著　長谷川圭訳　日経ＢＰ社刊

知識を実務に活かすために

STPにおけるポジショニングを理解する

競争優位性を発揮するポジショニングの6視点

ＳＴＰの流れを踏まえ、市場を細分化して注力する顧客と市場を決め、マーケティングの基本方針が選択できたら、次は「ポジショニング」というプロセスに入る。

ポジショニングとは、自社製品が提供する独自の価値を認めてもらい、競合商品よりも優位に立つことを目的に行う。

自社商品（商品ブランドや企業ブランドの場合もある）が、競合他社商品（他社商品ブランドや他企業ブランド）と比較された際に、顧客（生活者）の心の中にどう位置づけられたいかを考えるのがポジショニングの役割だ。

ポジショニングを検討する際は、次の３つのプロセスを踏む。

①自社の競争優位性を明確化する

②明確化された競争優位性の中から、最も力が発揮できる競争優位性を選び出す

③自社商品のポジショニング戦略を決定する

このプロセスを経て、商品や商品ブランド（企業ブランドの場合もある）のポジショニングが決まる。

ポジショニングを行う際の6つの視座

コトラーは、ポジショニングを導き出すために、以下の6つの視座を提示している。

①特定の製品属性に基づいたポジショニング

自社製品の特性（たとえば、価格、容量、ランニングコスト、燃費効率、安全性など）によってポジショニングする。たとえば、「品質と価格」「味わいの軽さVS重さ」「コクVSキレ」といったポジショニングがある。

②製品が提供するベネフィットに基づいたポジショニング

ベネフィットとは「利益」や「恩恵」という意味で、顧客が自社の製品やサービスから得られる利益やメリット、恩恵によってポジショニングする。自社製品を持つことで顧客はどんなメリットを感受できるかを考える。たとえば「高級感がある」VS「親近感がある」というポジショニングがある。

③製品が使用される機会によるポジショニング

自社製品はどんな場面で使用されるのかによってポジショニングする。たとえば、「屋内」VS「屋外」というビジネスツールのポジショニングだと、「オフィスでなく外出先で使い勝手の良いビジネスツール」という領域が浮かび上がる。また、お菓子の区分で「子供」VS「大人」と、「自宅」VS「オフィス」というポジショニングマップだと、「オフィスで小腹が空いたり残業したりした際のスナック」といったポジション（オフィスグリコが典型例）が登場する。

④競合製品との関係を使ったポジショニング

競合他社製品と比較し、自社製品には何ができるのかを示すポジショニングだ。たとえば、競合製品と自社製品のコミュニケーションの違いや、ユーザー年齢の違い（旧世代商品VS新世代商品）といったポジショニングがある。

⑤競合製品と距離を置いたポジショニング

競合他社製品にはない、自社の特長や違いを鮮明にするポジショニングだ。他社製品と比較し、自社製品だけが提供できる価値を明確に提示する。たとえば、「糖類を一切含まない」VS「糖類を含む」、「保存料や合成着色料を使用していない」VS「保存料や合成着色料を使用している」、

「吸引力が落ちない」VS「吸引力が落ちる」といったポジショニングがある。

⑥製品の種類別のポジショニング

自社製品が位置づけられている場所でなく、異なる用途やカテゴリーに転用・応用できないかを検討するポジショニングである。たとえば、芳香剤なら、「居室・部屋」VS「トイレ」として芳香剤の用途を策定するポジショニングがある。

これら6つの視点はそれぞれ単独で検討するだけでなく、いくつかを組み合わせてポジショニングすることで、競争優位性をより強固にすることができる。

ポジショニングマップのつくり方

ポジショニングマップは2軸法（※1）を使って検討する。ポジショニングを行う際に使用する2軸法は、4象限型とマトリクス型が使用されることが多い。

※1　2軸法とは
縦軸と横軸2つの軸を使い、情報を整理・把握し、課題の発見や解決につなげる方法

①4象限型ポジショニングマップの作成方法

4象限型ポジショニングマップは、縦軸と横軸に顧客にとって購入する動機となる因子を設定し、自社製品（ブランドやサービス、企業間比較をする際も同様）と他社製品を位置づけてみる。たとえば、図表17で示したような視点である。

②マトリクス型分析

マトリクス型分析では縦軸と横軸で情報を整理し、全体像を俯瞰して比較することができる。マトリクス型は4象限型のポジショニングマップをつくる際に、業界全体の個別の課題や問題点の比較を行う際に活用するとよいだろう。

たとえば、横軸に自社と競合他社商品を並べ、縦軸に4P（製品、価格、販路、プロモーション・コミュニケーション）を置いて、各商品のポジションを把握してみる（図表18）。

このマトリクス型分析は、ポジショニングの把握だけでなく、思考の盲点を埋め、新たな企画を立案する場合にも応用できる。

価値提案と5つの提案領域

商品や商品ブランドの利点や強み（ベネフィット）を基にポジショニングしたものを「価値提案」という。多くの場合、これから参入しようとしている細分化された市場には、すでに競合他社

図表17　4象限型ポジショニングマップの例

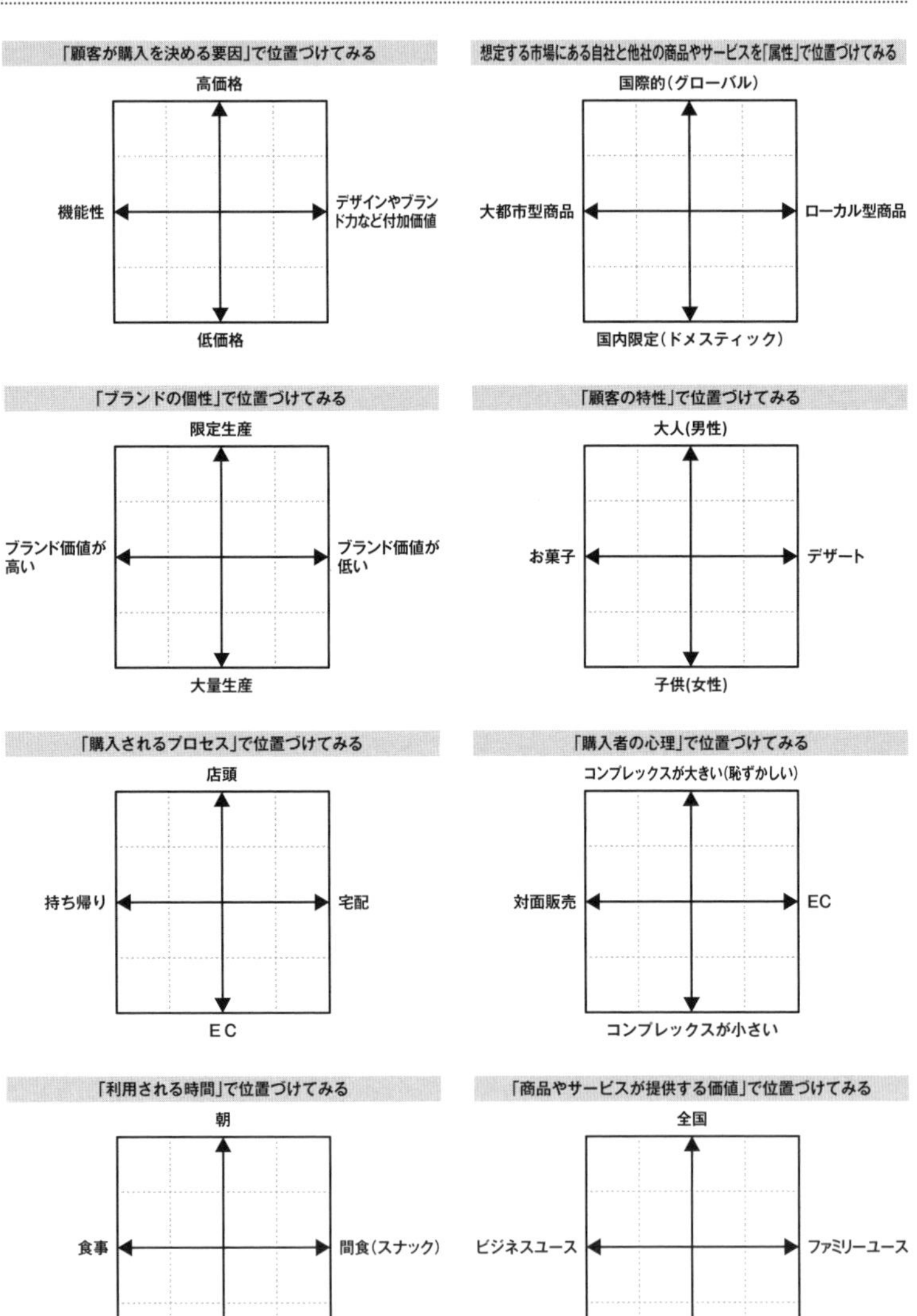

PART 4 マーケティング戦略の立案

図表18　マトリクス型分析

→ 自社商品と競合他社商品
↓ 自社と他社の4P

	自社商品	競合A社商品	競合B社商品	競合C社商品	競合D社商品	競合E社商品
製　品						
価　格						
販　路						
プロモーション						
コミュニケーション						

商品が存在している。そのため先行商品よりもさらに魅力的な利点や強みを創造し、顧客にアピールすることが必要になる。

ポジショニングする際の価値提案の領域としては、次の5つが存在する。

①利点や強みが多く、価格が高い
②利点や強みが多く、価格が同じ
③利点や強みが多く、価格が安い
④利点や強みが同じで、価格が安い
⑤利点や強みが少なく、価格がより安い

この5つの中からひとつを選択し、商品や商品ブランドをポジショニングし、市場でアピールする。

このようにSTPのポジショニングのステップを踏んで、「マーケティング戦略の全体像」を決めていく。

参考資料

『コトラーのマーケティング入門』フィリップ・コトラー、ゲーリー・アームストロング著、恩藏直人監修　丸善出版刊

『成功事例に学ぶ　マーケティング戦略の教科書』酒井光雄著　かんき出版刊

実務スキルを磨くシミュレーションワークショップ

ユニクロとGAPをポジショニングしてみる

好調に推移するファーストリテイリングの「ユニクロ」

「ユニクロ」を運営するファーストリテイリングの2018年8月期の連結業績は、売上収益（売上高）が2兆1300億円で前期比14・4パーセント増。営業利益は2362億円で前期比33・9パーセント増。事業利益は2524億円で前期比37・2パーセント増。親会社の所有者に帰属する当期利益が1548億円、前期比29・8パーセント増と、過去最高の業績を達成している。

海外ユニクロ事業の売上収益（売上高）は8963億円で、その構成比はグレーターチャイナ約

4400億円、東南アジア・オセアニアが約1400億円、韓国約1400億円、北米約900億円、欧州約900億円となっている。国内のユニクロ事業を超え、海外ユニクロの事業利益は1206億円と、国内のユニクロを上回った。ファーストリテイリングの柳井正会長兼社長は「あと数年で3兆円に到達する」と述べている。

「ZARA」や「Bershka」を展開するインディテックス社（本社スペイン）の連結売上高2018年1月期）は253億ユーロ（約3兆3500億円　前年比8・7％増）で、ファーストリテイリングは世界1位である同社の後姿が見えてきた。

ユニクロは理にかなった価格で衣料品を企画製造販売（SPA）し、多くの人たちの支持を集めている。着心地がよく、機能性が高く、高品質でありながら手頃な値段で購入できる定番商品という「ライフウエア」の要素と、デザインやブランドの個性を打ち出さず、他のブランドと組み合わせが容易な「コンポーネントウェア」の要素により、強さを発揮している。

また季節ごとにシーズン商品の開発と投入を行い、業績に貢献している。冬季にはヒートテックやダウン、春から夏場はエアリズム、UT（Tシャツを〝究極のベーシックカジュアル〟と考えたユニクロのTシャツブランド）、ドライ系のTシャツなどだ。

低迷するGAP

アメリカで誕生したGAPは1980年代に素材の調達から企画、製造、物流、そして販売まで一貫して手がけるＳＰＡ（アパレルの製造小売り）を生み出し、成長を遂げてきた。

ＧＡＰのＳＰＡシステムは売れ筋商品に絞り、納期までの期間を長くとる大量生産方式で、計画生産が可能なのでコスト削減が可能だ。反面、トレンドに素早く対応できないため、ベーシックな定番商品を中心に展開してきた。

そのＧＡＰの業績がこのところ芳しくない。２０１９年にニューヨーク5番街54丁目の基艦店を閉め、日本の基艦店である渋谷店、さらに原宿店も閉店するなど、店舗縮小に動いている。

ＧＡＰ不振の背景には、ＺＡＲＡに代表される多品種少量生産方式の第二世代のＳＰＡが生まれたことも背景にある。彼らはトレンドをいち早くキャッチし、最短２週間ほどで商品化でき、急成長している。これに加えて世界的にＥＣの利用拡大も間接的に影響を与えている。

同じマスマーケットを狙う2社のポジショニングを行ってみる

ユニクロとＧＡＰはどちらも万人を対象にしたＳＰＡ事業を展開しているが、近年はユニクロの成長が顕著だ。なぜＧＡＰは勢いを失っているのか。当事者になったつもりで両者の事業面・商品開発面・販売面などそれぞれにポジショニングを行ってみよう。

ポジショニングを行う際には、図表19に示したような２軸を用いたマトリクス分析を行ってみてほしい。

図表19　ポジショニング

〈縦軸と横軸の参考視点(例)〉

■ 縦軸

価格	高い～安い
顧客の収入	多い～少ない
ファッション(流行)性	高い～低い
顧客の年齢	若い～大人～高齢者
機能性	高い～低い
立地	大都市～中都市～ローカル

■ 横軸

品質	低い～高い
属性	単身　ファミリー
顧客の年齢	低い～高い
性別	男性　女性
着用シーン	アウトドア インドア
店舗販売	オムニチャネル EC

〈作図の例〉

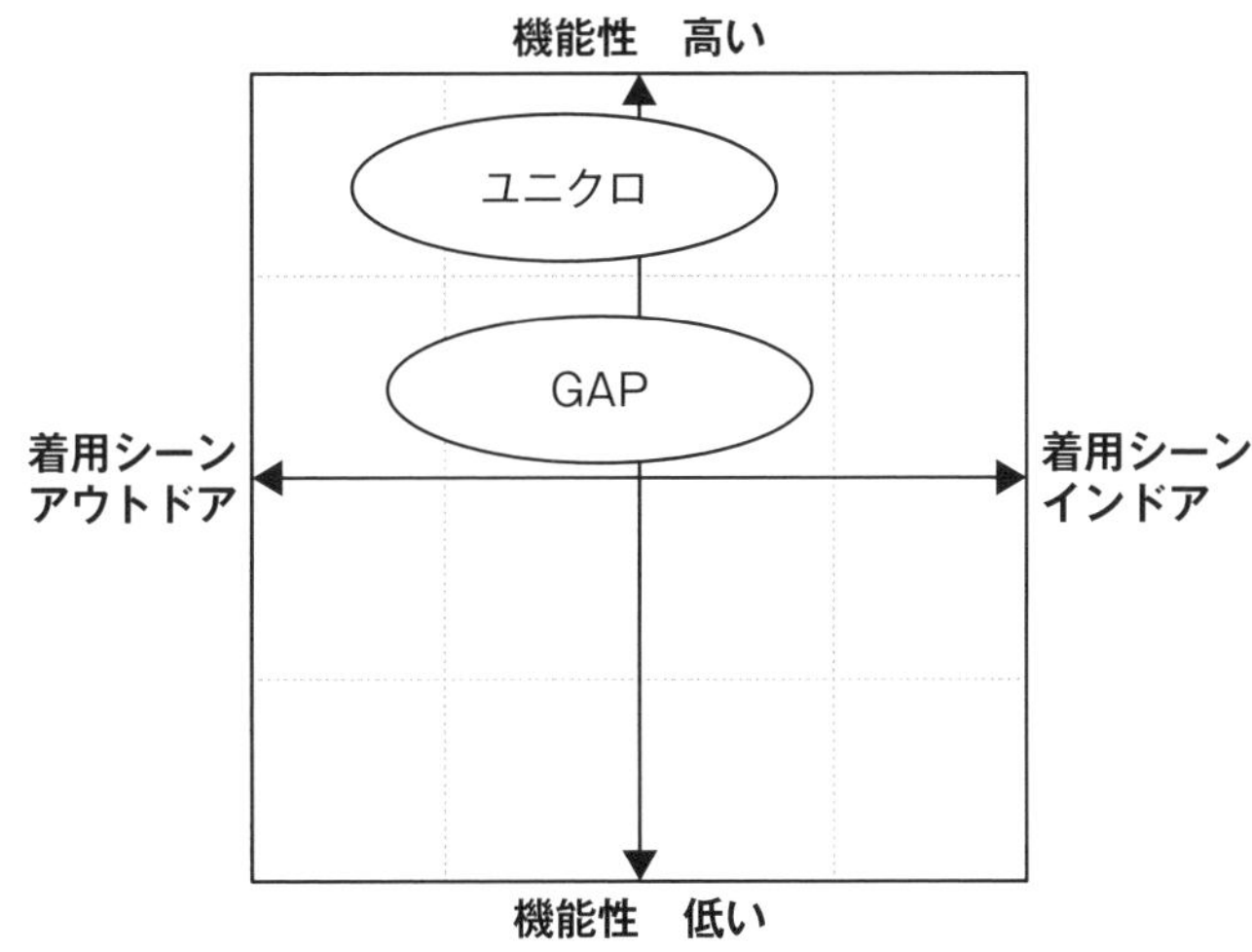

PART 5

マーケティング戦術の策定

Chapter 11

顧客から愛される企業になるには、「顧客視点に立てるかどうか」で決まる！

〜4Cと4Pを知る　顧客起点と顧客視点の重要性〜

テーマ

デジタル時代の顧客ニーズの捉え方

顧客自身に「ニーズ」が見えていた時代のマーケティング

20世紀からの延長線で考える「需要対応型マーケティング」では、「顧客は自身のニーズや欲求を理解し、認識している」という前提で、アンケート調査（定量調査）やグループインタビュー（定性調査）を実施し、顧客に「答え」を尋ねる時代があった。

こうした調査結果は「顧客の声」「お客様の意見」として商品に反映され、ある時期までは確実に機能してきた。家電製品やスマートフォン以前の携帯電話など生活者が慣れ親しんでいるカテゴリーの商品では、「使い勝手の良さや悪さ」「既存品の改良改善点」という〝欠点〟を見つけ、〝粗探し〟をすることなら、一般の人でも可能だったからだ。

企業側の立場から行う覆面調査

企業の立場から行われている調査方法として、覆面調査（ミステリーショッピング、ミステリーショッパーなどと呼ばれる）がある。調査方法は2つあり、ひとつは経営側の立場に立ち、小売店や飲食店、アミューズメント施設、フランチャイズに加盟している企業・店舗（フランチャイジー）、医療施設などを対象に、接客サービスが重視される業態で活用されている。

覆面調査員は一般の顧客のように店舗を利用し、その利用体験を基に評価を行う。店舗側は、「いつ、誰が覆面調査を行うか」を把握できないため、マニュアルに定められた接客方法が順守されているかどうかや、決められたサービスプロセスが守られているかといったサービス品質を評価することができる。

覆面調査のもうひとつの方法は、企業や店舗の格付けを行う場合に用いられる。代表的なものとして、J.D.POWER JAPANが実施しているホテル宿泊客満足度調査（※1）、自動車商品魅力度調査、自動車耐久品質調査（※2）やミシュランガイドがある。いわゆる格付け調査だ。

※1　ホテル宿泊客満足度調査
日本全国のホテルグループ・チェーンに過去1年以内に宿泊した全国の18歳以上の男女を対象に、ホテルでの経験やサービスに対する満足度を調べたもの。

※2　自動車耐久品質調査
実際に自動車を所有するユーザーを対象に、毎年世界各国で実施されている自動車に関する調査。

生活者が自身の消費理由を言葉にして説明できない時代の到来

「顧客の声」と「お客様の意見」による改良改善策では他企業の商品と差別化できず、些細な相違にしかならなくなると、調査だけから答えを導き出す手法には限界が出てくる。

顧客だからといって、自身の消費行動や消費する理由をすべて説明できるわけではなく、生活者は本当の理由を言語化できないことがよくあるからだ。顧客が女性の場合、「好きか嫌いか」で判断することが多いが、男性にはその心理と意味が理解できないことが多い。理屈で理解しようとして、アンケート調査では言葉の選択肢を用意し選択してもらうが、調査結果から核心は見出せず、担当者の理解も進まない。

また、現在存在していない商品やサービスについて、「これからどんな新商品や新サービスが欲しいか」というアンケート調査を生活者に実施しても、「答え」が見出せない事態も頻発する。既存商品の延長線上にある商品やサービスなら、生活者は想像して考えられる。しかし、「今、存在していないモノやサービス」については、答えられないことが多い。

似て非なる「顧客の声」と「顧客視点」

顧客自身が本当のニーズを言語化できず、「今、存在していないモノやサービス」について意見を言えない場合、企業側が仮説を持たず、顧客に答えを教えてもらう調査は意味を持たなくなる(購買行動の中には本人が気づいていない動機や本音が潜んでおり、生活者を購買に走らせる真の動機や要因のことを、消費者インサイトと呼ぶ)。

そこに登場するのが、「顧客に答えを尋ね、教えてもらおうとする企業視点(企業論理の立った顧客起点)」ではなく、「顧客の行動を観察し、観察を通じて顧客の本当のニーズや欲求を把握する顧客視点」だ。

顧客視点から顧客の隠されたニーズや欲求を探る事例として、ハーバード・ビジネススクールのクレイトン・クリステンセン教授の著書『ジョブ理論――イノベーションを予測可能にする消費のメカニズム』(ハーパーコリンズ・ジャパン刊 2017年)(※1)の中に、次のような顧客視点のエピソードが登場する。

※1　ジョブ理論

『イノベーションのジレンマ』の著者として知られ、ハーバード・ビジネススクール教授のクレイトン・クリステンセンが発表した理論で、「どんなジョブ（したいことや、やらなくてはならない用事や仕事）をやり遂げるために、あなたはその商品やサービスを〝雇用（ここでは購入や利用という意味）〟するのか？」という概念。生活者（顧客）は「なぜ他の商品やサービスではなく、その商品・サービスを選んだのか？」を徹底的に追求することが、イノベーションの近道だとしている。

『あるファーストフードチェーンからミルクシェイクの売上を伸ばす相談をクリステンセン氏が受けた。その企業はそれまでミルクシェイクについて詳細に調査を行い、顧客アンケートを数多く行なっていた。味についての意見を数多く集め、ミルクシェイクにその意見をフィードバックしたが、なにも効果がなかった。

そこでクリステンセン氏らは、店頭に18時間立って来店客を観察した。観察を続けていると、午前9時前にひとりで訪れる顧客に驚くほどミルクシェイクが売れ、店内では飲まず、車でそのまま走り去るケースが多いことを発見した。

そこで顧客に「何をするためにミルクシェイクを購入したのですか？」と尋ねた。すると、次のような状況でミルクシェイクを買ったと顧客たちは説明した。

・仕事先まで長く退屈な運転をしなくてはならず、気を紛らわせるものが欲しい

・バナナを食べながら運転したこともあるが、会社に着く前になくなり、またお腹が減る

・ドーナッツはくずが落ちるし、手が油でベタベタして服やハンドルを汚してしまう
・ミルクシェイクは手も汚れず、ストローで飲み終わるまで長い時間がかかり、昼食までの空腹をかわせる

顧客の観察を通じてわかったことは、「退屈しのぎ」という「用事=ジョブ」を片づけるために、顧客はミルクシェイクを「雇っている(購入している)」のだ』

この「退屈しのぎ」という表現を著者が深読みすると、「運転中に手を汚さず、飲むのに時間がかかり、空腹を満たしてくれるミルクシェイクこそが、購入者のジョブ(退屈しのぎ)を解決する最も優れた商品」という意味になる。

顧客が自分でも自覚していない本当のニーズや購入動機を探る方法として、マーケッターは顧客を観察し、そこで仮説を導き出す方法は記憶しておきたい。

知識を実務に活かすために

4Cと4Pの関係を理解する

マーケティング戦略の全体像が決まると、立案したマーケティング戦略を実現するために「マー

ケティングミックス」を考えることになる。マーケティングミックスとは、特定された市場と顧客に対して、企業が働きかける具体的な施策を組み合わせて立案することだ。マーケティングミックスを検討する際の発想フレームとして活用されるのが４Ｐと４Ｃだ。

マーケティングの４Ｐ（Product、Price、Place、Promotion の頭文字をとったもの）とは、アメリカのマーケティング学者ジェローム・マッカーシーが１９６０年に著書『Basic Marketing: A Managerial Approach』（邦訳『ベーシック・マーケティング』東京教学社刊）で最初に提唱した概念で、企業視点・売り手側の視点から生まれ、今もマーケティングの実務で活用されている。

続いて４Ｃ（Customer Value、Customer Cost、Convenience、Communication の頭文字をとったもの）は、ノースカロライナ大学教授だったロバート・ローターボーンが統合型マーケティング（ＩＭＣ理論という）とともに提唱した理論だ。ローターボーンは売り手である企業は４Ｐを設定する前に、買い手である顧客の視点から検討に入るべきだとして、４Ｃを位置づけた。マーケティングに「顧客発想」「生活者発想」がここで初めて登場した。

ローターボーンが提唱したように、「顧客視点に立脚した４Ｃ」を検討した後に「企業視点に立脚した４Ｐ」を設定したほうが、マーケティング担当者は容易にマーケティングミックスを立案できるはずだ。

企業がマーケティングを検討する場合、自社の資源と自社都合の発想に偏り、顧客視点が抜け落ちてしまうことがよくある。社会と生活者（顧客）に求められる企業と商品になるためには、最初に顧客起点に立つことから始める。

顧客視点に立った4Cを踏まえて4Pを考える際は、戦略を踏まえた整合性を4Pが相互に保っているかどうかをチェックする。いくら個別の4Pが魅力的でも、4つに整合性がとれていないとマーケティングに一貫性が発揮できないためだ。

生活者(顧客)視点に立った4Cを知る

①顧客にとっての価値(Customer Value)

以下のような、これまで存在していなかった顧客にとっての新たな価値の提供、無駄の削減、画期的な問題解決、感動の提供といった価値づくりに取り組む。

・品質上の価値(実感できるクオリティの高さ)
・性能上の価値(省エネ、省電力、長寿命など)
・使い勝手の価値(マニュアルが必要ない、幼児や高齢者にも容易に使用できる)
・用途の価値(多用途に活用できる)
・デザイン上の価値(斬新なだけでなく、飽きが来ない意匠)
・個性やイメージの価値(顧客の嗜好に合う、求めているイメージに合致する)
・使用実感の価値(装着感や手触りの良さ、実感できる機能など)

・経験価値（経験しないと体感できない価値）
・共有できる価値観の価値（自分の価値観と合致し、自身の表現になる価値）
・社会的貢献価値（その商品を使うことで、社会に貢献できる）

②顧客の負担・コスト（Customer Cost）

以下のような顧客の負担やコストの削減を念頭に置く。

・金銭的なコストの削減（これまで必要だった費用やコストの削減・圧縮、有料だったものが無料になるなど）
・時間的コストの削減（所要時間の短縮、納期の短縮、配送時間の短縮）
・手間の削減（購入手続きの簡素化、キーボードでなく音声入力で指示できる）
・心理的コストの削減（難しそうに思える心理を軽減する）

③顧客にとっての利便性（Convenience）

以下のような顧客にとっての利便性を念頭に置く。

・プロセスの簡略化（ワンクリックで買える、一度データを入力したら以降はデータ入力が必要でなくなる）

・制約の撤廃（24時間対応、キャッシュレス対応）
・手間の削減（出掛けずに自宅でできる、並ばずに済む、パスワードでなく指紋や顔認証による利用）

④顧客とのコミュニケーション（Communication）

以下のような顧客とのコミュニケーションを想定する。

・交流場所の創造（常連顧客専用のサロンや専用サイトの提供、ファン限定イベント）
・CRM（顧客との関係を強化し熱烈なファンになってもらう取り組み）
・話題づくり（クチコミになる話題づくりとSNSを通じた発信・交流）

企業視点に立脚した4P　まずは商品（Product）と価格（Price）を知る

4Cを検討した後に、次は企業視点に立った4Pを検討する。

①商品（Product）

以下のような因子を基にこれまでなかった商品・サービスの価値を創造する。

・商品コンセプト（どのような商品なのかを、生活者の言葉で表現したもの。企業が生み出した商品という実体に、生活者が認識する概念を結びつけ、センテンス（まとまった内容を表現し、言い切りになるもの）にして、端的に表現したもの
・コア・コンピタンス（顧客に特定の利益をもたらす技術、スキル、ノウハウなど）
・品質
・機能
・効能
・技術
・ブランド
・デザイン（商品のデザインだけでなく、パッケージや包装紙・手提げ袋まで一貫したデザインの統一）
・サービス（無形のサービス商品、提供するすべてのサービス、サービスする人）

②価格（Price）

商品やサービスの販売価格、卸価格、支払条件、割引価格などを決めること。代表的な価格設定方法に次のようなものがある。

・コストプラス価格設定(cost-plus pricing)

実際にかかったコストに利益を乗せて価格を決める方法。

企業のコストとは、「変動費(製造原価のように、商品が売れる度に必要になる費用)」「固定費(人件費のように、商品の販売量に関係なくいつも必要になる費用)」からなり、このコストを調整しながら価格設定を行う。

この方法には「顧客視点」がないため、購入してもらえるかどうかという要素が加味されていないという問題点がある。

・マークアップ価格設定(markup pricing)

仕入原価に対して一定比率を上乗せ(マークアップ)して価格を設定する方法。

小売業で採用されることが多く、購入頻度が高い商品の場合には薄利多売型で利幅は少なくなり、購入頻度が限定される高級品では50%以上の利益を載せることもある。競合他社で同じ商品を販売している場合には、価格競争になることが増える。

・目標利益設定(損益分岐点法)

製造原価と販売費・一般管理費を変動費と固定費に分解して損益分岐点を出し、この損益分岐点から、必要な利益を加えて価格を決定する方法。

損益分岐点を出す計算式……固定費 ÷ 限界利益率 = 損益分岐点

（限界利益率 ＝ 限界利益 ÷ 売上高　　限界利益 ＝ 売上高 － 変動費）

・スキミングプライス設定（skimming price）

富裕層やイノベーター層（新しいものを最初に購入する人）など上澄み層をすくうことを目的とした価格設定方法。導入期は利益が出にくいため顧客を絞り込んで高い価格を設定する。顧客ひとりあたりの利益は大きくなるメリットはあるが、顧客の数が限られる点がデメリット。競合企業が参入した際は価格を下げて対抗する。

ＩＴ機器などで最初はハイスペックの高額モデルを投入し、その後に価格を下げたエントリーモデルを出す方法もスキミング的発想だ。

・ペネトレーションプライス設定（penetration price）

ペネトレーションとは「浸透」という意味で、新製品を早く市場に浸透させるために安く売る価格設定方法で、導入期に低価格にして市場シェアを拡大することを狙う。利幅は薄くても早く市場を押えることで優位性を築く方法。価格が安いので競合企業の参入障壁は高くなるメリットがあるが、一度低価格にしてしまうと値上げが難しくなるというデメリットがある。

・相場価格設定（PSM分析　Price Sensitivity Measurement）

生活者の価格に対する反応（相場感）を測定分析し、価格を設定する方法。生活者（顧客）にアンケート調査を行い、以下の4つの価格について質問し、得られた回答を分析。商品・サービスに対する生活者の相場感を把握する。

a　高すぎてとても手が出ないと思う（思い始める）価格
b　ちょっと高い（高いと感じ始める）と思う価格
c　ちょっと安い（安いと感じ始める）と思う価格
d　安すぎて品質を不安に思う（思い始める）価格

この方法で「aを支持した生活者は何％、bは何％」とそれぞれの生活者の比率がわかる。調査データを使ってグラフを作成し、グラフの交わる4つの交点から、

上限価格（「高すぎる」と「安いと思う」の交点）
妥協価格（「高いと思う」と「安いと思う」の交点）
最適価格（「高すぎる」と「安すぎる」の交点）
下限価格（「高いと思う」と「安すぎる」の交点）

という4つの価格を導き出す。

・市場価格設定

すでに市場にある競合商品を基準に、その上下の価格を設定する方法。自社の製品が他社と差別化ができれば他社よりも高く設定できるが、競争力が低いと安く設定することになる。

小売業やサービス業で、生活者心理に訴えかける5つの価格設定方法

この他、小売業やサービス業では、生活者の心理に訴えかける価格設定の方法がある。

①端数価格設定

ジャストプライスではなく、9800円や1980円とわずかに金額を下げて割安感を演出する方法。

②慣習価格設定

缶コーヒーやペットボトル飲料のように、生活者が慣れ親しんでいる価格（130円～150円）に合わせた価格の設定方法。

③段階価格設定

「特上・上・並」や「松・竹・梅」など選択肢ごとに価格を設定する方法。日本人は最低価格でなく中価格を選ぶことが多いので、顧客単価を上げたいときに使うことが多い。

④差別価格設定

プレミアムチケットとかＶＩＰ席といった表現で高額な価格に設定したり、あるいは「訳あり品」という表示で非常に安くして特別な印象を与える方法。

⑤名声価格設定

ブランド品や宝飾品は価格が品質の目安になるため、あえて値下げをせず高価格に設定する方法。

このように商品やサービスの価格を設定する方法は、数多く存在する。

実務スキルを磨くシミュレーションワークショップ

定価概念を破壊するダイナミックプライシングを検討する

日本では商品やサービスの価格は決められた金額のままに商いが行われ、価格は固定された「定価」という概念が存続してきた。今もこの「定価」概念でビジネスしている代表例はデパートだが、デパートでもポイントカードやクレジットカードによる割引やポイント還元が一般化し、「定価」の概念は崩れつつある。

価格が固定された「定価」方式に対して、需要が集中する季節や時間帯は価格を割高にしてキャパシティ（収容能力・受け入れる能力）が一杯になっても売上と収益が増えるようにし、需要が減少する季節・時間帯は割安にして需要を増やして売上と収益を増やす「変動料金制」が登場している。これを「ダイナミックプライシング」とも呼ぶ。

ダイナミックプライシングは、販売期間中に何度も価格を変更できるため、需給の状況によっては大きな収益増をもたらす可能性があり、航空運賃、ホテルの宿泊料金、有料道路料金、テーマパーク、スポーツ施設などですでに導入されている。

リアルの小売業で電子ペーパーを使った「ダイナミックプライシング」が始まる

近年はアマゾンに代表されるネット通販サイトが、商品価格や在庫数量、直近の売れ行きなどのデータをシステムで一括管理し、柔軟に価格を変更できることを受け、家電量販店のビックカメラが２０２０年度末をめどに、「ダイナミックプライシング」を全店舗で導入すると発表した。

初期費用は一般的に１枚１０００円前後とされる電子ペーパーの経費が必要になるが、長期的な競争力強化には欠かせないと判断し、同社は２０１９年８月期にＩＴ分野へ１００億円以上を投じる計画だ。

白・黒・赤の3色を再現できる電子ペーパーで商品名や価格を表示する。電子ペーパーは通信機能を内蔵し、本部からの操作により店頭に並ぶ各商品の価格をいつでも変更できる。従来の紙の値札は、価格変更のたびに従業員が印刷し直し、1枚ずつ手作業で入れ替えるため、価格変更だけで作業時間の3割を費やす日もあった。電子ペーパーの導入により競合店の値下げに素早く対抗できる。

同様の取り組みは、小売業界全体に広がっており、ノジマは作業の効率化を目的に、電子棚札を全店の約9割の商品に設置している。

あしかがフラワーパークは入場料を変動料金制にして運営

栃木県足利市にあるあしかがフラワーパークは、2014年にCNNが選んだ世界の夢の旅行先の10スポットのひとつに選ばれた栃木県を代表する観光地である。この施設では藤の花などの開花状態やイルミネーション演出などの季節によって、入場料を大人300円~1800円、子供200円~900円という変動料金制で運営している。

ビッグデータをクラウド上で迅速に分析するダイナミックプライシングの出現

近年、ダイナミックプライシングは需要や市況、天候、個人の嗜好などに関するビッグデータをクラウド上のプラットフォームで迅速に分析し、需要の予測を基に価格の上げ下げを自動的に行うことが可能になっている。

三井物産とヤフーは、ダイナミックプライシング事業を行うダイナミックプラス株式会社を設立。さらに同社に対して、チケットエージェントのぴあも出資参画し、業務提携契約を締結している。

三井物産はチケット分野では、ヤフーの福岡ソフトバンクホークス、ぴあとは東京ヤクルトスワローズと連携し、観戦チケットの価格変動の実証実験を実施、事業化に向けた準備を進めている。

さらにJリーグもダイナミックプライシングによるチケット販売を実施している。

参考資料

「家電の価格　刻々と変化　ダイナミックプライシング」日本経済新聞朝刊　2019年5月21日

今後どのような分野でダイナミックプライシングを採用すべきか

今後日本では人口が減少するが、その一方で多くの観光客が日本を訪れるインバウンド需要の拡大が見込まれる。これからどのような業界や商品・サービスの分野で、ダイナミックプライシングを導入すれば収益率を高めることができるか、この機会に考えてみてほしい。

Chapter 12

飛躍する高収益企業は、販路の設定に知恵を使い、独自性を発揮する

～4Pのチャネル(Place)の重要性を認識する～

テーマ

アマゾンエフェクトで生まれた「アマゾン恐怖銘柄指数」

アマゾン・ドット・コム（以下アマゾン）が急成長したことで、アメリカではビジネス市場に大きな地殻変動が起きている。

生活者の購買行動がネットショッピングにシフトし、アメリカ国内のデパートやショッピングモールが閉鎖に追い込まれ、アメリカでは従来型の小売業や商業施設を営む企業が業績悪化や株価低迷に陥っている。

その顕著な動きとして、２０１７年9月にアメリカの玩具販売大手の「トイザらス」、２０１８年10月には小売業大手のシアーズが経営破綻したことが挙げられる。この2社に限らず、アマゾン

の影響は、小売業や商業施設以外の産業にも波及を始めている。

アマゾンの登場により収益の下降が見込まれる小売関連銘柄54社で構成された「アマゾン恐怖銘柄指数（Death by Amazon）」が、アメリカの投資情報会社のビスポーク・インベストメント・グループによって２０１２年2月に設定された。

アマゾン恐怖銘柄指数には、アマゾンの飛躍によって業績が悪化する可能性があるアメリカの小売関連企業として、ＪＣペニー、ウォルマート・ストアーズ、クローガー（食品スーパー）、コストコ・ホールセール、バーンズ・アンド・ノーブル（書店チェーン）などで構成されている。

アマゾンが引き起こしたビジネスの本質的な構造変化

20世紀からの延長線でビジネスを考えてきた企業は、マーケティングにおける４Ｐのプレイス（Place）の位置づけは、リアルの販売チャネル（商品やサービスを生活者に販売する場所）が中心で、ＥＣについての取り組みは遅れていた。

そこにリアルの店舗を持たないアマゾンが登場し、アナログからデジタルに小売業の構造を進化させた。24時間いつでも、どこにいても、数多くの商品の中から好みの商品を選んで購入でき、短時間のうちにその商品を指定した場所に届ける仕組みを、アマゾンはつくり上げてしまった。

アマゾンによって、生活者は店頭に足を運ぶ必要がなくなり、購入した商品を自分で運ぶ手間もなく、ワンクリックで購入できる利便性を手に入れ、もう後戻りできなくなった。ＥＣの利便性を入手した上に、ネットを使えば販売価格の比較が可能になり、生活者はよほど魅力を備えた商業施設でない限り利用機会は減り、店頭は「見るだけ（ショールーミング）」で購入はネット経由で行うことが増えている。

進化する小売の現場

ネットによる小売のデジタル化が進む一方で、小売業の現場では別の進化が加速している。それは店舗の無人化だ。

無人店舗（無人レジ）とは、レジにスタッフがいなくても、買い物客が精算を完了できるシステムのことだ。無人店舗（無人レジ）には、赤外線センサー、重量センサー、ゲート・アプリケーション、バーコード、画像認識、行動解析、電子タグなど多用な技術とデバイス（コンピュータに接続して使うすべてのハードウェア）が駆使され、運用される。

①JR東日本のスーパーワンダーレジ

JR東日本はAIを搭載した無人レジ「スーパーワンダーレジ」を活用した無人店舗の実証実験を2017年に大宮駅で実施したのに続き、2018年に赤羽駅の5・6番線ホーム上の店舗でも実施した。

実際の買い物の手順は、店舗入口で交通系電子マネーをかざして入店→売場の商品棚から商品を手に取り、決済ゾーンへ→壁掛けディスプレイで購入する商品名と合計金額を確認→交通系電子マネーで決済→決済が完了すると出口ゲートが開く、という流れだ。そして、2020年春のダイヤ改正日に開業したJR山手線の新駅「高輪ゲートウェイ駅」構内に、無人決済店舗の1号店として、「TOUCH GO」がオープンした。

②Amazon Go

2018年1月にアメリカのシアトルで第一号店をオープンさせたAmazon Goは、商品を手に取り、お店を出るだけで決済が完了する。リアル店舗型で、赤外線センサーや重量センサー、ゲートなど、複数のハードウェアを駆使して無人レジを実現している。棚から顧客がピックアップしたモノを認識し、お店から出ると自動的に請求される。

オープンした1号店は日本のコンビニほどの広さで、スマートフォンに専用アプリをダウンロードした顧客が入店し、商品を手に取り、後は店を出るだけなので、回転率が非常に高い。

店舗の無人化が実現するビジネス

店舗の無人化は人を雇用する必要がないため、人手不足に対応できる上に、新たな販売拠点を増やすメリットがある。JRや私鉄、地下鉄の駅やコンコース、ホームで、駅売店やキオスク、CVSを展開するには売上規模が小さく、人件費を負担すると採算が合わなかったところでも、無人店舗（無人レジ）なら収益を出せる場所が出てくるからだ。

公共交通機関のスペースだけでなく、オフィスビルや商業施設を運営する企業にとって、人件費の負担がなければ小売事業が成立する場所が生まれる効用は大きい。

これからマーケティングの4Pでチャネル（Place）を検討する場合、こうした構造変化とそれを生み出す新たな技術の動向を踏まえて、施策を立案することが必須になる。

知識を実務に活かすために

チャネル(Place)を理解する

企業視点に立脚した4P

チャネルとは、企業が商品を生活者に届ける経路を意味し、流通経路という意味で使われることが多い。

マーケティングにおけるチャネルは、マーケティングチャネルと呼ばれることもあり、

①流通チャネル

②販売チャネル
③コミュニケーションチャネル

という3種類に分けて使用されることもある。

①流通チャネル

流通チャネルとは、流通手段という意味で使われ、企業の商品が生活者に届くまでの役割を担う運送会社などの物流網と、商品が販売されるまでの過程として通過する卸・問屋、そして小売業などが該当する。

流通チャネルは、大別して次の2つに大別される。企業によってはどちらのチャネルも並行して行う場合もある。

流通チャネルは、以下の2つに大別される。

①直販チャネル

卸や問屋、小売業などを経由せず、直接顧客に販売する方法。ユニクロのように自社で販売店を直営する企業や、トランスコスモスが運営しテレビ・新聞・カタログで通販する「日本直販」などが該当する。

近年はインターネットを使った直販が容易に行えるようになり、これまで販路がなかった中小企業でもそれほど費用をかけずに直販チャネルを持てるようになった。

②間接販売チャネル

ひとつ以上の仲介企業（卸や問屋、小売業など）を経由して販売する方法。白モノやテレビなどの家電製品、食品、飲料など多くのメーカーがこの方法を採用している。製造業など自社で販路を持たない中小企業などはこの方法を採用し、自社は製造機能に特化している企業は多い。

大量生産を行う企業は、より多くの販路を開拓し、薄利でも多売できるようにこの方法を選択してきた経緯がある。その結果、多くの仲介企業が介在しそのマージン（手数料）が上乗せされるため、店頭での販売価格とメーカーの納品価格には大きな差があり、メーカー側が薄利になる状況が生まれた。

また、多くの仲介会社を経由するため、店頭で商品が欠品を起こしても、すぐに補充できないタイムラグ（時間のずれ、時間が掛かり需要を逃がすチャンスロスが生まれる）の問題も生じた。さらに販路が増えたため、同じ商品がどの小売店でも販売されているため、小売側は顧客に自店を選んでもらうために低価格販売を行うことになり、価格競争に陥る原因になっている。

流通チャネルを検討する際の5つの視点

企業が販売チャネルを検討する際には、次の5つの中から最適な方法を選択する。

①開放的流通チャネル

食品や飲料、洗剤などの最寄り品（生活者が頻繁に購入する商品）の消費財メーカーは自社製品をできるだけ多くの店舗で販売し売上を拡大しようとする。そのため流通チャネルを限定せず、広範囲の販路で開放的に商品を流通させるのが、開放的流通チャネルである。

②排他的流通チャネル

限られた販路の企業に限定し、各社のテリトリーの中だけで販売する方法が、閉鎖的流通チャネルである。自動車業界におけるエリア別の自動車ディーラーが代表的事例である。

③選択的流通チャネル

販売力や資金力、契約条件などにより流通チャネルを選定する方法が、選択的流通チャネルである。たとえば、アップルは直販するアップルストアとともに、自社の取引条件と立地（商圏）特性、販売量などを勘案し、その条件を満たす家電量販店だけに販売を認めている。

④流通チャネルの組み合わせ

生活者の利便性を向上し、自社の売上を向上させる視点から流通チャネルを使い分け、組み合わせる方法が流通チャネルの組み合わせである。自社の直販をメインにしながら、ドラッグストアや東急ハンズ・ロフトのようなバラエティショップにも販売し、顧客の利便性に対応するアンファーのスカルプDが代表的な事例である。

⑤新規チャネル開拓

既存の流通チャネルではなく、自社で独自の販売チャネルを開拓する方法が新規チャネル開拓である。スーパーやコンビニエンスストア、菓子店などの既存販路でなく、契約した企業のオフィスに置き菓子サービス（大部分が１００円のお菓子を入れたリフレッシュボックスを設置）を始めたオフィスグリコが、新たなビジネスモデルとともに新規チャネル開拓に成功した代表例である。

ユニクロや無印良品のように、自社で企画から製造（ただし、工場は自前で持たず外注する）そして販売まで自ら手がける企業が成長している。仲介企業へのマージンを払わずに済めば、販売価格を大幅に引き下げることができ、生活者にとってもメリットが大きい。

企業側から見ると、値崩れや安売りによるブランド価値の毀損も防止できる。

アパレル業界では中間流通が収益の６割を得てしまうという業界構造があった。またこの業界ではシーズンごとにセールを行い値下げ販売が慣例化している。これを可能にしているのは原価率の

図表20　マーケティングで用いられる販売チャネルの例

リアル販路	オンライン、マスメディア販路
デパート	ネット販売
スーパーマーケット(SM)	テレビショッピング
量販店(GMS)	ラジオショッピング
コンビニエンスストア(CVS)	カタログ販売
ドラッグストア	
バラエティショップ	**リアルとネット両方の販路**
ホームセンター	
ディスカウントストア	オムニチャネル
専門店	
自社の直営店	

平均が20〜30％に押えられているため、1万円の商品を半額で販売しても原価を割らない値づけにもあった。こうした古い業界慣習を打破している企業が飛躍しているのは、まさに4Pのチャネル戦略を再構築したことによるものである。

②販売チャネル

販売チャネルとは、商品やサービスを生活者に販売する場所を意味し、マーケティングの実務上では、自社の商品を販売する小売業態や販売形式を指す。

狭義の場合、自動車やオートバイの業界では、販売チャネルとして特定のメーカーの製品だけを扱うメーカー系販売店と、複数のメーカーの製品を独立系販売チャネルという区分になり、損害保険会社の場合の販売チャネルは保険代理店、生命保険会社の場合には営業職員が販売チャネルに区分されている。

マーケティングの実務上で用いる販売チャネルには、自社の商品を販売する小売業態や販売形式として、図表20で示したような既存チャネルがある。

リアルの小売業では組織小売業が大きな力を誇り、業態によって取り扱う商品のジャンルや形態が異なる。SMならファミリー需要を想定した容量の多いものやまとめ買い用パックが増え、逆にCVSでは小容量の使いきりが中心になる。同じ商品カテゴリーでも販売チャネルによって、商品形状や消費場面、購入者が異なる。

SM、CVS、ドラッグストアでは大きな商談時期は年に2回（春夏と秋冬）と決まっており、時期を逃がすと商談は半年先になってしまうこともある。販売チャネルごとの特性を踏まえた上で、各企業は業態別に自社の販売戦略を立案し実行している。

③コミュニケーションチャネル

流通チャネルと販売チャネルは、自社商品の販売に直接つながる流通経路であり販路だが、企業の商品やサービス、企業活動などの情報を伝達する経路で、企業と生活者とが情報交換を行う場所がコミュニケーションチャネルだ。

企業側から情報をワンウェイで発信する方法としては、マスメディア（テレビ・ラジオ・新聞・雑誌）の広告やタイアップ広告、ネット広告、メルマガ、ダイレクトメールなどが該当する。企業と顧客が双方向にやり取りできる方法としては、ネット上の自社サイト（顧客からのメールによるやり取りがある）やＳＮＳ上の企業フィード（書き込みや「いいね」へ反応、シェアがある）が該当する。

これから4Pのプレイス(Place)を検討する際に必須になる視点

マーケティングにおける４Ｐのプレイス（Place）を検討する際、ネットを使ったバーチャルチャネルを加味することはもとより、ＥＣを展開する場合には顧客の利便性をより一層向上するために以下の施策が必須化してくる。

①キャッシュレスへの対応

図表21に示した最適なキャッシュレス方式を取り入れ、顧客の利便性を向上する。

②言語のグローバル対応

ＥＣをグローバルに展開する場合は、エリアによって使用する言語を選択できるようにする。

③リアルの店舗を持つ企業の場合は、オムニチャネル化

リアルの店舗を持つ企業の場合には、Ｏ２Ｏ（オーツーオー）（※１）を行い、使い勝手のよい

図表21　現在利用できるキャッシュレスの方法と種類

仕組み	種類	決済方法
前払い （プリペイド方式）	電子マネー、交通系カード、流通系カード ＊チャージされた金額分しか使えない	QRコードまたは バーコードの読み取り
即時払い （リアルタイムペイ方式）	デビットカード、銀行系デビットカード、 国際ブランド系デビットカード ＊支払いと同時に銀行口座から代金が引き落とされる	QRコードまたは バーコードの読み取り
後払い （ポストペイ方式）	クレジットカード ＊半月から1カ月後の支払いになる	QRコードまたは バーコードの読み取り
コード読み取り型	店舗に置いてあるQRコードやバーコードをスマートフォンで読み取り、決済画面で金額を入力して支払う方法	

オムニチャネル展開（※2）できるようにする。

※1　O2O
サイトやアプリなどのオンラインから、オフラインの店舗へ顧客を誘導する施策。逆にオフラインからオンラインへ誘導する場合もある。リアルの店舗やサイトなどあらゆる接点を顧客中心に連携させる。

※2　オムニチャネル展開
生活者がモノを買うときに、オンラインとオフラインのすべての接点で、容易に買物ができる環境のこと。

実務スキルを磨くシミュレーションワークショップ

既存の小売業はどこでアマゾンに優位性を発揮できるか？

デロイト トーマツ コンサルティングが発表した「世界の小売業ランキング２０１９」を見ると、２０１９年にアマゾンは4位に入った。その一方、ウォルマートは21年以上連続で1位の地位を守っている（出典：デロイト トーマツ コンサルティング合同会社「世界の小売業ランキング２０１９発表 ニュースリリース２０１９年4月3日」。（図表22）

ウォルマートは正式社名の「Walmart Stores Inc.」から「Stores（店舗）」を外し、「Walmart Inc.」に変更すると２０１７年末に発表した。

アップルコンピュータは２００７年に、社名を「Apple Inc.」に変更すると発表した。社名から「Computer」を外した理由は、コンピュータメーカーから家電メーカーへの転身を示したものだ。Mac、iPod、Apple TV、iPhoneというアップルの製品カテゴリー（２００７年当時）の中でコンピュータはMacだけになっており、実情を反映した社名にする必要があった。

ウォルマートの社名変更も同様に、リアルの店舗だけでなく、ＥＣをはじめとするバーチャルの世界でも同社が活躍することを宣言したといえる。

これは実店舗での買物だけでなく、オンラインとアプリからも買物をする場所としてウォルマートをアピールし、ＥＣを強化するという企業意思の表れだ。

図表22　世界小売企業の上位10社（2018年）

順位	順位の変化	企業	本拠地	2017年度の小売売上高（100万米ドル）	売上高成長率	純利益率	総資産利益率	小売売上高CAGR*
1	↔	Wal-Mart Stores, Inc.（現Walmart Inc.）	米国	500,343	3.0%	2.1%	5.1%	1.3%
2	↔	Costoco Wholesale Corporation	米国	129,025	8.7%	2.1%	7.5%	5.4%
3	↔	The Kroger Co.	米国	118,982	3.2%	1.5%	5.1%	4.2%
4	↑ +2	Amazon.com, Inc.	米国	118,573	25.3%	1.7%	2.3%	18.0%
5	-1 ↓	Schwarz Group	ドイツ	111,766	7.4%	n/a	n/a	7.5 %
6	↑ +1	The Home Depot, Inc.	米国	100,904	6.7%	8.6%	19.4%	6.2%
7	-2 ↓	Walgreens Boots Alliance, Inc.	米国	99,115	2.1%	3.5%	6.2%	6.7%
8	↔	Alidi Einkauf GmbH & Co,oHG	ドイツ	98,287e	7.7%	n/a	n/a	7.2 %
9	↑ +1	CVS Health Corporation	米国	79,398	-2.1%	n/a	n/a	4.5 %
10	↑ +1	Tesco PLC	英国	73,961	2.8%	1.5%	1.9%	-2.4%
上位10社				1,430,353	6.1%	2.0%	5.5%	3.7%
上位250社				4,530,059	5.7%	2.3%	5.0%	3.3%
上位250社の小売売上高のうち上位10社の割合				31.6%				

*:年平均成長率　e:見通し　n/a:入手不可

出所:Global Powers of Retailing 2019

アマゾンに対してウォルマートは、「オンライングローサリー」の領域に注力し、独自性を発揮しようと果敢に挑んでいる。

オンライングローサリーとは、インターネットで商品を注文し自宅まで配送してもらうか、顧客が直接店舗へ出向き、専用ロッカーから商品を受け取れる仕組みのことを指す。

専用ロッカーによるピックアップサービスは、顧客が時間を有効に活用でき、会員特典を使った特別ディスカウントを受けることもできるので、利用者から支持されている。

リアルの小売業が、アマゾンに対抗する方法として何が考えられるか

前述したように今後リアルの店舗は無人店舗になり、接客は対話型のＡＩロボットが担うようになるかもしれない。省力化と合理化された店舗が増えれば、店舗の個性は失われ、親しみやすさは霧散する。アマゾンはメールによるお知らせ機能で顧客とコミュニケーションできる分、有利になるかもしれない。

あなたがリアルの小売業に勤務するマーケティング責任者だとしたら、アマゾンに対して優位性を発揮するマーケティングをどのように展開するだろう。

担当者になったつもりで、検討してみてほしい。

Chapter 13

わかっている企業は、「売っておしまい」ではなく、「買ってもらってからマーケティングが始まる」ことを知っている

～4Pのプロモーション（Promotion）を駆使できるように体得する～

テーマ

価格訴求型プロモーションの弊害

企業が取り組む販売促進活動（セールスプロモーション）は、「価格訴求型セールスプロモーション」と「非価格訴求型セールスプロモーション」の2つに大別できる。

価格訴求型セールスプロモーションは、小売業の店頭（小売サイトも含める）で商品の価格を通常価格よりも安くして、短期的に売上を向上させることを目的に実施される。

メーカーは、売上目標が社内で設定されているので、売上が足りない場合には利益を削ってでも目標を達成するために安売りする場合がある。

小売業側は、同じ商品を販売する競合他社よりも商品価格を安くれば自社の優位性を発揮できる

ため、最寄品（消費者が頻繁に購入する製品）を扱うスーパーやドラッグストアなどでは絶えず価格訴求を行う。

価格訴求型セールスプロモーションに潜む2つの弊害

価格訴求型セールスプロモーションは効果があるため、恒常的に行ってしまうメーカーや小売が多い。しかし、そこには大きな弊害が潜んでいる。

①絶えず価格訴求を行っていると、通常価格で購入してもらえなくなる

店頭で頻繁に低価格で販売されている商品だと、顧客は安価であることを当然視するようになり、通常価格では購入してもらえなくなる。あるいは安くなるまで買い控えるようになる。

②企業と商品のイメージが低下し、ブランド価値まで毀損する

小売店店頭や小売サイトで頻繁に低価格で販売されると、生活者には「安売り商品」というイメージが付着し、企業と商品のイメージは確実に低下する。

知名度や認知度が低い企業が、自社商品を小売業で販売したいときは、NB（ナショナルブランド）メーカーよりも安価にしない限り仕入れてもらえない。そのため、いつも低価格で販売されるようになり、低収益な上に企業と商品のイメージが低下していく。この状況が続くと、企業と商品

のブランド価値は向上せず、逆にブランド価値は毀損していく。

計画購買型商品と非計画購買型商品

人間の消費行動はいつも計画的に行われるとは限らず、商品カテゴリーによって購入方法は異なる。

スーパーにおいて、洗濯用洗剤や柔軟剤は、購入する商品ブランドを顧客が事前に決めているカテゴリー（ブランド計画購買の比率が高い）になるが、カップ麺や惣菜・ホットフード、スナック菓子は事前に購入する気がなくても、店頭で購入意欲が高まるカテゴリー（非計画購買の比率が高い）であることが明らかになっている（図表23）。

その一方、ＣＶＳでは、飲料は計画購買の比率が高いが、惣菜・ホットフードやスナック菓子、アイスは非計画購買の比率が高いという結果が出ている。スナック菓子やアイスのメーカーが広告で知名度を高めて購入促進を図っても、それだけでは店頭で選ばれていないわけである（図表24）。

出典
「購買計画の実態を分析し、消費者の購入決定タイミングをとらえる　第2回　計画購買性を捉えることの重要性」DIAMOND Chain Store オンライン2018年1月5日
（財）流通経済研究所「インストア・マーチャンダイジング」

図表23　スーパーにおけるカテゴリー別計画購買比率

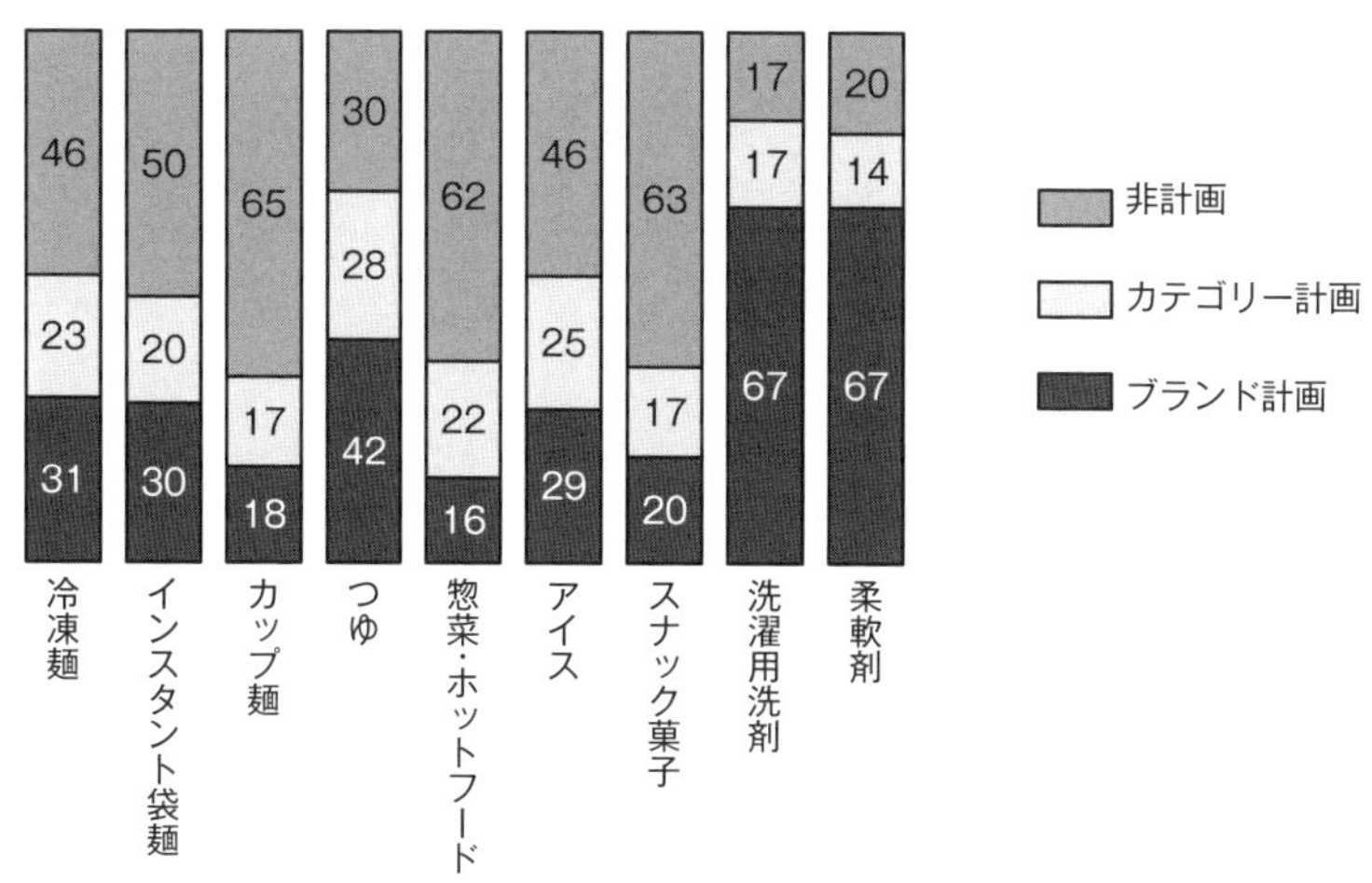

図表24　CVSにおけるカテゴリー別計画購買比率

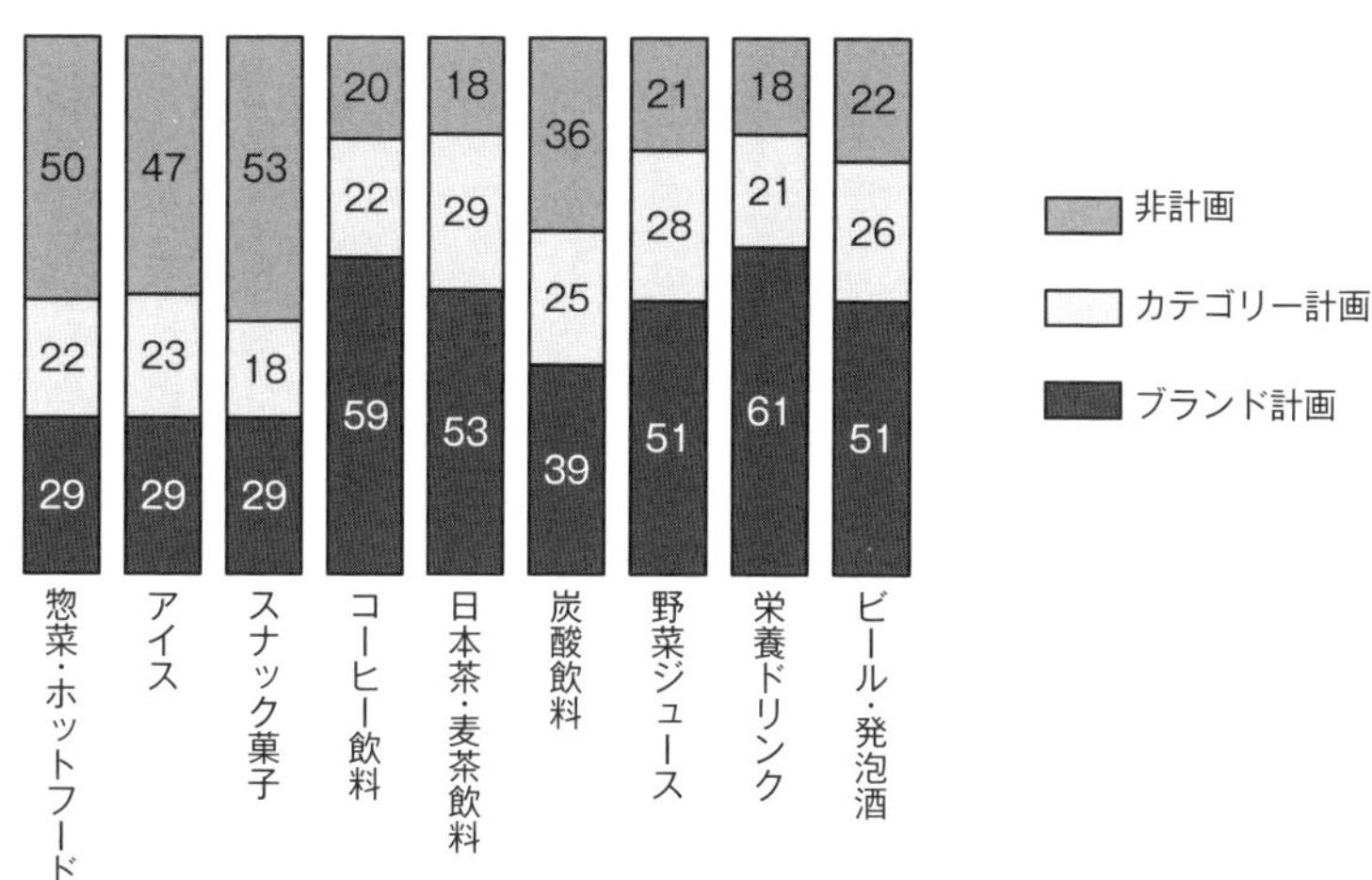

来店前にブランドを決めているカテゴリーと、店頭で商品を選ぶカテゴリー

前述したデータから浮かび上がるのは、スーパーなら柔軟剤や洗濯用洗剤の場合、来店前に広告やＳＮＳなどを使って生活者に購入意欲を高めておく必要がある。

逆に、スナック菓子、惣菜・ホットフード、アイス、カップ麺、インスタント袋麺、冷凍麺では、小売店店頭で自社商品のセールスプロモーションが欠かせないことだ。

また、ＣＶＳではビール、発泡酒、栄養ドリンク、野菜ジュース、日本茶、麦茶飲料、コーヒー飲料は、広告などで事前に購入意欲を高めておく施策が不可欠だ。しかし、スナック菓子、アイス、惣菜・ホットフードは、小売店店頭での自社商品のセールスプロモーションが欠かせない（ただし、大手ＣＶＳチェーンでは、メーカーのＰＯＰなどを店頭に設置できないところがある）。

購入する人が、自身で消費するとは限らない

スーパーマーケットには、購入する人と消費する人が違う商品がかなり存在している。たとえば、既婚女性が買物をするとき、自分が消費する商品だけでなく、子供や夫の商品を購入することは一般的だ。子どものお弁当用の冷凍食品や夫用の缶チューハイやビールなどがその代表例だ。逆に、既婚男性が妻に依頼されて子どもの紙おむつや妻のために紅茶や鎮痛剤を購入することもあるだろ

う。しかし、CVSや自動販売機の場合、自分が消費するものを自分で購入する人が多くを占める。

これまでメーカーが、店頭で自社商品の販促活動を行う場合、営業担当者は「自社商品をいかに大量陳列し、ゴンドラにある商品のフェイス数（商品陳列棚に並ぶ自社商品の数のこと。商品がひとつならワンフェース、ふたつならツーフェイスと数える）を増やすか」に心をくだいてきた。

しかし、前述したデータを見ると、店頭を訪れたときにはすでに購入する商品ブランドを決めているカテゴリーの商品もあれば、店頭に行ってそこでどのブランドにするかを決めるカテゴリーもある。

プロモーションを組み合わせなければ、実売にはつながらない

販売促進策を立案する場合、広告を投入しても、店頭でのプロモーションを用意していないと効果は出ない。逆にいくら店頭プロモーションに注力しても、企業と商品の知名度と認知度が高くなければ、セルフ販売の小売店店頭では選ばれる確率は低くなる。

生活者はどんな情報を、どのようなメディアとルートを用いると商品の記憶が残り、どうすれば数ある商品の中から自社の商品を選んでもらえるか。その一連の流れを視野に入れて、プロモーションを立案する必要がある。

知識を実務に活かすために

プロモーション(Promotion)を理解する

企業視点に立脚した4P

プロモーションとは、想定した生活者（顧客）や流通関係者（主に小売店）に「商品ブランド（商品名）」「機能」「効能」「独自の商品価値」などを伝え、需要を拡大していくために必要な取り組みである。「○○○マーケティング」「×××マーケティング」という書籍やネット上のコンテンツの多くは、このプロモーションに分類される戦術論が多い。

プロモーションの5つの大別　その1　広告

①マスメディアによる広告

マスメディア（テレビ、ラジオ、新聞、雑誌）のスペースを企業が購入し、企業や商品・サービスの広告を出稿し、生活者の知名度・認知度を高めるのがマス広告である。インターネットの普及に伴い、若い世代ではテレビや新聞を見ない生活者が増えており、高齢者の接触率が高い。マスメディアは知名度・認知度の向上には効果があるが、費用がかかる。

②インターネット広告

インターネット上の広告スペースに広告を出稿して生活者の知名度・認知度を高める方法である。インターネット広告の種類には以下のようなものがある。

a 純広告

サイト内の広告枠を一定期間買い取り、テキストや画像、動画で広告を表示する。バナー広告やテキスト広告が代表的だ。

b リスティング広告(検索連動型広告)

生活者が検索エンジンに入力したキーワードに関連した広告を出すのが検索連動型広告。検索した結果が出たページの上や右に表示される。課金方式は、1クリックごとのクリック課金になる。

c アドネットワーク

複数サイトの掲載面に広告を掲載するネット広告の手法で、アドネットワーク業者は広告在庫をパッケージ化し、広告主に販売する。複数の媒体に広告出稿を行うには、各メディアと個別契約が必要になり、各媒体に合わせた形式で入稿するので手間がかかる。アドネットワーク業者に任せれば、複数のサイトに一括して広告を出せ、業務を効率化できる。しかし、自社の狙う顧客層でないメディアに広告が出る場合があり、無駄が生じることがある。

d DSP広告

DSPとは、Demand Side Platform（デマンドサイドプラットフォーム）の略称で、広告主側が広告効果を最大化するために使用する、自動の広告配信ツールとその周辺のことを指す。DSPというツールを使って購買配信が可能な広告枠や、配信する行為をDSP広告と呼ぶ。DSP広告を用いると、複数のアドネットワーク（広告掲載枠の束）を介して広告を配信できる。

e アフィリエイト広告

成果報酬型広告で、その広告を通してアクションが発生した際に費用が発生する広告手法。アフィリエイト広告は、広告掲載だけで費用は発生せず、広告がクリックされても広告費はかからない。クリックした後、サイト上でユーザーがコンバージョン（conversion　サイトでの最終的な成果のこと）して初めて広告費が発生する。アフィリエイト広告のコンバージョンには、購入・資料請求・サンプル請求・会員登録などがある。

f　ネイティブ広告

ＳＮＳやニュースサイトで、記事やフィードに混じって表示され、広告の体裁をしていない記事広告のこと。広告なので、どこかに「広告」と明記する必要がある。これを行わないとステルス・マーケティング（広告であることを隠して宣伝広告をすること。いわゆる「ステマ」）になる。

g　SNS広告

フェイスブックやツイッター、ＬＩＮＥなどのＳＮＳを通して情報を広める広告。ＳＮＳのユーザーに情報を拡散していくことを狙っている。

h　動画広告

動画広告には次の2種類がある。

・「ユーチューブ」などの動画共有サイトに、動画コンテンツを投稿する広告インストリーム方式と呼ばれ、広告料金体系は広告視聴単価課金方式（ＣＰＶ課金）と完全視聴単価方式（ＣＰＣＶ課金　動画が最後まで視聴されないと課金されない）がある。

・テレビＣＭなどで使用するための動画を、ネット上の広告枠に使用する広告純広告の枠内で、画像やテキストでなく動画広告を流す方法だ。

プロモーションの5つの大別　その2　広報

広報はＰＲ（Public Relations の略）とも呼ばれ、メディア（マスメディアとソーシャルメディア）に自社の情報を発信し、メディアに取り上げてもらえるように働きかける活動を指す。

メディア側は提供された情報に価値がある、あるいは話題性があると判断すれば、記事や番組として報道する。情報を発信したからといって、メディアが報道するとは限らず、報道される場合でも、どのような内容や切り口で報道されるかは各メディア任せになる。

①広報と広告の違い

広報は広告と混同されることがあるが、広告は各メディア（ＴＶ、ラジオ、新聞、雑誌、ソーシャルメディア）の広告枠を購入し、自社の情報を発信する。対価を支払えば、どんな企業の情報でも確実に情報が社会に出ていく。お金を払えば誰でも情報発信でき、発信する側の視点から情報がつくられる。そのため広告は、番組や記事を通じた広報よりも信頼度は劣る。

メディアに多くの広告費を拠出している企業の場合、そのメディアの記事や番組に登場する機会は増える。企業スポンサーはメディアにとって大きな収益源だから、「忖度（そんたく）」することがあるからだ。

広告でありながら、記事や番組として報道されることがある。これは「タイアップ広告」と呼ばれる。

ソーシャルメディアに広告主の出稿が増えているため、マスメディアの制作部門（多くは下請けの制作プロダクション）は制作コストを削られている。そのため、番組制作協力費のような名目で取材先に費用を負担させ、番組の中で報道する場合もある。

②広報活動の中で行うIR

広報活動の中には、ＩＲ（Investor Relations の略で、「Investor ＝投資家」と「Relations ＝関係性」をつくる仕事という意味）という活動があり、株式市場に上場している企業が、投資家向けに自社の経営情報を発信する役割を担う。

ＩＲも含めて広報は広告と同様に、最終的には自社のブランド価値を社会で高めていく活動である。

広報が行う主な活動

①プレスリリース（ニュースリリース・ニュースレターとも呼ぶ）の制作と配信

メディアに自社の取り組みを知らせるために、文章・画像・動画など最適な伝達手段を選択して、プレスリリースを制作し、メディアの窓口（担当者）に配信する。

プレスリリースは記者発表（取材会場に集まってもらい発表する）やメールをはじめ、時には担当者に面談して手渡しすることもある。また、ネットを使ってプレスリリースを有料で配信する「PR TIMES」のようなサービスも登場している。

プレスリリースには「企業活動」「企業経営」「社会貢献活動」「商品・サービス」「調査レポート」「危機対応」などの種類がある。

②メディアとの関係を構築する

自社の情報を発信したいメディアを選定し、プレスリリースを届ける窓口と読んでもらえる担当者（ジャーナリストや番組制作者、コラムニスト、専門家など）とのネットワークをつくる仕事である。

番組や記事の取材を通じて接点を持ったメディア担当者とは定期的に連絡を取り合って関係を深め、各メディアが求めている情報を把握し、定期的に提供するなどして、適切な関係を維持する活動だ。

③取材対応

プレスリリースを見てメディアから取材依頼が来ると、それに対応するのが取材対応だ。注目度の高い企業や大手企業の場合には、こちらから情報を発信していなくても、メディア側から取材依頼や問い合わせがくる。取材に対応する際は、迅速な対応が必要となる。取材方法は直接訪問するほかに、電話による取材もある。

④危機管理対応（リスクマネジメント）

企業や社員、商品がひき起こした事故や不祥事など、ブランド価値を毀損するような緊急事態への対応を危機管理対応（危機管理広報やリスクマネジメントとも呼ぶ）という。有事の対応いかんで、ブランド価値への影響に差が出る。

⑤社内広報

企業の取り組みや企業方針などを社員と共有し、意識の一体化を図るために行うのが社内広報だ。SNSが一般化し、個人が発信する情報の影響力が上がっている。社員一人ひとりの情報リテラシー（情報を探し活用する能力）を高め、コンプライアンス（法令遵守）への意識を向上し、ネット上での不用意な炎上によるブランド低下を防ぐことも社内広報の重要な役割であり、自社の活動と社会との間に乖離が起きないようにするのも社内広報の仕事だ。

社内広報の活動としては、社内イントラネット（内部情報システム）を使った社員への情報の受発信、社内報の配布、社内伝言板の活用、社内イベントの実施、ボランティア活動などがある。

プロモーションの5つの大別　その3　コンテンツマーケティング

企業が有益な情報を発信して企業価値を高め、顧客を創造してファンになってもらう一連の活動を「コンテンツマーケティング」（コンテンツとは情報の中味・内容という意味）という。

コンテンツマーケティングは、「オウンドメディア（Owned Media）」「ペイドメディア（Paid Media）」「アーンドメディア（Earned Media）」という3つのメディアが活用される。

①オウンドメディア（Owned Media）

自社で100%コントロールできるコンテンツで、自社が所有する（Owned）メディアを意味する。ホームページ、ブログ、ツイッターやフェイスブックのアカウントなどが代表的だ。狭義として企業が運営するウェブマガジンをこのように呼ぶこともある。

②ペイドメディア（Paid media）

有料で利用するメディアのことで、ツイッター、リンクトイン、フェイスブック、ピンタレストなどソーシャルメディアでの広告が該当する。

③アーンドメディア（Earned media）

企業のコンテンツによって獲得した「メディア上で獲得した口コミ」や「メディア上で結果的に認知されたこと」という意味で、報道された好意的なレビューやレポート、記事、推薦文などが該当する。

プロモーションの5つの大別　その4　ダイレクトマーケティング

ダイレクトマーケティングとは、アメリカのダイレクトマーケティング協会（DMA）の定義では、「一つまたは複数の広告メディアを使って、測定可能な反応あるいは取引をどんな場所でも達成できる双方向のマーケティングシステム」とされている。わかりやすく解説すると、「広告メディアを通して企業が顧客と直接につながり、企業が狙う具体的な目的を促し、その反応を計測できるマーケティング手法」といえるだろう。

ダイレクトマーケティングは、顧客の状況に合わせて顧客を分類し、その顧客のニーズに合致する内容とタイミングで個別に働きかける。「DM（ダイレクトメール）」は同一内容のDM（たとえばバースデーカードの送付やセールの案内）を一律に送付する点で異なる。

ダイレクトマーケティングの手順は、「新規顧客を開拓して「顧客リスト」を作成する、次に獲得した顧客の状況に合わせて分類し、以下の4つの中から最適な方法を選んで個別に実施する。

・顧客の購入単価を向上する（ついで買い〔クロスセル〕を促進したり、グレードアップ〔アップセル〕した商品に乗換えてもらったりする）
・固定客化（定期購入の促進・離脱の防止）
・購入頻度の向上
・休眠顧客の復活

など目的を明確化して実施する。

プロモーションの5つの大別　その5　セールスプロモーション

セールスプロモーションとは、生活者の購買意欲や小売業関係者の販売意欲を高めるための取り組みで、販売促進策を指す。

①生活者向けセールスプロモーション

小売関係者（問屋・卸・小売業）を介して生活者にトライアル購入やお試し購入を促したり、値引きやノベルティ（景品）をつけたりして購入を促進する。

購入を促すキャンペーン、サンプル品の配布（サンプリング）、製品の実演販売（デモンストレーション販売）、値引きセール、店頭での大量陳列、イベントなどがある。

②流通チャネル向けセールスプロモーション

問屋や卸、小売業へのインセンティブ（動機付け）策を指す。売上に応じた報奨金の提供、目標を達成した売場担当者に賞金や賞品の提供、販売コンテスト、店頭での大量陳列コンテスト、バックリベートなどがある。

③社内向けセールスプロモーション

社内営業部門の販売意欲を高め、営業スキルの向上を目的に実施する。店頭での販売マニュアルや接客マニュアルの作成、営業エリア別販売コンテストなどがある。

参考資料

『コトラーのマーケティング入門』フィリップ・コトラー、ゲイリー・アームストロング著、恩藏直人監修　丸善出版
『全史×成功事例で読む「マーケティング」大全』酒井光雄編著　かんき出版刊
『成功事例に学ぶ　マーケティング戦略の教科書』酒井光雄編著　かんき出版刊
『図解と事例で学ぶマーケティングの教科書』酒井光雄編著　マイナビ出版

実務スキルを磨くシミュレーションワークショップ

「販売促進策を立案して実行し、効果測定を行う」という一連の流れの実践

実務で販売促進策を立案し、実行するための手順

実務で販売促進を立案し、実行するためには、以下の手順を踏む。

①年間の販売促進策(以下販促)の予算を検討する

多くの企業では前年実績から販促予算が提示されるが、新たに予算化が必要な場合には費用対効果を踏まえて予算を算出する(図表25)。

②売上目標の設定

・メーカーの場合……販売する小売店の数(業態別)×1日当たりの売上目標(または1日当たりの顧客獲得数)×販促策の実施期間
・小売業の場合……販促策実施期間中の「1日の1㎡あたりの売上高×売り場面積×稼動日数」
・飲食などサービス業の場合……販促策実施期間中の「顧客単価×座席数×1日の回転数×稼働

図25　売上高に占める広告宣伝費の比率

メーカー	花王6.68%、ライオン7.81%、資生堂6.26%
小売業	セブン&アイ・ホールディングス2.75%、イオン2.36%
SPA	ファーストリテイリング4.01%、良品計画1.53%、しまむら2.45%
ドラッグストア	ウェルシアホールディングス2.01%
家電量販店	ヤマダ電機1.84%、ノジマ2.38%
外食	日本KFCホールディングス4.09%

出所：2016年5月から2017年4月の各社有価証券報告書より算出

日数」を参考に目標を設定する。

③販促計画の立案

a　現状把握と、課題と機会の発見

（例）メーカーの場合……自社が置かれている状況を把握し、課題と機会を発見する

・市場規模（全国とエリア別）
・販促策が対象にする事業・カテゴリー別と商品別のメーカー別シェア（全国とエリア別）
・競合動向（全国とエリア別）
・取引先の動向（業態別成長率・取引先成長率・業態と各社の将来性など）

などを分析し、自社の課題と機会を発見する。

b　販促目的の明確化

販促策を実行する目的を明確化する。

（新商品の場合）
・新商品の知名度と認知度の向上
・新商品のトライアル促進
・新規顧客の獲得
・競合商品からのブランドスイッチ促進
（既存商品の場合）
・新たな顧客の開拓
・既存顧客の継続購入促進
・休眠顧客の開拓
・競合他社品からのブランドスイッチ促進
などがある。

また、販促策として売上の向上を前提とする場合には、図表26のように目標を細分化し、より明確化して企画を立案する。

C　販促策の目標を設定する

販促の目的を明確に設定したら、今度は販促策の目標値を設定する。目標値としては、
・売上金額

図表26　目標設定の方法（例）

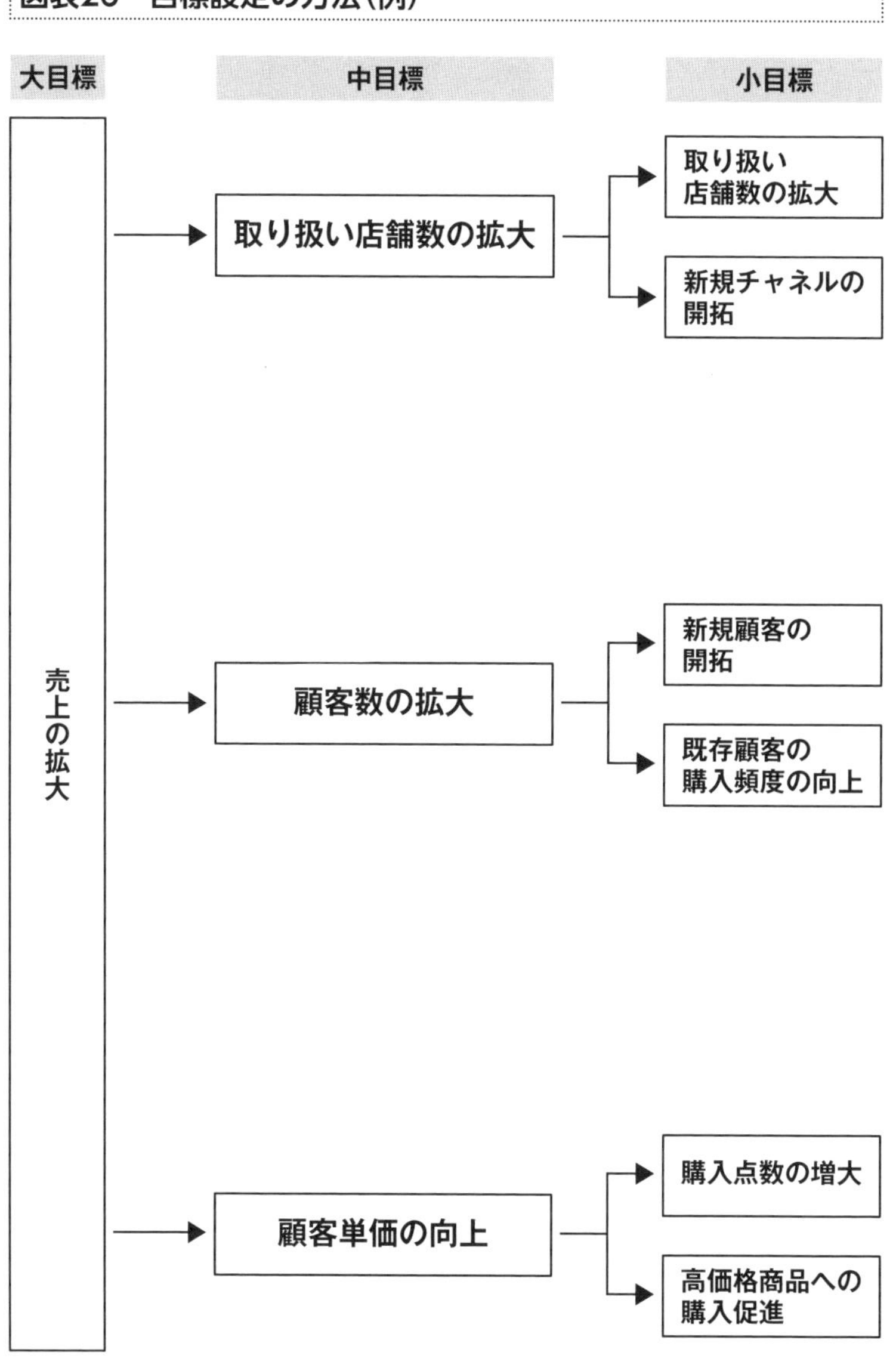

・売上数量
・新規顧客の獲得数
・利益額と利益率

などを使い、達成目標と期限（いつまでに、何を、どう実現するのか）を設定する。

d　重点顧客を抽出して設定する

自社の商品を購入してくれる可能性が最も見込める顧客を抽出するために、セグメンテーションを行う。セグメンテーションは、「年齢」「性別」「職業」「収入」「ライフスタイル」「価値観」「他者への影響度」「自社商品との適応性（商品のユーザーイメージに合致する）」などから行う。

e　販促テーマの設定

抽出した重点顧客層に対して、自社の商品に関心を持ち、購入したくなるテーマを検討して設定する。

販促テーマは

・抽出した重点顧客層の価値観やライフスタイルに合致すること
・「価格訴求」以外にアピールポイントが魅力的であること
・顧客の課題解決や悩みを解消することにつながること
・普段の暮らしを楽しくすることにつながること

・購入したことが正しい選択だと顧客が納得できる理由があること
・年間を通じて販促テーマに一貫性があること

などを勘案する。

たとえば、食品や飲料なら、年間販促テーマとしては「調理時間の短縮」「日常の食卓の演出」「暮らしを楽しむ」の3本を設定し、

・10分でできる日本の四季を楽しむ献立
・アウトドアのスポーツや行楽に便利な「凍らせて飲める飲料」
・子どもたちに人気のお弁当用冷凍食品を使った簡単メニュー
・いつもの食卓をイベントにするバーベキューセット

など、シーズンと月次に個別の販促テーマを設定する。

f　年間販促計画を作成する

全国共通の販促企画とエリア別の販促企画それぞれに、年間の販促計画を目標数値とともに作成する。全国共通事項としては生活歳時（お正月、バレンタイン、母の日、ゴールデンウイーク、夏休み、お月見、ハロウィン、クリスマスなど）、学校行事（入学式、卒業式、受験など）、祝祭日、お中元やお歳暮などのギフトなどがあり、エリア別としては、地域の祭り、スポーツ競技大会日程（競技大会・運動会）などを加味する。

g 効果測定

実施した個別販促策が終了した段階で効果測定を行い、改善すべき点はすぐに改善し、効果が大きかった施策はその範囲を拡大するなど、効果の最大化を目指す。

参考資料
オリコミサービス「販促計画を立てるときの手順」（無料エクセルテンプレートＤＬ）

販売策の立案手順を参考に、自身で年間販促策を立案してみる

ここで紹介された手順を参考に、自社の年間販売促進策を立案してみる。それが完成したら、スーパーや量販店の店頭を訪れ、各メーカーはどのような店頭プロモーションを展開しているかを観察し、その取り組みを学んでみるとよいだろう。

価格訴求型小売店と非価格訴求型小売店の店頭を比較し、店頭プロモーションにどのような違いがあるかを把握すれば、チャネル別にセールスプロモーションを立案する際に活用できる。

PART
6

実行計画に基づく施策の実施

Chapter 14

高品質のサービスを提供しているのに、日本のサービス産業は報われていない

～サービス財のマーケティングは、4P+3Pで考える～

テーマ

融合していくサービス産業と製造業

日本のサービス産業（第3次産業）はGDPの74%（2014年時点）を占め、従業員の雇用シェアでは72.3%（2015年時点）を占める重要な産業に成長してきた。サービス業の中で、国の分類上では「狭義のサービス業」に入る業種は、GDPの2割、就業者数で約3割のシェアになっている。ここに近年シェアが拡大している医療・介護や教育等の産業が含まれている（出典「サービス産業の生産性」（2014年）内閣府、「国民経済計算」内閣府、「労働力調査」総務省）。

狭義のサービス業とは、

・公共サービスは、教育、研究、医療保健、衛生、その他

図表27　各国別サービス産業のGDPシェア

日本	72.6%	中国	48.1%
アメリカ	78.1%	インド	52.1%
イギリス	78.4%	ロシア	60.0%
フランス	78.9%	ベトナム	43.4%
シンガポール	75.0%	韓国	59.4%

・対事業所サービスは、広告業、業務用物品、賃貸業、自動車や機械の修理、その他
・対個人サービスは、娯楽業、飲食店、旅館、洗濯・理容・美容・浴場業、その他
という分類である。

２０１４年の段階だが、経済活動別のＧＤＰを見ると、国が成熟し一人当たりＧＤＰの額が大きい国ほど、サービス産業のＧＤＰに占める比率が高まる傾向にある（図表27）。

労働生産性が低い日本のサービス産業

日本の労働生産性が米国の労働生産性を超えている産業は、２０１０年から２０１２年の平均値で見ると化学と機械だけで、大半の産業は労働生産性では米国を下回っている。アメリカの労働生産性水準を１００％と見たとき、日本のサービス産業は情報通信業が74％、電気・ガスは62・9

%だが、それ以外は50%を下回り、米国の労働生産性水準の半分にも達していない状況である（出典「日米産業別労働生産性水準比較」生産性レポートＶｏｌ．２　日本生産性本部　２０１６年）。

しかし、日本のサービスとアメリカのサービスの品質の差を見ると、日本人・アメリカ人ともにサービス分野（※１）で、大学教育と博物館・美術館以外は、日本のサービスの大部分がアメリカのサービスよりも品質が高いと評価されている（出典「サービス品質の違いに関する日米比較」調査　日本生産性本部２０１７年）。

※1　対象になったサービス分野

タクシー、航空旅客、自動車整備、理容・美容（エステを含む）、宅配便、地下鉄（近距離のもの）、コンビニエンスストア、郵便、遠距離鉄道、病院、洗濯物のクリーニング、レンタカー、配電・配管の補修・管理、不動産業、ファミリー向けレストラン、百貨店、旅行サービス、総合スーパー、ホテル（エコノミー）、テレビ受信サービス、ホテル（中程度）、ATM・送金サービス、コーヒーショップ、モバイル回線のプロバイダー、ハンバーガーショップ、ホテル（高級）、大学教育、博物館・美術館

参考資料

公益財団法人日本生産性本部 生産性総合研究センター「質を調整した日米サービス産業の労働生産性水準比較」生産性レポートNo．6　2018年1月　上記レポート内で引用されたAbe, Fukao, Ikeuchi, and Rao 2017

日本では高品質のサービスを提供しているのに、その品質に見合う対価を得られていないことがわかる。そのため非正規雇用者を増やし、正規社員の給与削減や待遇の悪化という負のスパイラルに陥っているようだ。

製造業のサービス産業化が世界で加速している

世の中からモノがなくなることはない。しかし、それ以上に多様なサービス財が世の中に登場し、製造業の改革とサービス産業化が加速している。世界中で製造業の改革が注目されるようになった背景のひとつとして、「インダストリー4・0」という概念が登場した影響がある。

インダストリー4・0とは、ドイツ政府が2011年に打ち出した概念で、あらゆるものがネットにつながるIoTを使って製造業の革新を目指す取り組みである。生活者のニーズが細分化し、多品種少量生産を効率的に行うことが求められるようになり、物流やエネルギー、働き方も含め社会全体で生産の最適化を図り、シーメンス（ドイツのミュンヘンに本社を置く多国籍企業で、電信、電車、電子機器の製造会社から発展し、現在は情報通信、電力関連、交通、医療、防衛、生産設備、家電製品等の分野で製造とシステム・ソリューション事業などを手がける複合企業）やSAP（ドイツのヴァルドルフに本社を置き、世界に130カ国以上の支社を持って、企業向けソフトウエア〔エンタープライズ、アプリケーション、ソフトウエア〕におけるマーケットリーダーで、企業の基幹システムであるERP分野では世界一）などとともに官民一体で推進している。

ドイツが提唱したインダストリー4・0は、第1次産業革命から数えて4番目の産業革命という意味が込められ、各国政府や企業に大きな影響を与えた。

2012年にアメリカのGE（ゼネラル・エレクトリック）が「インダストリアル・インターネット」という表現で産業の高度化を提唱、2015年には中国が「中国製造2025」を打ち出すなど、各国ともにデータとITを活用した製造業の革新を推進している。

日本は2017年に「日本版インダストリー4・0」として「コネクテッド・インダストリーズ」を発表したが、国全体の取り組みは遅れている（出典 経済産業省『「Connected Industries」東京イニシアティブ2017』2017年10月）（図表28）。

製造業のサービス産業化に登場した新たなビジネスモデル

製造業はこれまで「〝モノ〟を製造し、販売して収益を得る」という仕組みを前提にビジネスを行ってきた。この発想だと収益は販売した時点でしか得られず、継続的に収益を得ることも、顧客との関係を長期間にわたって維持することもできず、修理に代表されるアフターサービスはコストになるという概念が強かった。

しかし、「ドリルを買いに来た人が欲しいのはドリルではなく穴である」（『マーケティング発想法（The marketing mode: pathways to corporate growth）』セオドア・レビット著 1971年ダイヤモンド社刊）の中で、レオ・マックギブナ氏の考えとして紹介され、マーケティング業界の

図表28　日本版インダストリー4.0「コネクテッド・インダストリー」

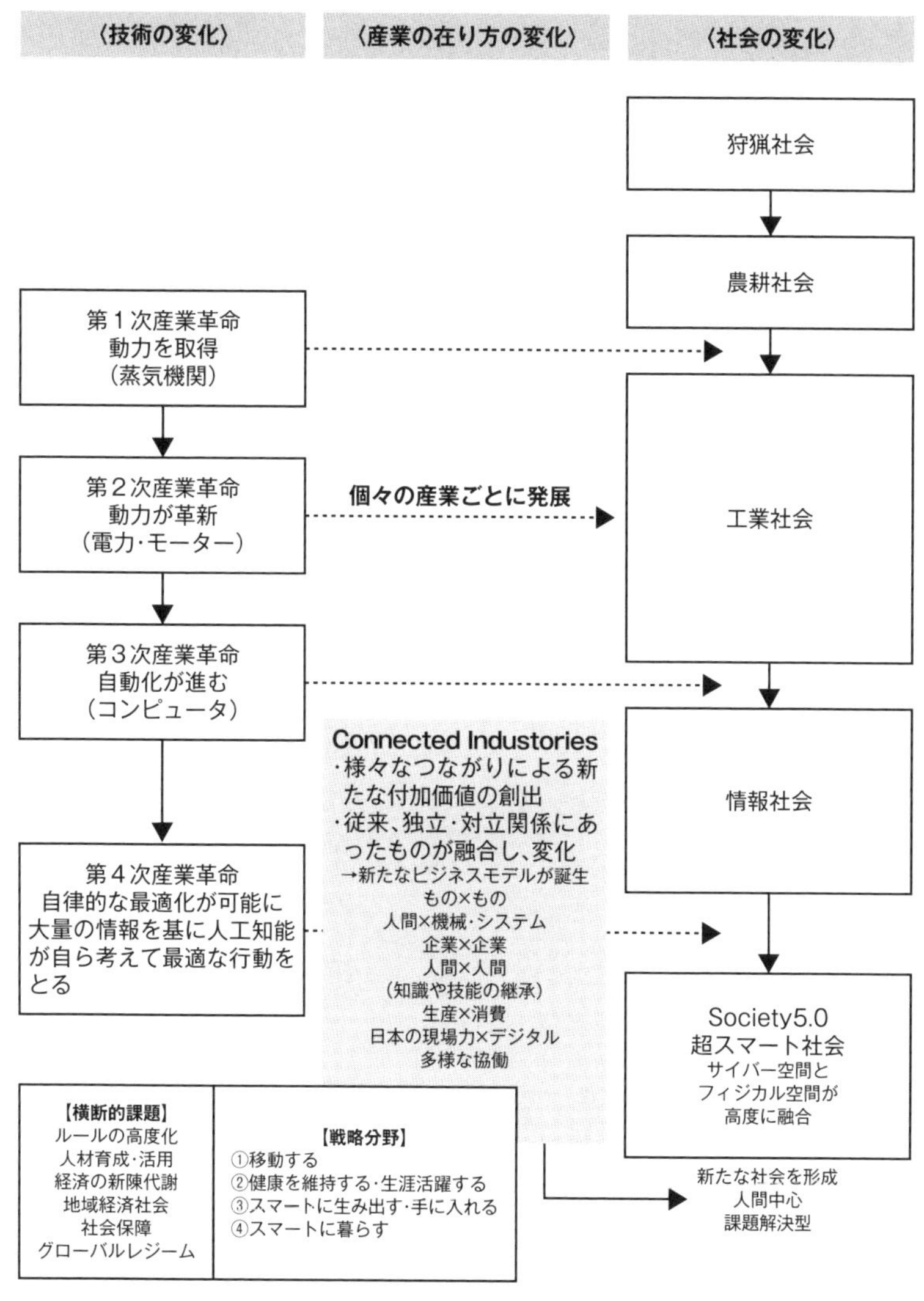

出所：経済産業省『「Connected Industories」東京イニシアチブ2017』（2017年10月）

格言になっている）という言葉どおり、顧客はモノでなく、モノがもたらす効用を必要としていることに着目し、先見性のある製造業はいち早く自社のビジネスモデルを高度化し、サービス化に取り組んでいる。

日本の製造業でサービス化を推進している企業としては、建設機械のコマツや農業機械のヤンマーが代表例である。

「KOMTRAX」というシステムを開発した建設機械メーカーのコマツ

建設機械メーカーのコマツは、建設機械に蓄積される膨大な情報を遠隔で確認できる「ＫＯＭＴＲＡＸ」というシステムを搭載。ＫＯＭＴＲＡＸを通じて、

・建設機械の位置状況や稼働状況
・運転状況を把握した省燃費支援
・オイル交換時期などのメンテナンス支援
・盗難時に遠隔操作でエンジンを止めＧＰＳで場所を追跡
・建機の支払いローンが滞った場合には警告した上で機械を停止
・入手した情報を建機の部品製造企業と共有
・世界の建機の稼動データから世界経済の景気予測と先行指標が可能になり、過剰生産やチャンス

ロス（製品の不足）の防止

といったさまざまな情報をインターネット経由で顧客に提供し、同時に自社で活用している。KOMTRAXによって顧客のリピート購入率を向上させ、新たな有償保守契約などの商品化を実現している。

GPSとIoTを活用するヤンマー

ヤンマーが販売する農業機械には、GPSとIoTを活用した「スマートアシスト」を搭載。スマートアシストは

・農機が稼働制限範囲を越えたらメールで知らせ、盗難を抑止
・稼働診断保守サービスで、カルテに基づいて稼働状況に応じたメンテナンスを提案
・エラー情報通知により、機械トラブルでもエラー箇所を早期に把握
・機械の稼働状況を「見える化」し、効率活用や経営改善につなげる稼働状況を管理
・農機から自動送信される稼働情報をもとに、作業日報作成をサポート
・稼働機情報と連動し、生産履歴を管理

などの機能を提供している。

知識を実務に活かすために

サービス財を理解する

20世紀がモノの時代だとすれば、21世紀はサービスの時代に社会構造が変質してきた。今、私たちにとってインターネットのない暮らしは考えられず、ＧＡＦＡ（グーグル、アップル、フェイスブック、アマゾン）のいずれかを利用し、その恩恵を受けている。

モノがなくなることはないが、それ以上に多様なサービス財が世の中に登場し、製造業のサービス産業化も加速している。最も顕著な動きを見せているのはトヨタ自動車である。トヨタ自動車は「所有」から「共有」に社会の概念が変わり、クルマを持つことから共有して利用するシェアリング社会への移行に対応を始めている

モノを前提に考えられた４Ｐでは対応できない領域が出現してくる。それがサービス財の拡大である。世の中にサービス産業が台頭するようになると、サービス財に応用できるマーケティングが必要になる。

モノとサービスでは、どこに違いかあるか。まずそこから理解する。

モノと違い無形のサービスには5つの特長がある

無形財（サービス）は、有形財（モノ）と違って、以下に挙げる厄介な特徴がある。

・無形性……形がない、見えない、触れることができない
・同時性……生産と消費が同時に行われる
・不可分性……生産と消費を分けることができない
・異質性……品質を標準化することが難しい
・消滅性……保存ができない

有形財のモノを前提に考え出されたマーケティングミックスの４Ｐでは対応できないことが起こるため、４Ｐに次の３視点が考え出された。

サービス財は「4P+3P」で考える

サービス財のマーケティングを行う場合には、前述した４Ｐに加え、以下の３点を加味して検討する。

①参加者（Participants）

サービスを提供する人、サービスを受ける人、その他のスタッフと顧客などがある。

サービス産業で成功している企業は、そこに働く人材のサービス品質が高く、収益性を高めながら、企業イメージとブランドイメージを向上することに貢献している。スターバックスやザ・リッツカールトン、マンダリンオリエンタルなどを体験してみればわかる。

人的サービス（例　接客）が企業価値を決める重要な要素であることを理解している企業は、スタッフのサービス品質向上とそれを維持するために継続的に投資する。正社員か非正規社員かにかかわらず教育研修を実施し、社員満足度調査を恒常的に実施して、自社のマネジメントに反映させる。

日本のサービス産業は価格競争が激しく収益率が低いため、意欲と能力のある人材を獲得する給与条件を満たせずにいる。そのため人材の流出入が激しく、個人の能力に依存したサービスは人材の流出と同時に、サービス品質も霧散するという課題を抱えている。

この問題を解決するのが、画像認識技術とＡＩの運用だ。常連顧客やＶＩＰが来場した際は瞬時に彼らを識別し、スタッフはその情報を共有化できる。個人の記憶力に依存しない、こうしたシステム化の取り組みが今後必須化する。

②物理的な環境（Physical evidence）

サービスを可視化するもの（物的証拠）で、素材・形・照明・色・温度から演出物や演出方法・

保証などがある。

サービスは形がない（無形性）上に、消えてしまう（消滅性）ため、サービスを体験した記憶を残すことが必要だ。そのためにはサービスの「見える化（可視化）」が不可欠になる。

ホテルやレストランのサービス品質を「見える化」する方法としては、建物の外観デザインや内装（インテリア）演出、空間の照明や温度設定、スタッフのユニフォーム、スタッフの常套句（ホテルでスタッフに頼みごとをすると、「my pleasure（喜んで）」と返答してくれる）まである。

③サービスを組み立てるプロセス(Process of service assembly)

方針や手順、生産や納品の管理及びそのスケジュール、教育や報奨制度などがある。

ファストフードでは注文から商品を提供するまでの時間を短縮し、顧客を待たせない仕組みに取り組む。テイクアウトしたい顧客のためにはドライブスルーも生み出した。これは「手順の見直しによる効率化」に該当する。

新たな技術を活用した取り組みとしては、インストアベーカリーのレジカウンターの天井にカメラを設置し、顧客が選んだパンを識別して料金を算出する技術が実用化（株式会社ブレインのベーカリースキャン）され、すでに運用されている。このシステムは、画像識別技術をレジの精算に応用し、トレイの上に載せたパンの種類と値段をカメラで一括識別し、トレイ上のパン約10個を約1秒で精算する。

以上の3つのPを加えた「サービス・マーケティング・ミックス」の7Pで、サービスマーケティングを考えることが必要になった。

サービスを細分化してみる

前述した3Pの概念に続いて、1983年にクリストファー・ラブロック（イギリス生まれでサービスマーケティングのパイオニア）はサービスの分類を行い、縦軸は有形行為と無形行為、横軸は人と物財で区分した。

この区分で明らかになったサービスの領域は、以下の4つである（図表29）。

・人の身体に向けられるサービス
・物財や物的所有物へのサービス
・人の心に向けられるサービス
・無形の資産へのサービス

また、ラブロックは、サービスの特質に関する分類に加え、さらに以下の4つの分類を加えている。

図表29　サービスの分類

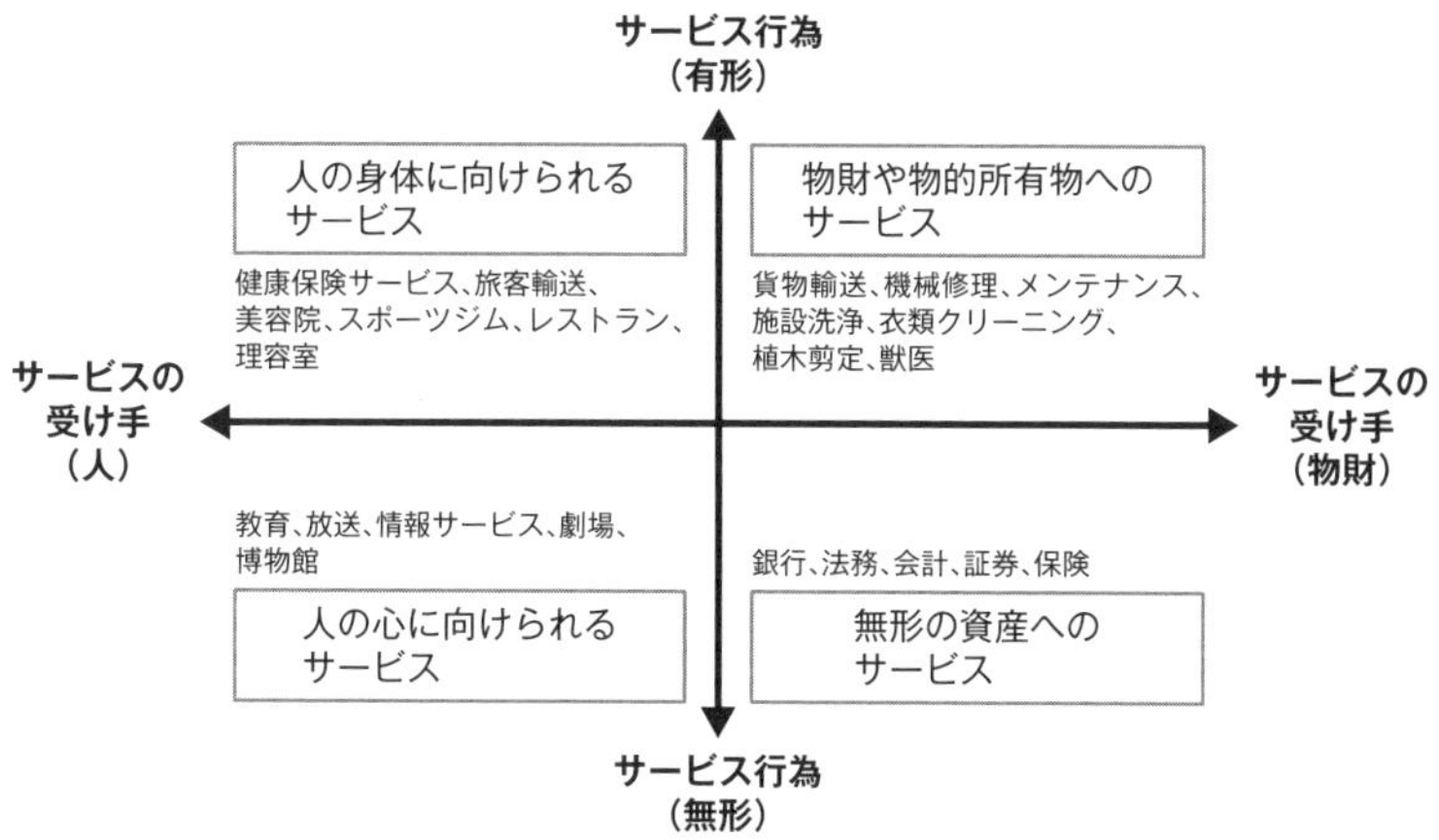

出所：『全史×成功事例で読む「マーケティング」大全』かんき出版

①顧客との関係

・顧客とは会員関係にあるか、それとも形式的な関係はないのか

・サービスが継続的に提供されるのか、それともそのつど単発で提供されるのか

②サービスが提供される際の個別度合と判断力への依存度

・サービスの内容がカスタマイズ（個別化）される程度が高いか、低いか

・顧客の個別ニーズに対して、サービスをする人にその内容を任せる判断基準は高いか、低いか

③サービスの供給に対する需要の変動や特質

・時間の経過によって需要の変動が大きいか、小さいか

・サービスが提供される際に、ピーク時であっても遅れることなく需要が満たされるか、それと

もピーク時にはサービスを提供する能力を上回る需要になってしまうか

④サービスを提供する方法

・サービスを提供する場所は、単一の場所か、複数の場所か
・顧客はサービスを受ける場所や組織（会社や店舗など）へ足を運ぶか、サービスを提供する側が顧客の元に出向くか
・顧客とサービスする側が対面しない取引（郵便、電子通信）か

実務スキルを磨くシミュレーションワークショップ

旅館の再生プランを検討する

日本の伝統的なサービス業として旅館が存在するが、その経営は厳しさを増している。

旅行の形態が団体旅行から個人旅行に変わり、一部屋に何人も宿泊させて利益率を高める旅館の仕組みはもはや通用しなくなった。バブル期に施設の増改築に取り組んだため、金融機関から借り入れた資金により過重債務となった旅館が多く、高齢化による後継者問題も抱えている。

さらに耐震改修促進法（正式名称「建築物の耐震改修の促進に関する法律」２０１３年　国土交通省）により、１９８１年5月31日以前に新築工事に着手した建物と、３階数以上で床面積５００

0平方メートル以上のホテルと旅館は2015年12月末日までに耐震診断を実施し、診断結果の公表が義務づけられた。

これにより、耐震構造に問題がある施設は耐震工事や建替えが必要になり、国も改修工事費用の3分の1までの補助金を拠出する支援策を用意しているが、過重債務の上にさらに費用を負担することは難しい状況だ。

旅館の「所有」と「運営」を切り離す

旅館経営は小規模個人事業主が大半で、旅館経営は、「施設の不動産所有」と「経営と運営」をすべて事業主が行ってきたが、そこに旅館経営の問題が内在していた。一方、外資系ホテルは、「所有」と「運営」を切り離し、他社が所有する建物を活用してホテルの運用を行う経営手法が一般的だった。

この「所有」と「運営」の切り離しに着目し、運営に特化する経営で事業を拡張しているのが星野リゾート（星野佳路社長）だ。同社は1914年に長野県軽井沢に星野温泉旅館を開業した老舗旅館だが、2001年から各地で温泉旅館の再生事業に取り組み始めた。

経営破綻した法人会員制リゾート「リゾナーレ小渕沢」（山梨県）の再建では、3年目に黒字化させ、「白銀屋」（石川県山代温泉）や「湯の宿いづみ荘」（静岡県伊東温泉）といった老舗温泉旅館の再生も手がけている。

この星野リゾートが２０１６年に日本政策投資銀行とともに立ち上げたのが、経営難の旅館やホテルを支援する共同運営ファンド「星野リゾート旅館・ホテル運営サポート投資事業有限責任組合（ホテル旅館リニューアルファンド）」だ。

このファンドは国土交通省の補助金制度を補完し、耐震工事などに伴う費用支援を受けられ、星野リゾートの経営ノウハウも学べるのが特徴である。

このような業界の動きを踏まえて、もしあなたが旅館の事業を継承する後継者だとしたら、どのような経営とマーケティングを実践するだろう。この機会に考えてみてほしい。その上で実際に旅館やホテルを利用し、彼らの取り組みを観察してみよう。

Chapter 15

製造業とサービス業は、やがて融合する

〜サービス・ドミナント・ロジックの基本概念とサブスクリプションを知る〜

テーマ

モノはサービス化し、売り切り販売から利用料課金方法に変わっていく

加速度的に産業のサービス産業化が進む背景には、IT企業の存在がある

コンピュータやデータ通信に関する事業を通じて独自のサービスを提供するIT企業は、開発し提供する商品やサービスを日々高度化させ、時間をかけることなく自社の進化も同時に進めている。彼らのビジネスモデル、開発する商品とサービスの形態、流通チャネル、販売方法、そして課金方法まで、旧来の企業が歩んだ道とは異なり、独自性を発揮している。

ＩＴ企業が送り出す商品とサービスの恩恵により、製造業を筆頭に産業のサービス産業化が進み、そこで新たな仕組みが生まれ、産業構造自体が変質し高度化している。ＩＴ企業が手がける「ＩａａＳ」「ＰａａＳ」「ＳａａＳ」といったビジネスモデルを見れば、旧来型ビジネスとの明確な違いが見えてくる。

①IaaSとは

「Infrastructure as a Service」の略（「イアース」または「アイアース」と呼ぶ）で、サーバーやストレージ、ネットワークなどハードウェアからインフラ（情報システムの基盤）までを提供するサービス事業のことだ。

ＩａａＳのサービス事業を行うのは、アマゾンの「Amazon Elastic Compute Cloud（Amazon EC2）」、マイクロソフトの「Microsoft Azure」、グーグルの「Google Compute Engine（GCP）」など外資系メガクラウドベンダーが中心だ。

②PaaSとは

「Platform as a Service」の略（「パース」と呼ぶ）で、システム開発の支援を手がけるサービスで、システム開発に必要なアプリケーションとＯＳをつなぐミドルウェアやデータベース管理システム、プログラミング言語、ウェブサーバーＯＳといったソフトウェアを提供する。

ＰａａＳのサービス事業としては、各種プログラミング言語を使用してウェブアプリケーションの開発・公開を可能にするグーグルの「Google App Engine」やマイクロソフトの「Microsoft Azure」がある。

③SaaSとは

「Software as a Service」の略（「サース」と呼ぶ）で、これまでパッケージソフトとして提供していたアプリケーションを、インターネット上で提供する仕組みである。デバイスにアプリケーションをインストールせずに、必要なサービスをインターネット経由で利用できる。

ＳａａＳのサービス事業としては、マイクロソフトの「Microsoft Office 365」やグーグルの「Gmail」「Dropbox」「Google Drive」がある。

彼らは情報基盤やプラットフォーム、そしてソフトウェアを生み出し、社会と企業に提供する。それにより、ビジネスの構造や仕組みが大きく変質し、新たな概念とともに新規事業や新サービスが登場してくる。

時代を象徴し頻繁に登場する、「シェアリング（所有から共有・利用）」「ＭａａＳ」（Mobility as a Service の略）「カーシェア」「ライドシェア」「シェアサイクル」「サブスクリプション」「クラウド・コンピューティング」「ストリーミング配信」といった概念や形態も、ＩＴ企業の存在があってこそ誕生した。

「ＩａａＳ」「ＰａａＳ」「ＳａａＳ」は、主に企業のＩＴ部門で活用されるサービス領域だったが、世界の巨大産業である自動車メーカーを巻き込んだ「MaaS」の概念とその仕組みは、「クルマを製造して販売し、収益を上げる」という旧来のビジネスモデルを変質させる。

「MaaS」とは、自動車、バス、電車、レンタカー、タクシー、レンタサイクル、飛行機、そして将来登場する可能性のある乗り物など、あらゆる交通手段が必要に合わせて一体化され、定額料金（定額課金方式をサブスクリプションと呼ぶ）で提供されるサービスを指す。

今、世界の自動車メーカーで「MaaS」に取り組んでいない企業は存在しない。

「製造業」から「サービス事業者」に変わると宣言したトヨタ自動車

日本を牽引する製造業として力を発揮してきたトヨタ自動車が、自社のビジネスモデルの変革にいち早く動いている。

2018年5月の決算説明会でトヨタ自動車の豊田章男社長は、以下のように述べた。

「私はトヨタを『自動車をつくる会社』から、『モビリティ・カンパニー』にモデルチェンジすることを決断いたしました。『モビリティ・カンパニー』とは、世界中の人々の『移動』に関わるあらゆるサービスを提供する会社です。これは、『従来の延長線上にある成り行きの未来』と決別し、『自分たちの手で切りひらく未来』を選択したことを意味します。100年に一度の大変革の時代を、『100年に一度の大チャンス』ととらえ、これまでにないスピードと、これまでにない発想で、自分たちの新しい未来を創造するためのチャレンジをしてまいります」

豊田章男社長はトヨタ自動車の事業をこれまでの「製造業」から「モビリティサービス企業」に変わると宣言したわけである。

トヨタ自動車がサービス事業者に変わる取り組みを象徴し、これからの事業の設計図ともいえるのが、2016年から提唱している「モビリティサービスプラットフォーム」（通称MSPF）という仕組みである。

トヨタ自動車の「モビリティサービスプラットフォーム」の概要

「モビリティサービスプラットフォーム」とは、ライドシェア、カーシェア、保険、レンタカー、タクシーなどモビリティサービス事業を行う企業に対し、トヨタ自動車が開発したモビリティの管理・利用・分析など個別の機能を総合的に提供するシステム全体のことを呼ぶ。

トヨタ自動車は自身がMaaSのモビリティサービス事業者になるのではなく、モビリティサービス専用の車両を提供するスタンスにしていることに注目してほしい。

図表30の一番下にあるDCM（Data Communication Module）とは、2020年から全車に搭載されるデータ通信機器のことで、車両の位置、走行状態、運転者の運転技術などのビッグデータが「トヨタスマートセンター（トヨタ自動車のクラウド）」で管理・分析され、その情報に外部企業がアクセスし、各サービス事業の情報として活用される。

DCMはクラウド（※1）を通じて常に通信が可能（これが絶えずネットにクルマがつながって

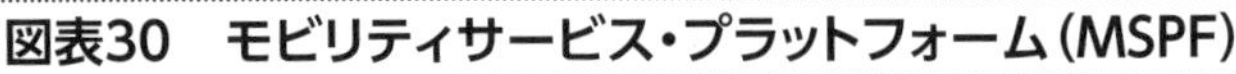

図表30　モビリティサービス・プラットフォーム（MSPF）

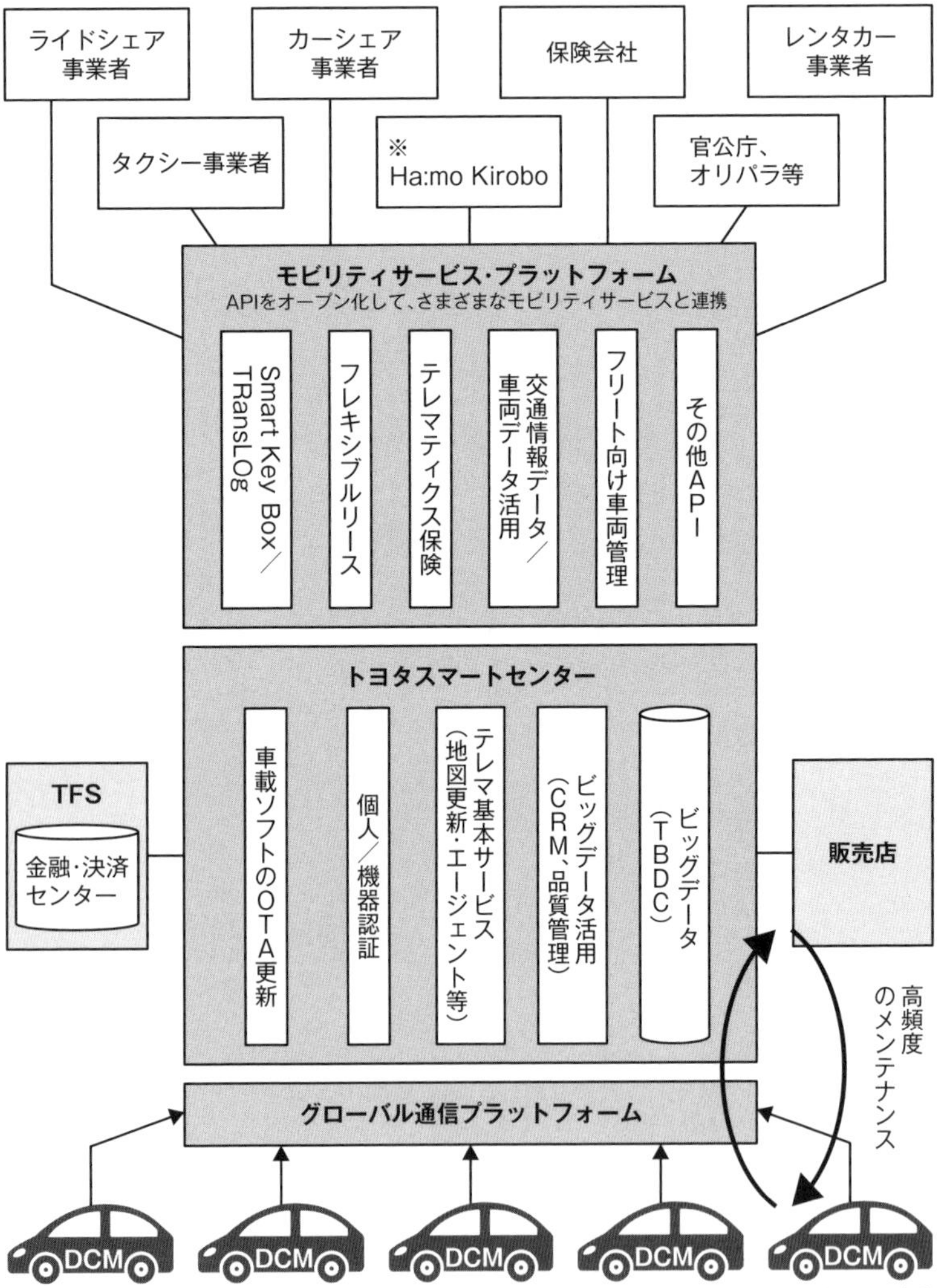

ライドシェア事業者
カーシェア事業者
保険会社
レンタカー事業者
タクシー事業者
※
Ha:mo Kirobo
官公庁、オリパラ等
モビリティサービス・プラットフォーム
APIをオープン化して、さまざまなモビリティサービスと連携
Smart Key Box／TRansLOg
フレキシブルリース
テレマティクス保険
交通情報データ／車両データ活用
フリート向け車両管理
その他API
トヨタスマートセンター
車載ソフトのOTA更新
個人／機器認証
テレマ基本サービス（地図更新・エージェント等）
ビッグデータ活用（CRM、品質管理）
ビッグデータ（TBDC）
TFS
金融・決済センター
販売店
高頻度のメンテナンス
グローバル通信プラットフォーム
DCM
DCM
DCM
DCM
DCM

※Ha:mo ……次世代の交通システム、KIROBO……東京大学先端科学技術センターとロボ・ガレージ、トヨタ自動車、電通が中心となって開発された小型のロボット

出所：トヨタ自動車ホームページ

PART 6 実行計画に基づく施策の実施

いるコネクティッドカー）で、ドライバーの運転技術を補足できるため、すでに運転挙動反映型テレマティクス自動車保険（トヨタ自動車&あいおいニッセイ同和損保）（※2）が2018年1月から販売されている。

※1　クラウド

利用者がサーバーやストレージ、ネットワーク、ソフトウェアを持たなくても、インターネットを通じて、サービスを必要な時に必要な分だけ利用する考え方。クラウド・コンピューティングと呼ばれることもある。

※2　運転挙動反映型テレマティクス自動車保険

「テレマティクス」とは、自動車に通信システムを組み合わせて、リアルタイムに情報サービスを提供すること。「テレコミュニケーション（通信）」と「インフォマティクス（情報工学）」を合わせて名づけられた。この「テレマティクス」を利用する保険が「テレマティクス保険」で、PAYD（走行距離連動型）と、PHYD（運転行動連動型）の2種類がある。走行距離や運転特性（アクセルの開け方・ブレーキのかけ方など）といった運転者ごとの運転情報を取得・分析し、その情報をもとに保険料を算出する仕組み。

今回トヨタ自動車が提供する運転挙動反映型テレマティクス自動車保険は、コネクティッドカーから取得する走行データに基づき、毎月の走行距離と運転特性（速度超過、急アクセル、急ブレーキ）に応じて、保険料割引を適用する。基本保険料と運転分保険料からなるトータル保険料のうち、最大で運転分保険料の80%を割引く。

また、カーシェアに対応し、安全で安心なドアロックの開閉、エンジンの始動を実現するデバイス「スマートキーボックス（ＳＫＢ）」をＭＳＰＦの機能として、アメリカの「Getaround」社と共同開発している。

さらに同社はジャパンタクシーに約75億円を出資し、タクシー向けサービスを共同開発することを発表し、２０１６年には全国ハイヤー・タクシー連合会との協業の覚書を締結している。タクシー向けコネクティッド端末、配車支援システムの共同開発、ビッグデータ収集の協力と協業を目的に、ＭＳＰＦは活用される。

トヨタ自動車のサブスクリプション「KINTO」

トヨタ自動車はＭＳＰＦの取り組みと並行して、サブスクリプションサービスを行う新会社「ＫＩＮＴＯ（きんと）」を２０１９年1月11日に設立（株主構成は、トヨタファイナンシャルサービス株式会社66・6％、住友三井オートサービス株式会社33・4％）し、国内メーカー初の月額定額料金で好きな車を自由に乗り換えできるサービス「ＫＩＮＴＯ」を開始した。ＫＩＮＴＯとは筋斗雲（きんとうん）（「西遊記」で孫悟空が利用する雲の乗り物）のように気軽にいつでもどこでも乗り物を利用できる点をイメージにしている。

生活者の給与が伸びず、年収面から車を購入できない状況が続き、新車販売数が低迷している。月額定額制の制度を導入することで、毎月の負担と購入する費用を減らし、気軽に車に乗ってもらうことを意図している。

近年カーシェアリングサービスの会員数が急上昇しており、若い世代のシェアを獲得する狙いもある。

「ＫＩＮＴＯ」のサービスは、プリウス、カローラ スポーツ、アルファード、ヴェルファイア、クラウンを利用できる「KINTO ONE」と、レクサスES300h、IS300h、RC300h、UX250h、RX450h、NX300hを利用できる「KINTO SELECT」の２つがある。

契約期間はどちらも36カ月で、「KINTO ONE」は同じクルマを、「KINTO SELECT」は６車種のレクサスを６カ月ごとに新車に乗り換えることができる。価格は、「KINTO ONE」のプリウスは月額４万９７８８円から、「KINTO SELECT」は月額19万４４００円である。

「KINTO SELECT」は２０１９年２月６日から、「KINTO ONE」は同年３月１日から東京都内のトヨタ販売店およびレクサス販売店（一部販売店を除く）でトライアルが実施され、２０１９年夏以降に両サービスを全国に展開。秋以降にはサービスの対象車種が拡大される。

参考資料

「トヨタが提唱『モビリティサービスプラットフォーム』（ＭＳＰＦ）とは?」「カーナリズム」２０１８年５月７日

「トヨタ　新会社「ＫＩＮＴＯ」を設立　月額定額サービスを４万円台から開始」「ＭＯＴＡ　自動車ニュース」記事

トヨタのMaaS専用次世代EV

２０１８年1月にラスベガスで開催された「ＣＥＳ２０１８」で、トヨタ自動車はＭａａＳ専用の次世代電気自動車（ＥＶ）の「ｅパレット コンセプト（e-Palette Concept）」を発表した。

これはトヨタ自動車が持つ電動化・コネクティッド・自動運転技術を活用したＭａａＳ専用次世代ＥＶのことで、移動や物流、物販など多様なサービスに対応し、生活者の暮らしを支える「新たなモビリティ」を提供するという考え方だ。

将来は複数のサービス事業者による1台の車両の相互利用や、複数のサイズバリエーションをもつ車両による効率的で一貫した輸送システムなど、サービスの最適化を目指す。サービス事業者のニーズに対応した内装（たとえば、ライドシェア仕様、ホテル仕様、リテールショップ仕様など）を設定し、移動中にサービスを提供するなど、新たなモビリティサービスの創出も想定している。

実用性の高い車両の仕様を検討し、新たなモビリティサービスを実現するモビリティサービスプラットフォームを推進するため、トヨタ自動車は有力企業とのアライアンスも締結している。

モビリティサービスパートナーとしては、アマゾン、滴滴出行、ピザハット、ウーバーテクノロジー、技術パートナーとして滴滴出行、マツダ、ウーバーテクノロジーが参加する。アライアンスパートナーは、サービスの企画段階から参画し、実験車両による実証事業をともに進めていく。

２０２０年代前半にはアメリカをはじめとした様々な地域でサービスの実証を目指し、２０２０

年には一部機能を搭載した車両を、東京オリンピック・パラリンピックのモビリティとして提供する考えだ。

参考資料
トヨタ自動車の企業情報サイト

多くの製造業ではいまだにビジネスモデルの革新と事業のサービス化が遅れている中で、トヨタ自動車のこうした一連の取り組みと変革していくスピード感は、今後の日本企業が目指す先行指標になる。

知識を実務に活かすために

サービス・ドミナント・ロジックとサブスクリプションを理解する

「モノはサービスと一体化し、すべての経済活動はサービスになる

家電製品に代表される日本の製造業が圧倒的な力を発揮していた時代は、「モノ」ありきで、モ

しかし、サービス・ドミナント・ロジックでは、モノとサービスを一体ととらえ、すべての経済活動を行い、マーケティングを展開してきた。

モノ中心のマーケティング（グッズ・ドミナント・ロジック）は、企業が商品を開発して「商品の価値」を顧客に提供し、顧客はお金を支払って「商品価値」を入手する「購入する人」という位置づけである。

企業が開発した「商品（モノ）」に対して、顧客が代価を支払うことで「価値の交換」が行われ、企業は商品の「交換価値」を重視するという考え方でもあった。

そこに登場した概念が、モノとコトを二項対立で考えるのではなく、世の中にあるものすべてがサービスであり、モノを手段としてコト化することによって提供する価値を深めるというのが「サービス・ドミナント・ロジック（THE SERVICE - DOMINANT LOGIC OF MARKETING）」である。

サービス・ドミナント・ロジックは、２００４年に『ジャーナル・オブ・マーケティング』誌にスティーブン・L・バーゴとロバート・F・ラッシュが発表した論文によって提唱された。

サービス・ドミナント・ロジックは、モノとサービスを二極化させて考えるのではなく、モノとともに加味されたサービスも一体化させ、顧客への提供価値として考える。モノが最終的な提供物ではなく、サービスを提供する媒介であり手段だという位置づけである。

マーケティングは「モノ」からその歴史がスタートしたため、サービスという無形財を考えるときには、モノかサービスかを区分して考えることが多かった。企業はモノを製造販売して、そこで対価を得てきた経緯があるからだ。

活動はサービスであり、企業は顧客とともに価値を創造する「価値共創」という考え方になる。
サービス・ドミナント・ロジックは、顧客をモノやサービスを「利用する人」として位置づけ、「使用価値」を重視する。企業はモノづくりではなく「価値づくり」を担う。顧客の果たす役割も過去の消費する人ではなく「価値の生産者」という役割も担うことにもなる。

参考文献
「THE SERVICE - DOMINANT LOGIC OF MARKETING」Robert.F.Lusch&Stephen.L.Vargo
日本マーケティング協会　マーケティング ジャーナル107（2008）
パナソニック・テクニカル・ジャーナル　No．58　2012年10月
招待論文　製造業のサービス化「サービス・ドミナント・ロジック」による考察　一橋大学大学院　国際企業戦略研究所　准教授　藤川佳則
『全史×成功事例で読む「マーケティング」大全』酒井光雄編著　かんき出版刊

IoTによりモノのサービス化が加速していく

モノの時代は、モノが独立し、完結していた。音楽や映画は、CDやDVDというパッケージメディア（モノ）になり、それを生活者は購入（所有）し、AV機器（モノ）を使って再生し、その価値を入手してきた。洗濯機や冷蔵庫に代表される白物家電やクルマもモノとして完結していた。

しかし、日本の家電業界を揺るがす事態が起きる。その先鞭をつけたのがアップルのモノとサービスの融合型ビジネスモデルだ。iPodというモノとiTunesというサービスは一体化しており、iPhoneとApp Storeからダウンロードするアプリ（App Store：２００８年にiPhone 3G発売とともにサービスを開始し、ここから世界中の開発者によるアプリケーションが入手できる）も切り離すことができない融合した関係である。

従来スタンドアローンとして機能していたモノが、インターネットとつながり（ＩｏＴ）（※１）多様なサービス機能が入手可能となって、モノのサービス化が加速していく。家電製品はスマートフォンと連動し、この先はスマートスピーカー（Amazon EchoやGoogle Home）に集約されるかもしれない。

クルマは従来からＧＰＳを使ったカーナビゲーションによる渋滞情報と道路案内、携帯電話の接続による音楽視聴やメール読み上げ機能は存在したが、クルマ自体が外部の通信網とつながる「コネクティッドカー」（※２）になれば、あらゆるモノがオンライン化してくる。

スマートフォン連携ディスプレイオーディオなら、iPhoneを接続すればCarPlayが、アンドロイド機ならAndroid Autoが使える。現在は電話やメール、インターネットラジオとナビ機能だが、普及していけば都度アップデートされ、多様な機能が追加されていく。

※1　IoT

IoTとは「Internet of Things」の略で、「モノのインターネット」という意味で使われる。従来インターネットに接続されていなかった様々なモノ（建物、車、電子機器、センサー機器、駆動装置など）が、ネットワークを通じてサーバーやクラウドサービスに接続され、相互に情報交換をする仕組みだ。モノがインターネットと接続されることで、これまで埋もれていたデータをサーバー上で、処理、変換、分析、連携することが可能になる。

※2　コネクティッドカー
自動車がＩｏＴ化し、快適性と安全性が向上し、センサーとクルマ内部のネットワークに加えクラウドと接続することで、多様な情報サービスを受けられるようになる。コネクティッドカーの市場は、自動運転、安全性向上、車載インフォテインメント（ＩＶＩ）、車両管理、走行管理、ホームインテグレーションなどの分野で発展し、テレマティクス保険も始まる。

課金方法が「所有を前提とした販売」から「利用を目的とした利用料」に変わってきた

製造業はこれまで「モノ」を製造し、販売する際には「売切り」にして「モノ」を所有してもらう「売切り型課金モデル」を採用してきた。この課金方法は、モノを販売した時点で収益を上げることが前提で、販売後に発生するモノの修理やメンテナンスといったアフターサービスは収益でなくコストと認識されていた。サービスで収益を得る発想と仕組みがなかったからだ。

その一方、新聞や雑誌に代表される旧来型情報産業では、「定期購読」という形式で毎月購読料を支払う方法（サブスクリプション（subscription）・定額課金と呼ぶ）が存在していたが、コンテンツやソフトウェアを供給する大部分の企業は、「売切り型課金モデル」を採用していた。

しかし、サービス財の分野で「売切り販売」の見直しが始まる。

アドビはこれまで印刷物やウェブ制作などでプロが使うソフトウェアを、その組み合わせによって14万円から40万円のパッケージで売切り販売していた。それを終了し、すべてのソフトウェアとそのモバイル版を月々４９８０円で使える「Adobe Creative Cloud」というサブスクリプション（利用料として定額課金する仕組み）に変更し、ユーザーに利用権を与える仕組みに変えた。この「Creative Cloud」では、常に各ソフトウェアの最新バージョンが使える。この結果、アドビシステムズは、「Creative Cloud」を開始した２０１２年から２０１４年までの2年間だけで20％以上の新規ユーザーを獲得できている。

こうした動きはセキュリティソフトを提供するＩＴ企業などにも波及し、モノを購入して「所有する」のではなく、サービスを定額料金によって「利用する」方式に移行していく。「Office」を提供しているマイクロソフトも、従来型のパッケージ販売から「Office365」をサブスクリプションへ移行した。

これまで企業はサーバー（情報・サービスを一元管理し送信・提供する機能を持つコンピュータやそのソフトウェアのこと）を「所有」して運用していたが、インターネット上に点在するサーバー群が提供するＩＴ資源を、必要に応じて「サービスとして利用する」クラウドコンピューティング（以下クラウド）が登場すると、次第に普及していく。

クラウドで入手できるサービスは、インフラ機能を利用するＰａａＳ（Platform as a Service）と、アプリケーションソフトウェアの機能を利用するＳａａＳ（Software as a Service）があり、インターネット経由で入手できる。

クラウドサービスを利用すれば、企業はハードウェアとソフトウェアのＩＴ資源を所有しないため設備投資の必要がなく、常に最新のシステムを必要なだけ利用でき、運用の労力とコストを抑えることができる。ちなみにアメリカのＣＩＡ（アメリカ中央情報局）も、アマゾンクラウドを活用している。

映画や音楽、動画も従来の売切り型パッケージや契約者だけが見られるＣＡＴＶから、毎月好きなだけコンテンツを視聴できるサブスクリプションモデルが登場し、契約者を増やしていく。音楽配信サービスの「Spotify」「Apple music」「Amazon Music」、映画や動画の「Netflix」や「Amazon Prime」などが典型例だ。

この流れは製造業にも波及し、自動車メーカーがいち早く対応していく。

ポルシェのサブスクリプション「パスポート（Passport）」は、月額２０００ドル（１ドル１１２円換算で22万４０００円）のLaunchプランでは「７１８ボクスター」や「７１８ケイマンＳ」など6車種が利用可能で、月額３０００ドル（同33万６０００円）のAccelerateプランでは「カイエンＥハイブリッド」や「９１１カレラＳ」「マカンＧＴＳ」などの22車種が選択でき、それぞれメンテナンス・保険・車両税・登録料込みで利用できる。

キャデラックのサブスクリプション「Book by Cadillac」はニューヨーク市内限定だったが、非常に好調なため、ロサンゼルスとダラスでも利用できるようになった。年間18モデルまでを自由に車種変更でき、毎月の価格は１８００ドル（同20万１６００円）である。

フォードのサブスクリプション「キャンバス（Canvas）」は、初回登録料が99ドルで、月に500マイルの走行が可能なプランだと月額429ドルからと利用しやすい料金設定で、サンフランシスコのベイエリアで展開している。対象車種は大衆車「フォーカス」や「フュージョン」、高級車の「リンカーン」、スポーツカーの「マスタング」なども含まれる。ロイター通信（2017年6月8日）によれば、車両にはフォードのディーラーで短期リースに使われていたものを活用している。

ボルボのサブスクリプション「Care by Volvo」は、ボルボXC40（多目的スポーツSUV）を頭金不要で、月額699ユーロ（約9万円）の料金により欧州で利用でき、コンシェルジュサービス・保険・保守・消耗部品の交換・年中無休の24時間カスタマーサポートなど、燃料以外はすべて含まれている。毎月一定額を支払って2年経過すれば、新しいモデルに乗り換えることもできる。

このように製造業のサービス化も「所有」から「利用」に軸足を置き、「売切り型課金モデル」から「定額課金モデル（サブスクリプション）」へ拡張を始めている。

実務スキルを磨くシミュレーションワークショップ

サービス・ドミナント・ロジックにおけるサブスクリプションの価格設定

製造業を中心に「モノ」をつくる企業は、商品や部品の価格を決めて販売する「売切り型課金モデル」を採用してきたため、一度購入してもらった後は「モノ」の買い換え時期が訪れるか、買い増ししてもらうまで収入はなく、また顧客との接点もその間は途絶えていた。

しかし、「サービス」の利用料として定額課金するサブスクリプションでは、「利用1回当たり」「使用時間当たり」「毎月の利用料として」「(クラウドのように)容量当たり」いくらに設定するのか、という考え方に変わる。また契約が始まれば、定期的に企業と顧客は接点を持つことになる。「売切り型課金モデル」と違い、定額課金するサブスクリプションは小額でも定期的に収入が入り、顧客と定期的に交流機会を持てる利点がある。

先行する企業が採用しているサブスクリプションモデルとその価格設定はどうなっているかを見てみる。

ソフトウェアの場合

マイクロソフトは、個人向け「Office 365 Solo」は年間1万2744円で、また従来のパッケージ販売である永続ライセンス「Office Home & Business 2019」は3万7584円、同「Office Personal 2019」は3万2184円で提供している。

法人向けには「Office 365 Business」として年間契約月900円、「Office 365 Business Premium」を年間契約月1360円で提供している。

マイクロソフトの場合、個人向けでは売切り型を残し、法人向けには月額料金のサブスクリプシヨンを導入している。

製造業の場合

①パナソニック

パナソニックは「安心バリュープラン」として、4K有機ELテレビ 55GZ1000（税金込みの現金価格は31万7008円）の5年プランにすると、月々4700円（税込）の支払で5年後に「安心バリュープラン」を更新して（最終回分割金の支払が不要）新しい商品に買い替えるか、買替保証金額（最終回分割支払金）4万3000円を支払ってそのまま使用するかを選択できる（図表31）。

パナソニックの場合、サブスクリプションモデルというよりも従来型の分割払いと5年後の買い替えを加味した課金システムといえる。テレビはソフトウェアのように定期的にバージョンアップして最新の状態を保てるわけではないから、家電製品としては工夫されている。

②いすゞ自動車

いすゞ自動車は、遠隔で車両の運行情報を解析するテレマティクスサービス「MIMAMORI（みまもり）」を展開している。初期導入費用（11万970円／台）が必要だが、初回以降は月額基本

図表31　4K有機ELテレビ55GZ1000の5年プランの支払い例

現金価格合計(税込)	317,008円
分割払手数料	8,115円
第１回目分割支払金×１回	9,523円
第２回目以降分割支払金×58回　4,700円×58回	
最終回分割支払金×１回(買替保証金額)	43,000円
支払総額	325,123円
プラン継続時の実質支払総額(継続すれば買替保証金が不要になるため)	282,123円

＊上記シミュレーションは分割支払回数:60回払、分割手数料(実質年率)1.0%、60回払いの通常分割支払手数料率で試算

図表32　MIMAMORI(みまもり)の料金

初期導入費用(初回のみ導入費用が必要)	
製品仕様(税込)	
・MIMAMORIコントローラー基本キット、MIMAMORIコントローラー ・データトランスファーユニット、通信アンテナ ・デジタルタコグラフ(スイッチタイプ)	110,970円/台
・TDⅡ-44用　デジタコ解析ソフト	10,285円/事業所
利用料金	
基本(税込)	基本サービス972円/台
オプション(税込)	
・インターネットデジタコ	798円/台
・温度お知らせサービス	540円/台
・指定位置外ドア開お知らせサービス	324円/台

サービス料972円（消費税込み）で提供する課金方法だ（図表32）。このサービスでは車両の安全管理や、故障を未然に防ぐ整備を支援する。

「MIMAMORI（みまもり）」のサービスと機能は以下のとおりである。

・運行状況確認や安全確保など、リアルタイムで動態管理を幅広くサポート
・燃費抑制や安全確認といった、エコドライブのトレーニングを効率的に行える
・通信式のメリットを最大限活用し、事務・管理業務の省力化とコスト削減に貢献
・オプションとして自動出力機能など運行管理をさらに便利にする拡張機能サービス

いすゞ自動車の場合は、企業側の視点に立ち、トラックに代表される業務用車両の運行管理と効率的な運用を支援するサービス機能として位置づけ、企業にとって月次の負担が少ないサブスクリプションモデルになっている。

これからの製造業の課金方法を検討してみる

日本の製造業は長らく「売切り型課金モデル」を前提にビジネスを行ってきたが、この方法では以下のようなデメリットがある。

・収入を上げる機会が「販売時」だけになってしまう
・アフターサービスを盛り込んだ商品価格と認識され、その後に発生するメンテナンスや故障への対応は「コスト」になってしまう
・買い替え時期が来るまで、顧客との接点や交流が途切れてしまう➡家電製品の場合には、クルマのように定期点検や車検制度がない

今後製造業の多くは製品を提供するメーカーの役割から、ＩＴを活用したサービス事業者に変質し、製品を提供した後も多様なサービスを提供し続けることになる。ＧＥ（ゼネラルエレクトリック）がソフトウェア企業になると宣言したのは、この点を踏まえてのことだ。

もしあなたが製造業のマーケティング責任者で、「モノ」の販売から「サービス」の利用料として定額課金するサブスクリプションモデルを担当するとしたら、「モノ」をどのような「サービス」として提供する方法を考案するだろうか。また、その場合にはどのようなサブスクリプションモデルを採用するだろうか。この機会に検討してみてほしい。

また「売切り型課金モデル」と違い、定期的に顧客と接点が持てるサブスクリプションを企業が導入した場合、従来の商品開発方法やマーケティングの推進方法を変更する必要が出てくる。

たとえば、商品やサービスの開発は、従来のように「社内で商品開発を行う」発想だけでなく、サービスを定期的に利用しているユーザーから都度フィードバックをもらい、その度にアップデートしていく仕組みも必須化する。

サブスクリプションモデルに最適な商品設計（たとえばメーカーが遠隔操作によりメンテナンスや修理が行える商品、ハードウェアを変えなくてもプログラムを入れ替えることで機能が高度化する商品など）はどうあればいいか。

また、価値を共創するユーザーの声を生かした双方向型マーケティングを展開するために、社内の仕組みをどのように高度化するかについてもこの機会に考えてほしい。

Chapter 16

常識の壁を破る力が、時代を創る

～ラテラルマーケティングとイノベーションの基本概念を知る～

テーマ

世の中を感動させる価値づくり

ダイソンの「エアラップ　スタイラー」が創造したモノ

ダイソンは2018年10月23日に「Dyson Airwrap styler Complete（ダイソン エアラップ スタイラー）」を直販価格6万4800円（税込）で、「Dyson Airwrap styler Volume+Shape 」を同5万9400円（税込）で発売した。

この製品は高速・高圧の気流が物体の側面に沿って流れる「コアンダ効果」現象を活用する。本体に搭載されたV9モーターが回転すると、スタイリングバレル（取り替えができる先端部分）上部に高圧領域ができ、高速の気流がバレルの隙間から本体に沿って噴射され、コアンダ効果を作る設計だ。これによって本体に髪を近づけると髪が自動的にスタイラーに巻きつき加熱することで、ヘアサロンでスタイリングしてもらったような美しい仕上がりになる。

「エアラップ スタイラー」はこれまでのヘアドライヤーやヘアアイロンにはない、画期的な技術と機能がデザイン化された製品として仕立てられており、新たな美容家電として誕生した。

ダイソンが市場に送り出す製品群に共通する因子

ダイソンは1998年に日本に進出し、2004年に日本専用モデルのサイクロン掃除機を投入した。サイクロン掃除機は、吸引力が強いサイクロン機能と紙パックが不要というメリットにより、コモディティ化していた掃除機市場を活性化させた。

続いて2009年には羽のない扇風機「Dyson Air Multiplier（ダイソン エア マルチプライアー）」を投入する。従来の扇風機と違い、回転する羽が露出していないため安全性が高くスタイリッシュなデザインに仕立てられた。

ここでも長年技術革新が行われてこなかったコモディティ市場の扇風機を狙った（この技術は1981年に東芝が特許を取得しており、特許が切れたために使用できている）。

このエアマルチプライアーに暖房機能を加えた「Dyson Hot + Cool ファンヒーター（セラミック

ファンヒーター）」、同じく加湿機能を加えた「Dyson Hygienic Mist（超音波式加湿器）」、空気清浄機能を加えた「Dyson Pure Cool（空気清浄器）」がシリーズ化される。

次にダイソンは、ドライヤーという成熟市場にヘアドライヤー「Dyson Supersonic（スーパーソニック）」を投入する。既存のヘアドライヤーは、ヘッド部分にモーターを取り付けたL字型デザインが大勢を占めていたが、この製品は小型モーターを持ち手部分に搭載し、スタイリッシュでスリムな形状でありながら風量を維持している。

そして２０１９年に「エアラップ スタイラー」を投入した。

コモディティ市場の概念を打破する機能とデザイン、そして価格設定

ダイソンが投入してきた製品群はどれも画期的な機能にデザイン性を発揮し、こだわる人に向けたライフスタイル商品として投入した。彼らは掃除機で培ったモーター技術と気流を活かしたサイエンス、そしてデザイン性によって、商品と市場のイノベーションを実現している。

同社はコモディティ概念に巻き込まれず、独自の商品価値をアピールするため、図表33のような価格帯に設定している。

ダイソンが新製品を投入した市場はどれも低価格製品が溢れ、大手家電メーカーは注力しない市場になっていた。

掃除機なら「アイリスオーヤマ 掃除機ＩＳ‐Ｓ２スティッククリーナー」が２９８０円、扇風機

図表33　ダイソン製品の価格帯

〈掃除機〉

・Dyson 360 Heurist　ロボット掃除機	118,800円
・Dyson V4 Digital Absolute「ボール」キャニスター型掃除機	62,532円
（同タイプのシリーズの最低価格機種は¥32,400）	
・Dyson V11 Absolutepro　コードレス掃除機	75,379円
（同タイプのシリーズの最低価格機種は¥36,050）	

〈扇風機〉

・Dyson Pure Cool　空気清浄タワーファン	62,640円
・Dyson Pure Cool　空気清浄テーブルファン	49,982円

〈ヘアドライヤー〉

・Dyson Supersonic Ionic（ブルー／ゴールド）	64,800円
・Supersonic Ionic（パープルノワール）	50,760円
・Dyson Supersonic Ionic（ブラック／ニッケル）	48,600円

〈ドライヤーとヘアアイロン機能のスタイラー〉

・Dyson Airwrap styler Complete（ダイソン エアラップ スタイラー）	64,800円

＊2019年7月現在の税込価格

なら「山善 扇風機30㎝リビング扇 押しボタンスイッチ 風量調節3段階 タイマー機能付き」が2980円、ヘアドライヤーなら「パナソニック ターボドライ EH5101P-A」が1369円、ヘアアイロンなら「モッズヘア イージー・カール MHI-2552-P」が2980円などという低価格品が大勢を占める市場である。

ダイソンは「デザイン・ドリブン・イノベーション」の推進者

製造業ではデザインの要素が重要な役割を担うようになり、デザインが製造業のイノベーションの原動力になる場合がある。しかし、技術の進化が伴わず、デザインだけが新しくなっても、生活者はそこに製品の意味や価値の進化とは認識しない。

製品のイノベーションは、「技術（テクノロジー）」と「意味（製品を使う理由・意味性）」の両方の変化から生まれるが、製品が持つ「意味」を変化させ、市場で優位に立つ経営手法として「デザイン・ドリブン・イノベーション」（※1）という概念がある。

※1　デザイン・ドリブン・イノベーション
2009年にミラノ工科大学教授のロベルト・ベルガンティが提唱した概念で、『デザイン・ドリブン・イノベーション（ハーバードビジネススクールプレス）』として出版され、邦訳も同名で2012年に同友館から刊行され、現在はクロスメディア・パブリッシングからオンデマンド（ペーパーバック）出版されている。

デザイン・ドリブン・イノベーションは「技術」と「意味」の二つの軸でイノベーションを分類し、従来のイノベーション手法である「ユーザー中心型」や「マーケットプル型」（※2）とは異なり、生活者に製品の新しい使い方を提案する「マーケットプッシュ型」（※3）イノベーションという3つ目の方法を提示した。

※2　マーケットプル
顧客（買い手）が能動的にアプローチするように働きかけるマーケティングをプル戦略と呼ぶ。

※3　マーケットプッシュ
企業（売り手）からの売り込み型のマーケティングをプッシュ戦略と呼ぶ。

生活者が今すぐに使いたいモノを提案せず、テクノロジー・プッシュ・イノベーションを活用しながら「なぜ今の生活に欲しいのか？」という「意味」のイノベーションに取り組み、新たな意味を創出するのがデザイン・ドリブン・イノベーションである。

ベルガンティは、技術者に求められているのは技術の改善ではなく、技術の進化によって意味を変化させることだとも指摘している。

ダイソンが実践する新機能開発と、新たな意味を付与した新製品の投入によるコモディティ市場の活性化策は、デザイン・ドリブン・イノベーションの概念にも一致する。

知識を実務に活かすために

ラテラルマーケティングとイノベーションを理解する

企業が長年かけてつくり上げた「モノを生産し、流通させて、販売する仕組み」は非常に効率がよく、この仕組みが市場で機能している限り、企業のマーケッターは従来の需要対応型マーケティングの方法論を踏襲して仕事に取り組む。

多くの場合、「既存市場」と「今、見えている顕在需要」の分析を行い、そこにわずかでも新しい市場機会を見つけ、最適なマーケティングミックスを立案し実行する。

競合他社と同じ発想起点に立たないことが、新たな価値を生む

マーケティングに携わる人は、社内の分析方法やマーケティングプロセス、過去の方法論、広告代理店など外部企業からの提案書や分析視点、そして必要に応じて参考にする専門書など、多くのことを学習する。

この過程で留意すべきは、自らのマーケティング発想が競合他社のマーケッターと似通らないようにすることだ。

同業他社の担当者もテキストに書かれている理論や手法、そして既存の発想フレームでマーケテ

ィングを考える。そのため誰もが似通った発想になり、マーケティング上の違いや独自性が希薄になってしまう。その結果、競争優位性がなくなり、顧客に支持されず、価格競争に陥る。

ビジネスで成功を収めるには、誰も考えつかなかった発想起点に立ち、仮説を導き出した上で、理論や手法を駆使して環境分析と戦略立案を行い、新たに考え出した市場で勝負することだ。そこで重要なのは、分析と発想のフレームワークをその都度新たな視点で捉えなおし、フレームワークそのものを変えてみることだ。

既存システムが制度疲労を起こしているときや、需要創造型マーケティングを実践する際には、既存販路でなく新規販路の開拓を想定し、既存品とは異なる商品と価格、そして販売方法など新たなマーケティング・プランを策定する。

既存の発想や仕組みが通用しないときこそ、需要創造型マーケティングの視点を持つ

従来のバーティカル・マーケティング（※1）は既存の市場構造を前提としているため、現在機能している資源を最大限有効に活用することに力点が置かれる。

※1　バーティカル・マーケティング
マーケティングのテキストに登場する一般的なマーケティング視点と方法により、過去の方法論を活かして論理的に課題を解決する垂直型（これをバーティカルと呼ぶ）マーケティングのこと。

テキストに記述されているように、分析を行ってそこから仮説を抽出し、アクションプランを策定するという流れを、毎回踏襲しないように心がける。優秀なマーケッターなら最初に「仮説」を立て、そこから分析する場合もよくある。

もしバーティカル・マーケティングに限界を感じたなら、それは市場が成熟して飽和しているか、これまで機能していたビジネスモデルにほころびが生じている可能性がないか考えてみる。

細分化し過ぎたマーケティングへのアンチテーゼとして登場したラテラルマーケティング

社会が成熟しモノが充足されてくると、従来のように顕在化した需要は減少していく。ITやAIを駆使した新たなビジネスが登場し、企業の新旧交代も頻発するようになっている。旧来型のアナログ市場を前提に、市場を細分化しているだけでは、新たなチャンスを見つけられなくて当然だろう。

飽和したマーケットで生き残るには、新たなセグメント（絞り込んだ領域や商品など）を見つけるだけでなく、新たなマーケットを作り出すために非論理的なマーケティング視点に立ってアイデイアを発想することが不可欠になってきた。

こうした経済構造の変質に呼応して、2003年に非論理的な思考で解決策を導き出す水平型（ラテラル）マーケティングの必要を提唱したのが、フィリップ・コトラーとフェルナンド・トリアス・デ・ベス（※2）である。

ラテラルマーケティング（Lateral Marketing）は、『コトラーのマーケティング思考法』（2004年　東洋経済新報社刊）として邦訳されている。

※2　フェルナンド・トリアス・デ・ベス
スペインのビジネススクールESADEとミシガン大学でMBAを取得。ESADEで助教として教鞭をとり、1996年に自身でコンサルティング会社を設立した。ボーダフォン、ネスレ、ダノン、メルセデス・ベンツ、ソニーなどとの仕事をしている。作家としてフィクションも執筆している。

ラテラルマーケティングの3ステップと、水平移動における6つの技法

ラテラルマーケティングでは、次の3ステップと、ステップ2の中で水平移動における6つの技法が提唱された。

〈ステップ1　フォーカス〉

水平思考の対象となるもので、新市場であれば「市場」や「想定顧客」、新製品開発なら「製品」「パッケージ」「ブランド」などにフォーカスする。

〈ステップ2　水平移動〉

常識的な発想や理屈に縛られないように、

・代用　たとえば「代わりになるものがほかにないか」
・結合　たとえば「別の要素を結びつけてみることはできないか」
・逆転　たとえば「今あるものを逆にしてみたり、入れ替えたりできないか」
・除去　たとえば「デメリットをなくせないか」
・強調　たとえば「もっと強くアピールできないか」
・並び替え　たとえば「順序を変えられないか」

という6つの視点で水平思考を行ってみる。

〈ステップ3　連結〉

水平思考で生まれたアイディアを磨き上げ、実現できるレベルまで修正を行っていく。

普段から意識してこうしたトレーニングを行い、創造的な思考や発想力が生まれるように取り組む。

〈ステップ2　水平移動〉で発想する際には、ブレーン・ストーミングを考え出したアレックス・

F・オズボーンが生み出した発想法の「オズボーンのチェックリスト法」を参考にすると、より柔軟に考えられる。

オズボーンのチェックリストには次の9つの視点がある。

①転用する　新しい使い道はないか？　他の分野に当てはめることはできないか？
②応用する　他に似たものはないか？　何かを真似することはできないか？
③変更する　意味や色、働きや機能、音や匂い、様式や型などを変えることはできないか？
④拡大する　より大きくしたり、強くしたり、高くしたり、長くしたり、厚くしたりできないか？
⑤縮小する　もっと小さく、軽く、弱く、短くできないか？　省略したり分割したりするなど、何か減らせないか？
⑥代用する　人や物、素材や材料、製法や動力、利用する場所などを他に代用できないか？
⑦再利用する　要素や型、配置や順序などを変えて再利用できないか？
⑧逆転する　前後や左右、上下や順番、役割などを逆転できないか？
⑨結合する　合体させたり、組み合わせたりできないか？

現在から未来にかけて自社と自社商品がどうなるかを見極める

市場が成熟しているとき、その状況は大きく2つに分類できる。

①市場活性化策が必要な市場と商品・サービス

市場として需要はあるが、業界や商品・サービスにニュース性が乏しく、明らかに市場の活性化が必要になっている市場・業界・商品を持つ企業が該当する。

②既存市場が衰退する可能性が濃厚で、早急に対応策が必要な市場と製品・商品・サービス

既存市場の存在を脅かし、場合によっては既存市場が消滅する可能性がある業界や製品・商品・サービスを持つ企業が該当する。ここに置かれた状況は2つに分かれる。

a　自らの手でイノベーションを起こす企業

自らの手で、既存市場を陳腐化させるビジネスモデルや新技術・新製品によって市場にイノベーション（※1）を起こす企業が該当する。既存市場を破壊するので、異業種からの参入や既存市場で依存度が低い企業がこうした変革を起こす確率が高い。

※1　イノベーション
もともとJ・A・シュンペーター（オーストリア生まれのアメリカの経済学者）が唱えた経済発展論の中心的な概念で、革新または新機軸と訳されている。技術革新の意味に用いられることもあるが、イノベーションは生産技術の変化だけでなく、新市場や新製品の開発、新資源の獲得、生産組織の改革、さらに新制度の導入や新たなビジネスモデルの創造なども含まれる。

b　他社にイノベーションを起こされ、自社の市場が失われるため、その対応が必要になった企業

他社の力で既存市場が陳腐化され、あるいは市場が消滅する可能性があるため、自らもイノベーションを起こして生き残り策を講じる必要に迫られた企業が該当する。

技術の進歩が加速度的に早まり、旧来の仕組みが陳腐化する中で、企業は自らの手で自社のビジネスモデルの変革や革新に取り組むことが喫緊の課題になっている。だがそこに、過去に成功した企業ほど社内のイノベーションを阻む土壌が存在している。

クリステンセンが提唱した、イノベーションのジレンマ

ハーバード・ビジネス・スクール教授のクレイトン・クリステンセンが、1997年に刊行した書籍『The Innovator's Dilemma: When New Technologies Cause Great Firms to Fail（邦訳『イノベーションのジレンマ　技術革新が巨大企業を滅ぼすとき』翔泳社刊　増補改訂版 2001年）』の中で提唱したのが、「イノベーションのジレンマ」だ。

イノベーションには「既存製品の改良改善を進める持続的イノベーション」と「既存製品の存在や価値を否定してしまう力を備え、まったく新しい価値を生み出す破壊的イノベーション」の2つがある。

大企業は持続的イノベーションを繰り返しながら自社の事業を高度化させ、現在の地位を獲得しているため、破壊的イノベーションが後手に回る傾向があると指摘した。

大企業は大規模な事業を展開しているため、新興企業が取り組む新規事業や新技術の市場規模が小さいため、当初は魅力を感じないことが多い。また画期的な事業や新製品でも、既存事業や自社製品と競合し、自社の市場を脅かされる可能性がある場合には、新興市場への参入を躊躇して遅れてしまう場合がある。

他社によって行われた破壊的イノベーションが、これまで存在しなかった新たな価値を創造し、社会で広く認められるようになると、大企業による従来製品の価値は大きく毀損し、結果的に大企業がその地位を失ってしまう事態も起きる。

クリステンセンは大企業があまりに合理的に判断してしまい、破壊的イノベーションの取り組みに遅れる理由を、次の5つの原則にまとめている。

(1)企業は顧客（生活者）と投資家に依存しているため、既存顧客を失うことを恐れ、短期的な利益を求める株主の意向を優先しやすい

(2)イノベーションが起きる初期の段階では市場規模が小さいため、大企業が成長していく条件を

満たすようには思えず、参入する価値がないように考えてしまう
(3)イノベーションの初期段階は不確実な要素が多く、既存市場と比較すると参入する価値がないように見えてしまう。顕在化していない市場を、分析できないと考えてしまう
(4)既存事業を遂行するための組織能力が高まると、異なる事業に取り組めない環境になり、新たな事業に対して組織としての力が無能力化する
(5)既存技術を高めていってもそこに必ずニーズがあるとはいえず、技術の供給が市場の需要を生み出すとは限らないと考えてしまう

さらに2012年11月4日付「ニューヨーク・タイムズ」の「投資家のジレンマ（Capitalist's Dilemma）」の記事の中で、クリステンセンはイノベーションについてさらに深い解説を行っている。この内容は書籍『知の最前線』（2013年　PHP研究所刊）の中でも紹介されている。

①エンパワリング・イノベーション(empowering innovation)

これまでは高性能だが高額な製品・商品を、誰でも容易に扱えて手頃な価格で購入できるようにするイノベーションのことである。

かつてのT型フォード、ソニーのトランジスタラジオ、ＩＢＭやコンパックのパーソナルコンピュータが該当し、近年であれば大企業でしか利用できなかったＩＴが、中小企業も利用できるようになったクラウド・コンピューティング、そしてスマートフォンが該当するとしている。

エンパワリング・イノベーションは、多くの企業や生活者がその商品やサービスを購入するため、市場と企業には製造から販売まで「雇用（仕事）を新たに生み出す」効果がある。

②持続的イノベーション

古い製品やサービスが、新しいものに置き換えられるイノベーションを指す。クリステンセンは持続的イノベーションの事例としてトヨタ自動車のプリウスを挙げている。

同車はハイブリッド車のトップブランドとなり市場を活性化させたが、カムリ（アメリカでのトヨタの人気車種）の売上を失うため、利益はゼロサムとなると指摘している。

持続的イノベーションは現在の企業活動の延長線上にあるため、「新たな雇用（仕事）は生み出さない」。

③エフィシエンシー・イノベーション（efficiency innovation）

既存製品をさらに効率よく製造し、より安価に提供するイノベーションを指す。人的販売に依存してきた旧来の保険会社に対して、オンラインの保険会社がネットとコールセンターによって安価に効率よく保険を販売している例を挙げている。

エフィシエンシー・イノベーションはこれまで人間が行ってきた仕事を合理化するため、「雇用（仕事）を減少」させる。こうしなければより効率化させた海外企業との競争に敗れてしまうからだと指摘している。

クリステンセンは企業活動として理想的なのは、この3つのイノベーションが繰り返し実践されることだと指摘している。

新たな市場と消費、そして雇用（仕事）を生み出すエンパワリング・イノベーションは企業が成長するために欠かせず、持続的イノベーションは競争優位性を発揮するために必要なプロセスだ。

そしてエフィシェンシー・イノベーションを行って雇用（仕事）が消失しても、エンパワリング・イノベーションで雇用（仕事）が創出できるよう、そこに投資する資本をエフィシェンシー・イノベーションが生み出すというサイクルを持つことだと指摘している。

ソニーやパナソニックといった企業は、かつてエンパワリング・イノベーションを実践してきた。しかし、1980年代から日本企業は持続的イノベーションに集中し、さらに1990年代からはエフィシェンシー・イノベーションに終始しているとクリステンセンは指摘している。この指摘は、現在日本企業が抱えている問題の本質を突いている。

成熟期にある市場の現象を踏まえ、取るべきマーケティングを検討する

日本をはじめ先進国では多くの市場が成熟し、短期的な効果しか出ない販売促進策でなく、抜本的な市場活性化策や新市場の創造が必要な時期に来ている。

自社の市場が現在どういう状況にあるかを見極め、現状を冷静に把握するために診断するのが、以下のチェックリストである。

自社の市場で、以下の現象が生じていないかをまずチェックし、どの段階にあるかを把握して、レベルに応じてイノベーションに取り組む。

〈レベル1〉新商品を投入しても市場が活性化せず、商品寿命が短命化している

新製品を投入しても市場と顧客に対するインパクトがなく、市場を活性化させるには至らない。また商品ライフサイクルが以前にも増して短命化している。

〈レベル2〉需要が拡大せず、販売価格の下落が続く

自社の商品やカテゴリーの需要が拡大しないため、販売価格の下落が続く。

〈レベル3〉製品の競争優位性が高まらず、新製品の成功率が低下している

製品に付加機能をつけて競争優位性を発揮しようとしても、顧客から支持を受けず、新製品がヒットする確率が以前より低下している。

〈レベル4〉コモディティ化が進み、競合他社製品との違いがなくなる

市場全体にコモディティ化（価格の安さだけで選ばれてしまう状況）が進み、メーカー間の商品機能に違いがなくなる。

〈レベル5〉生活必需品のため組織小売業から値下げ要求が増え、応じてしまう

生活必需品などは堅実な需要が見込めるため、組織小売業は目玉商品として安売りすることが増え、メーカーも仕方なく値下げに応じてしまう。

〈レベル6〉業界の企業シェアに変化がなく、組織小売業からPBが投入される

メーカー間の市場シェアに変動がなくなり、組織小売業からそのカテゴリーにPB商品が投入される。

〈レベル7〉小売業へのリベートや広告費・販促費が膨らむ

小売業企業へのリベートや広告費、生活者へのキャンペーンなど販促コスト（プロモーション費用）が膨らむ。

〈レベル8〉売上の成長率が低下し、新たな流通チャネルが開拓できなくなる

売上の成長率が低下を始め、新たな流通チャネルが開拓できなくなる。

（成熟期）

〈レベル9〉社員一人当たりの売上が横ばいになる

社員1人当たりの売上が横ばいになる。

（成熟期）

〈レベル10〉売上が減少し、顧客が流出する

売上が減少を始め、顧客が他の製品カテゴリーに流出する。

（衰退期）

〈レベル11〉既存商品が急速に売れなくなる

生活者の嗜好が変わり、既存商品が急速に購入されなくなる。

（衰退期）

〈レベル12〉競争力のない企業が撤退する

競争力のない企業は市場から撤退する。

（衰退期）

〈レベル13〉他企業や他業種から新製品や新サービスが登場し、既存市場が消滅する

新たな製品やサービスが他企業や他業種から登場して市場が刷新され、既存市場が消滅してしまう。

（衰退期）

このステップで、〈レベル11〉までに何らかの手立てを取らないと、企業は自社の市場を失い、その存続が危うい事態を招くことになる。

参考文献
『イノベーションのジレンマ—技術革新が巨大企業を滅ぼすとき』クレイトン・クリステンセン著、玉田俊平太監修、伊豆原弓訳　翔泳社刊　増補改訂版　２００１年
『全史×成功事例で読む「マーケティング」大全』酒井光雄編著　かんき出版刊
『知の最前線』カズオ・イシグロ、ダロン・アセモグルその他、大野和基インタビュー・編　ＰＨＰ研究所刊

実務スキルを磨くシミュレーションワークショップ

「これからどのような人材が、社会に求められるのか」を考えてみる

人手不足が叫ばれている中で、大企業では定年前の早期退職の募集が増えている。２０１９年１月〜６月には上場企業の17社が合計で約８２００人の早期退職者数を発表し、半期で２０１８年を上回ったと報道された（「日本経済新聞」２０１９年７月７日付記事）。

２０１９年１月〜６月に上場企業が募集（または応募）を発表した早期退職者数は、２０１８年の年間の人数（12社４１２６人）の約２倍に上り、このペースが続くと２０１９年は年間で２０１

3年以来6年ぶりの1万人を超える予想だ（東京商工リサーチ調べ）。

２０１９年1月〜6月の17社のうち人数が多かった業界は電機（５社）と製薬（４社）だが、ふたつの業界の早期退職者募集の目的は大きく異なる。

電機業界のジャパンディスプレイ（ＪＤＩ）や富士通は経営再建や経営不振による人員削減だが、製薬業界の早期退職者募集は成長分野に事業を転換するための人員構成の見直しだ。

中外製薬は２０１８年12月期の純利益が2期連続の過去最高を達成しており、エーザイも２０２０年3月期には3期連続で増収増益を見込むほど経営は好調な中で、下した決断だ。

エーザイは45歳以上の約３００人（全社員の９％に該当）が早期退職したが、新卒採用は例年の約40人から１００人規模に増やし、初任給を上げたほか20〜30歳代の給与と昇給率も引き上げている。業績が好調な時期に人員を適正化・再配置し、デジタル化対応と新薬開発に向けた組織の若返り、さらに事業構造の変革に対応する動きとみていいだろう。

企業の人員削減策は、典型的なエフィシェンシー・イノベーションであり、旧来部門の仕事をしている人材の雇用（仕事）は消失する。人材を削減した後、企業はどのような打ち手を用意しているかによって、その盛衰は決まる。また旧来部門で働いていた人材が新たな仕事に従事できるかどうかは、これまでの仕事の取り組み方と自身が磨いてきたビジネススキルに左右される。

本書の読者は、エンパワリング・イノベーションで雇用（仕事）を創出する仕事を行う人材になれるのか。それともエフィシェンシー・イノベーションによって投資する資本を生み出す人材になれるのか。本章の内容を自身に置き換えて、考えてみてほしい。

Chapter 17

企業ブランドに潜む、「ブランドのジレンマ」

～ブランドの基本概念を知る～

テーマ

人の心に忘れられない焼印をつけるのがブランドだ

グローバルブランドは、世界共通の尺度で評価される

世界を市場に活動する企業のグローバルブランドは、インターブランド社（※1）によって毎年評価され（※2）、そのランキングが公表される。財務諸表が公表されてアナリストによる業績予測が可能なことなど、世界共通の尺度で評価されている。

2018年のベストグローバルブランドランキングは、

1位　アップル
2位　グーグル
3位　アマゾン
4位　マイクロソフト
5位　コカ・コーラ

となっており、日本企業ではトヨタ自動車が7位にランクインしている。

※1　インターブランド社

1974年にロンドンで設立された、世界最大のブランディング専門会社。ブランドを「Living business asset（常に変化する事業資産）」と定義し、組織が明確な戦略を持ち、優れた顧客体験を提供するとき、成長がもたらされると考えている。世界17カ国、21のオフィスを拠点に、戦略、クリエイティブ、テクノロジーの組み合わせにより、クライアントのブランドとビジネス双方の成長を促進する支援を行っている。

※2　その評価方法

インターブランドのブランド価値評価手法は、「財務力」「ブランドが購買意思決定に与える影響力」そして「ブランドによる将来収益の確かさ」という観点からみたブランド価値の評価である。証券アナリストが事業の価値を分析・評価するのと同じように「将来どれくらい収益を上げると予想されるか」という視点に基づいて、ブランドの価値を分析・評価する。ブランドの金銭的価値測定のための世界標準として、国際標準化機構（ISO）からISO10668の認定を受けている。

ブランド力を強化して得られるメリット

インターブランドが対象にするグローバル企業はもとより、中堅中小企業でもブランド力があるかないかで、その経営内容は大きく変わる。企業がブランド力の向上を目指すのは、それなりの理由がある。また、ブランドは企業だけでなく、顧客（生活者）にとっても、次のような存在する意味と役割がある。

①顧客が求めている企業・商品・サービスを識別して、特定し、入手できる

数ある企業・商品・サービスの中でブランド（固有名詞）が存在し、そのブランドについて知識や情報、ブランドイメージなどを顧客が理解し、好ましい情報だと記憶していれば、自分に最適な企業・商品・サービスを識別して、特定し、入手することができる。

たとえば、店頭に普通名詞（牛乳・卵・海苔など）の商品がばかりが並んでいると、顧客はどれが自分に最適な商品なのか識別・特定ができない。商品間に差がないと思われると、価格の安さだけで選ばれてしまい、典型的なコモディティ商品になってしまう。

個別商品名は、識別はできても、その商品について想起するイメージや知識・情報がなければ、競合他社品との違いが顧客に伝わらない。一方、ブランドになっていれば、その企業や商品について知識や情報、ブランドイメージを顧客が持っているので、そのブランドを選んでもらえる確率が

高くなる。

②顧客自身が納得し、選択するための拠り所になる

どのような考え方を持つ企業が、どのような背景と視点から取り組んで生まれたブランドなのかが顧客に理解されていれば、顧客は納得した上でそのブランドを選ぶことができる。

たとえば、この企業ブランドや商品ブランドなら「間違いない」「信頼できる」といった「品質保証」の役割を果たし、顧客が企業の考え方（企業理念や企業哲学）に共感し、他社にない機能やデザイン性を備え、すでに好ましい人たちが顧客層になっているなら、高価格でもそのブランドを納得できるといった拠り所になる。

③自身の考え方や価値観と共鳴し、自身を代弁する存在や意味づけになる

顧客の人生観・価値観・考え方などとブランドの概念が一致し、あるいは共鳴できるものだと、自分自身を代弁する存在としてブランドを選び、自分を意味づける役割を果たす。

たとえば、環境に配慮したブランドを愛用している人は、自身が環境に配慮していることの証しになる。子供の健康を何より重視している人なら、自身と共通の概念とポリシーに基づいて安心安全で健康に暮らすために生まれたブランドを選ぶことが増える。

④顧客になることで、自身もブランドに貢献できる

ブランドは企業だけがつくるものではなく、時には顧客が参加してブランド資源を増やしたり、ブランド価値を高めたりして、顧客もブランドイメージの向上に貢献できる。

ブランドを熱烈に支持する人なら、そのブランドを他者に推奨してくれる。またブランド価値を向上させるための助言や協力を惜しまない人が生まれ、企業のサポーターになってくれる。

⑤そのブランドの生い立ちや経緯、歴史が顧客を魅了する

ただ単にモノやサービスを供給するのでなく、モノやサービスが生まれた背景や経緯、ブランドが誕生してから今日に至る歴史に物語としての魅力があればあるほど、顧客は魅了され、ブランドを通じてその物語を共有しようと考える。

次に企業にとってのブランドの役割は以下のようになる。

①競合他社との差異化・信用保証や顧客との約束になる

ブランドが誕生した背景や意味、社会に果たす役割などが生活者に理解され、好ましく思われていれば、他社に対して優位性を発揮できる。また企業が生活者に対して約束する内容が明確であれば、信用保証になる。

他のメーカーでなく、このメーカーのモノがいいという判断基準にしてもらえる。

かつてハーレーダビッドソンは、オートバイに乗るのではなく、ハーレーダビットソンに乗る意味を訴求した。

②顧客のロイヤルティ向上による長期的で安定的した売上と経営の実現

生活者が顧客になり、そのブランドを継続購入してくれると、企業は長期的に安定した売上を確保でき、経営が安定する。何代にもわたって愛されてきた日本の老舗ブランド（たとえば、室町時代後期の京都で創業し5世紀にわたり和菓子屋を営む「とらや」）などはこの典型である。

③価格競争に巻き込まれず、独自の価格設定が可能になる

顧客が何も想起せず、情報も知識も持たない普通名詞の企業・商品・サービスはその良さがわからないため、「価格の安さ」で選ばれてしまう。想起される情報や知識、イメージが多いブランドになると、普通名詞の企業・商品・サービスの価格に縛られることなく、独自の価格設定（多くはプレミアム価格）が可能になる。

④顧客の固定客化を目指せる

顧客がそのブランドを好きになると、単なる顧客からファンになり、そしてサポーターになってくれる。さらにそのブランド価値が一過性のものでなく、時代を超えた一貫性と永続性を備えていると、親から子、そして孫にまで伝承され、強固な顧客基盤をつくれる。

箱根宮ノ下の富士屋ホテルや日光の金谷ホテル、俵屋旅館、山本海苔店、なだ万、竹葉亭、野田岩などの企業ブランド、カルピスや森永ミルクキャラメル、味の素、三ツ矢サイダーといった商品ブランドは、100年を越えて愛されてきたブランドだ。

⑤プロモーションやコミュニケーションのコストを効率化できる

セルフ販売を前提とした大企業の商品は、マスメディアに大量の広告を投入して商品名の知名度と認知度を高める取り組みを行うが、ブランドとして認められ存続しているものは限られる。

一方、ブランド価値が高いとマスメディアによる広告を投入しなくても、ブランド資源が豊富だとクチコミやネット、SNS、映画などで取り上げられ、知名度と認知度は向上していくため、プロモーションやコミュニケーションのコストを効率化できる。

スターバックスはテレビなどマスメディアを使った広告を行っていないが、その知名度と認知度は高く、競合他社より商品価格が高くても顧客に支持されている。

⑥企業の求人力が増す

企業のブランド力が増すと、そのブランドを理解する人が社会に増え、企業の人材確保が容易になってくる。

このようにブランドには生活者と企業双方に、存在する意味と役割がある。

企業における〝ブランドのジレンマ〟

企業のブランドは一朝一夕にでき上がるわけではなく、ブランド力が高まったからといって、そのままにしていては、その価値は低下していく。時間をかけて生み出したブランド価値と資源も、不適切な対応や事故により、一瞬で毀損することはよくある。

企業のブランド価値が向上すると、前述したように企業の求心力が高まり、人材採用が有利になるメリットがある。しかし、その一方で、先人が長年かけて創造したブランドにひかれて入社してくる人材だけが増えると、以下のような厄介な問題が起きる。

・先人がつくり上げた権威や付加価値に魅了されて入社したけれど、自分たちの手で新たなブランド資源を生み出す意欲や能力に乏しく、新たな価値を生み出せず、言われた作業だけをする人材が増える
・会社のブランド価値を、自分の価値と勘違いし、企業ブランドの権威にすがる人材が出現する
・知名度だけで入社する人材が増えると、自社のブランド価値を理解せず、自社商品を愛用しない社員やその家族が出てくる
・自身がブランドの伝道者的役割を果たさない人材が増える
・ブランド価値の重要性を認識せずに、社外でネガティブな発言や行動をする人材が出現する

こうした人材が増えると企業の付加価値は高まらず、社会を感動させる商品やサービスが生まれにくくなっていく。企業のブランド価値の低下は、企業の衰退にもつながる。ブランドの価値は、社員がぶら下がるものではなく、顧客を魅了する資源である。しかし、「大企業志向」や「安定志向」で「でき上がった権威に擦り寄る」人材は、企業にとってはブランドを殺す人（マーダー・オブ・ブランド・アセット　略すと別の意味でのＭＢＡになる）になりかねない。

これが企業における〝ブランドのジレンマ〟である。

知識を実務に活かすために

ブランドを理解する

ブランドの定義

ブランドの語源は、ノルウェーの古ノルド語から派生したとされ、自分の家畜を識別するため、家畜に焼印をつけることから始まるとされる。

コトラーは、「ブランドとは、個別の売り手または売り手集団の財やサービスを識別させ、競合する売り手の製品やサービスと区別するための名称、言葉、記号、シンボル、デザイン、あるいはこれらの組み合わせ」と説明している。

わかりやすく解説すると、「自社（企業・商品・サービス）と他社とを識別し、区別する要素」となる。近年は企業や団体だけでなく、個人でもブランド化（その人固有の価値づくり）する必要性が指摘されている。

ブランドの資産価値計上（企業会計上の無形資産）が認められた

１９８０年代に企業のＭ＆Ａ（mergers and acquisitions の略で合併と買収の略）が頻繁に行われるようになると、ブランドは単なる商品名・記号・マークだとするこれまでの概念から、競合他社に対して自社の商品やサービスが優位性を発揮し、有利な条件で取引する上で役立つ資産価値を有するとして、企業会計上の無形資産（intangible asset）として計上しようという考えが登場した。そして１９８０年代にサッチャー政権下のイギリスで、ブランドの資産価値計上が認められることになった。

ブランドの種類

ブランドには様々な種類があり、それぞれの位置づけを把握しておく。次のような分類が一般的である。

①ナショナルブランド（NB）

メーカーが全国規模で展開する商品ブランドのことを指す。消費財ならアサヒビールの「スーパードライ」、花王の「アタック」、日清食品の「カップヌードル」、耐久消費財ならトヨタ自動車の「クラウン」、ソニーの「PlayStation」などが代表的である。

②プライベートブランド（PB）

流通業や卸売業が自社で販売する商品を、自社オリジナルの名称をつけて製造する商品ブランドを指す。ＰＢはメーカーに委託生産して製造する。セブン＆アイ・ホールディングスの「セブンプレミアム」が代表例だ。

③ライセンスブランド

他社が持つブランドに使用料を支払って、自社商品に使用させてもらうブランドを指す。ディズニーのキャラクターを使った三菱ＵＦＪ銀行の「ディズニーキャラクターカード」や「ポケモン」のショルダーバッグなどのキャラクターグッズが該当する。

ブランド管理を適正に行わずにライセンス供与を続けていると、ライセンスを所有する企業のブランド価値が毀損する場合がある。

④デザイナーブランド

デザイナーの名前をブランド名に冠して展開するブランドを指す。クリスチャン・ディオール、シャネル、イブ・サンローランなどが代表的だ。事例に挙げたデザイナーはすでに亡くなっているが、ブランド名として今も顕在である。

⑤ノーブランド

ブランド名を冠することなく、普通名詞で流通させている商品を指す。「豆腐」や「もやし」に代表される食品、ハンガーやほうきなどの日用品に多い。

企業は自社のブランドを階層的に分類して、活用している

企業は自社が目指す目標を達成するために、独自のブランド戦略を構築する。それはブランドをどのように使い分けているかをみればわかる。

①企業ブランド(コーポレートブランド)

企業名をブランドにしたものを指す。個別ブランドでなく、企業ブランドを押し進める典型的事例はメルセデス・ベンツやBMWだ。効率的にブランドの訴求を行える。

近年はマツダがこの方向にシフトし、「アクセラ」がフルモデルチェンジを機に「マツダ3」に、

「アテンザ」が「マツダ6」に変更された。日本で採用してきた個別車種名を廃止して海外での名称に統一する目的は、個別車種名でなく企業ブランドとして選択してもらうためである。

②マスターブランド

企業の事業単位や複数の商品カテゴリーをまとめて設定するのがマスターブランドである。ファーストリティーリングの「ユニクロ」、良品計画の「無印良品」が代表例である。

③サブブランド

企業ブランドやマスターブランドに、個別ブランドを結合させたブランドを指す。アサヒビールの「アサヒスーパードライ」が好例である。

④個別ブランド

ひとつのカテゴリーの中に複数の商品を投入する際に、それぞれの商品に個別のブランドを冠することを指す。ドイツ車とは対照的に日本の自動車メーカーが採用している方法で、トヨタ自動車のセダンカテゴリーなら「クラウン」「カムリ」「プリウス」「プレミオ」「カローラ　アクシオ」「ＭＩＲＡＩ」が個別ブランドになる。

自動車業界では長年個別ブランド展開を続けているが、個別ブランドごとに知名度と認知度を上げる必要があり、コミュニケーションコストがかかる。そこで、トヨタ自動車は「レスサス」ブランドを立ち上げ、クルマのカテゴリーブランドからディーラーのストアブランドまで統一し、「レクサス」ブランドとして使用している。

ブランドには資産価値がある

ロゴやコーポレート・アイデンティティ（Corporate identity）（※1）なども含め、ブランドという概念でその資産価値を高めることを提唱したのが、カリフォルニア大学バークレー校教授のデビット・A・アーカーである。

※1　コーポレート・アイデンティティ（Corporate identity）
企業がブランドのあるべき姿を決め、その姿に基づいて企業の文化や特性・独自性を統一されたイメージやデザイン、企業メッセージによって発信し、企業の存在価値を高めていく方法。

アーカーは1991年に刊行した『Managing Brand Equity』（邦訳『ブランド・エクイティ戦略　競争優位をつくりだす名前、シンボル、スローガン』ダイヤモンド社刊）の中で、ブランド・エクイティ（ブランドの資産価値）のコンセプトを解説した。

ブランド・エクイティとは「ブランド名やシンボルと結びついたブランド資産とブランド負債の集合であり、製品やサービスの価値を増減させるもの」だとし、さらに「企業や顧客に対して、商品やサービスを通じて提供される価値の源であり、ブランドの無形資産から負債を差し引いたもの」だと定義した。

　アーカーは、ブランドの価値を算出するために、エクイティの要素を次の5つに分類している。

①ブランド・ロイヤルティ（ブランドへの忠誠度）

　顧客（生活者）がそのブランド（企業や商品）に対してどれだけ継続購入してくれるかというブランドへの忠誠度のことで、ロイヤルティの高い顧客が多ければ多いほど、企業の売上と利益は強固になる。

②ブランド認知

　そのブランド（企業ブランド・商品ブランド・サービスブランド）の名前をどれだけの人が知っているかという認知度のことで、認知度が高いほどブランドは有利になる。

③知覚品質

　顧客がそのブランドの品質をどれだけ評価しているかという度合を意味し、知覚される品質（評価）が高いほど購入につながる力が強くなる。

④ブランドイメージ（ブランド連想）

ブランドを思い浮かべると、顧客の脳裏に好ましいイメージや印象など、プラス面の要素が連想されることを意味する。ブランドを連想する因子には、ブランドの属性（性質・特徴）、ブランドのベネフィット（利益・恩恵）、ブランドのパーソナリティ（持ち味・個性）などがある。

⑤他に所有するブランド資産

特許や商標といったブランドに関する法的な所有権が該当する。

アーカーは以上の5つの要素を測定して財務的に評価すると、ブランド・エクイティになるとした。

コモディティ化を阻止し、企業の価値を高めるには、ブランド力を向上させる

ブランドに対する認識が高く、その価値を理解している企業は、高品質な商品をつくるだけでなく、強いブランド力を発揮し、ブランド資産を増やせるように事業活動を行う。

社会が成熟すると、あらゆる商品・サービスがコモディティ化（価値でなく価格で選ばれる商品になること）していく。コモディティ化を阻止するために、企業はブランド力とその価値を高め、たとえ価格が高くても購入し利用してもらえるように努める。

強いブランドとは圧倒的な競争優位性を企業にもたらす。その一方で、企業はブランド価値を高める活動に継続的に取り組むことが不可欠になる。

参考文献

『ブランド・エクイティ戦略　競争優位をつくりだす名前、シンボル、スローガン』デビッド・A・アーカー著　1994年　ダイヤモンド社刊

『全史×成功事例で読む「マーケティング」大全』酒井光雄編著　かんき出版刊

ブランドを創造する手順

続いてブランドを生み出す方法とその手順について、簡略に説明する。

〈ステップ1〉現在と未来を視野に入れて環境分析を行う

まずマクロ環境を把握するためにPEST分析を行い、社会の潮流を把握する。社会の流れに逆行するのでなく、社会を味方につけるためである。

次にミクロ環境を把握するファイブフォース分析を行い、現在と未来に向けて業界の構造がどうなるかを把握する。続いて市場環境を把握するため3C分析を行い、競合他社にはない自社の強み

を活かし、生活者に対してどのような新たな価値を提供できるかを検討する。このとき、自社の現状に即した価値づくりかどうかも判断する。ここまでの取り組みは通常のマーケティング作業と変わりはない。

〈ステップ2〉ブランドアイデンティティを策定する

次にブランドの根幹をなすブランドアイデンティティを策定する。ブランドアイデンティティとは、社会と生活者に対して「ブランドが目指す姿」であり、「ブランドが一貫して守るべき姿勢であり哲学」という意味だ。

このブランドアイデンティティがコミュニケーションで用いられるすべての表現（ブランドの説明・サブライン・広告やサイトのコピーなど）の根幹を担う。

〈ステップ3〉ブランドが社会と顧客に提供する4つの価値を設定する

ブランドが社会と顧客にどんな価値を提供できるかについて、次の4つの要素について価値づくりを行う。

①実利的価値

事業や商品・サービスについて、「品質」「機能」「使い勝手」など実利的な要素を検討する。日本企業はこの価値づくりには注力するが、以下の要素を加味しないため、競争優位性を長く発揮できないことが多い。

②感性的価値

ブランドの「デザイン」「ブランドのイメージ」などが、顧客を魅了する感性的価値に昇華できるかどうかを検討する。

③情緒的価値

顧客がそのブランドを通じてどのような「経験」や「体験」が実現するのか。あるいはどのような感動を「実感」できるかについて検討する。

④共鳴価値

そのブランドのアイデンティティ・哲学や価値観が、顧客を共鳴させる概念になっているか。そのブランドは顧客の自己実現に貢献し、社会に貢献する価値を備えているかについて検討する。

〈ステップ4〉ブランドの人格・個性(パーソナリティ)を設定する

そのブランドを人間に例えると、どのような人格と個性を備えるべきかについて検討する。いかに偏差値の高い大学を卒業しても、上から目線の人格では人から愛されないように、ブランドも人と同じように愛される人格と個性はどうあるべきかを考える。

プレミアムブランドの性格が「冷たく」「高圧的」「排他的」ではよい印象を与えないから、「温かく」「人を魅了し」「包容力がある」といったキャラクターの要素を加味する。しかし、「万人受け」を狙い「顧客に迎合」する発想に陥ると、ブランドの魅力は霧散する。

〈ステップ5〉ブランドのビジュアルアイデンティティを設定する

ブランドの魅力を目で見て感じられる要素をつくるために、ビジュアルアイデンティティを策定する。ブランドの価値を視覚的要素から伝わるようにするためだ。ブランドの人格・個性に相応しいビジュアルアイデンティティを決めて実行する。

・ブランドカラー
・ロゴやマーク
・ブランドビジネスで使用するツール（サイトデザインから手提げ袋まで）
・店舗の内外装デザインやスタッフのユニフォーム
・使用する車両のデザイン

など顧客の目に触れるモノはすべてデザインに一貫性を持たせ、統一する。

〈ステップ6〉ブランドを投入する市場・カテゴリー・重点顧客層を設定する

自社の強みや置かれている環境、競合との差異、顕在化したものだけでなく、顧客の潜在的なニーズまでを探り、ブランドを投入する市場・カテゴリー・重点顧客層を設定していく。

この取り組みは〈ステップ2〉から〈ステップ4〉と同時期に行っても構わない。順序はあくまでも目安である。

この段階で想定する顧客イメージを具体的に把握できるように顧客のイメージ像（ペルソナ）を設定することもある。描かれた顧客像がどのような価値観に基づき、どんな生活を過ごしているかをスタッフで共有するためだ。

〈ステップ7〉ブランドのポジションを設定する

想定した顧客層のインサイトを行い、潜在している意識や本音、ニーズなどを把握し、ブランドが想定顧客の暮らし（B2Bの場合は法人の活動）の中で果たす役割について検討する。

「新機能を搭載したから買い替える」「話題になっているから試してみる」というポジションでなく、「そのブランドでなくてはならない理由」「代替ができない魅力」をどう実現できるかを考え、ポジショニングマップなどで可視化させる。

〈ステップ8〉ブランドのマーケティングミックスを検討する

モノであれば4Cと4P、サービスであれば7Pを参考に、ブランドを登場させてから定着させるまで、その価値が時間の経過とともに膨らんでいくように、マーケティングのシナリオを描く。顧客の目に触れる広告表現やサイトやリーフレットに至る文章表現などは細部にわたって検討する。

また、マスメディアを使った大規模な広告投入といった過去の方法論に固執せず、ブランドが意図する価値観をいかに想定顧客に伝え、選択してもらえるかについて、ネットなどすべてのメディアを視野に入れて最善策を立案する。

プロモーションを立案する際には、販売促進視点だけでなく、「経験価値」「体験価値」を実感してもらえるプランも必ず加える。たとえば、リアルなら体験イベントであり、バーチャルならＶＲ（バーチャルリアリティー　仮想現実）を使った疑似体験を用意するといった視点である。

〈ステップ9〉経営陣がブランドのマネジメントを行う

企業・事業・商品・サービスそれぞれのブランド価値を維持、向上させる基本戦略を司るために、ブランドマネジャーだけでなく経営者（Chief Branding Officer　大企業なら最高ブランド責任者の場合もある）も参画してブランドの資産管理を行う。ＩＴのインフラやマーケティングオートメーション（※1）との連携が不可欠になるため、最高技術責任者（Chief Technology Officer）も参加する必要がある。

とりわけ企業ブランドの運営については経営者が運営管理の責任者となり、企業ブランドの維持・向上に努める。

こうする理由は、ブランドの担当者が異動する度に、これまで取り組んできたブランド施策がコロコロと変更し、一貫性を持ったブランドを維持できないといった組織の弊害を防止する狙いがある。

※1　マーケティングオートメーション
マーケティング活動で、旧来は人手で繰り返し実施してきた定型業務や、膨大なコストと時間がかかっていた複雑な処理や大量の作業を自動化し、効率を高める仕組みのこと。

ブランド資産を活用する4つの方法

企業がすでに市場でよく知られているブランドとして「マスターブランド」を持っているとすると、そこからブランド資産を拡張する方法は4つある。

①プレミアムブランド

マスターブランドよりも機能や性能、サービスを向上させたブランドのことを指す。クレジットカードならレギュラーカード（一般カード）に対して、ゴールドカードやプラチナカードを設ける。

②ディフュージョンブランド

マスターブランドよりも手が届きやすいポジションや価格に設定し、顧客層を増やすためのブランドを指す。メルセデス・ベンツの場合ならセダンの最上位を「Sクラス」とし、その下に「Eクラス」「Cクラス」を配置してきたが、さらに手が届きやすい価格とポジションの「Aクラス」を投入したのが好例である。

③マルチブランド

マスターブランドが成熟して今後市場が拡大しない場合に、新たなブランドを投入することを指す。コカ・コーラならマスターブランドの「コカ・コーラ」に対して、「コカ・コーラゼロ」「コカ・コーラゼロカフェイン」「コカ・コーラピーチ」「コカ・コーラプラス」「コカ・コーラクリアライム」というマルチ展開を行っている。

④ブランドエクステンション

特定の商品カテゴリーでは確立されたブランドを、別のカテゴリーで展開することを指す。ファッションカテゴリーで知られるデザイナーブランド（たとえば、シャネルやクリスチャン・ディオール）を、香水や時計に拡張する方法が典型例である。

この4つの方法にはそれぞれデメリットもある。

「プレミアムブランド」では、マスターブランドよりも価格を高くするケースが多く、その分市場規模が限られることが多い。またアメックスは日本市場に参入する際、「ゴールドカード」から訴求したため、グリーンカード（一般カード）の普及が遅れた。

「ディフュージョンブランド」ではマスターブランドに手が届かない層を狙うことが多いため、マスターブランドのブランド価値を低下させてしまう場合もある。

「マルチブランド」を増やしていくとそれぞれ個別に知名度と認知度を高める必要があるため、コミュニケーションコストがかかる。また、マスターブランドのブランド価値がマルチブランドによって希薄化するケースもある。

「ブランドエクステンション」では、展開するカテゴリーを安易に決めて参入すると、マスターのブランド価値が低下し、時に毀損してしまう事態が起きる。

複数のブランドによって全体最適を実現するブランドポートフォリオ

デビッド・A・アーカーは、著書『Brand Portfolio Strategy』（邦訳『ブランドポートフォリオ戦略』阿久津聡訳　ダイヤモンド社刊）で、ただ単に強いブランドをつくるだけではなく、企業全体のブランドポートフォリオ（企業内にある複数のブランドを効率的に運用し、危険を分散するなどの観点からコントロールすること）を管理すれば、競争企業に対して優位性を発揮でき、大きな利益を得られると提唱した。

ブランドポートフォリオの戦略は次の6つの要素が説明されている。

①ブランドポートフォリオ

強いブランドをつくるには、企業が持っているブランドと持つべきでないブランドを見極める。新しいブランドやサブブランドを検討する際は、将来の事業展開を踏まえ、投資利益率や既存のポートフォリオ内にあるブランドとの整合性を検討するなど、ポートフォリオを管理するルールをつくる。

②ポートフォリオ・グラフィックス

二番目の要素は、ブランド相互の関係性を視覚的に表現するポートフォリオ・グラフィックスを検討する。これはロゴやブランドの色などによって、ブランドの共通性や類似性を視覚的に示すことを意味する。ポートフォリオ・グラフィックスを最適に管理すれば、ポートフォリオ全体にシナジー効果（相乗効果）やレバレッジ効果（小さい力で大きな効果をもたらすという意味、テコの原理のこと）、そしてブランド相互の明確さを提供できる。

③ブランドポートフォリオの構造

三番目の要素は、企業（事業や商品）とブランドとの関係性を論理的に表して、ポートフォリオの構造を明確にする。ブランドの優先順位を明確化し、将来の事業戦略とブランド構築の計画が合致するように検討する。

④ブランドの範囲

四番目の要素は、ブランドの可能性を踏まえてブランドの範囲を決める。ブランドの強みを理解し、どの製品やサービス、あるいはカテゴリーにその強みやイメージが有益になるかを考える。検討する際には、ブランドの現状だけでなく将来の可能性を視野に入れ、ブランドの深みや広さなどに変化をもたらす可能性についても探っておく。

⑤製品・サービスの役割の明確化

五番目の要素は、どのブランドが成功する可能性を秘めているかを明らかにして、製品・サービスの役割を明確化する。製品・サービスを定義すれば明確なポートフォリオが生まれ、ブランドを強化することができる。製品・サービスの役割を明確化するには、次の3つの方法がある。

一つ目は、新しい製品やサービスをつくったときに、既存のマスターブランド（すでに強い力や資源を備えているブランド）を使うマスターブランド型戦略を採用するか、あるいは新しい製品やサービスが生まれるたびに、新しいブランドをつくる個別ブランド型戦略のどちらを選ぶかという二つの選択肢である。この二つの選択肢にはそれぞれ利点がある。

マスターブランド名を使うと、生活者は製品・サービスのイメージを想像できるので、レバレッジ効果を最大限に活かせるときは、マスターブランド型戦略が標準選択肢になる。ブランド構築計画をすべての製品に活用できるので、シナジー効果が生まれるメリットがある。

その一方、個別ブランド型戦略にもメリットがある。「製品・サービスを明確に位置づける」「妥協を減らす」「負のブランドイメージを回避する」「ブランドで起きた問題による負の連鎖を回避できる」などのメリットがある。また既存商品やサービスとは異なる革新的なものをつくった場合、その物語（ストーリー）を伝える際には新しいブランドが適しており、チャネル間の利害がぶつかることを減らせるメリットがある。

二つ目の視点は、「マスターブランドの限界」「ブランドのパーソナリティ」「チャネルの問題」「新規事業や製品の将来性や戦略性」などを踏まえ、マスターブランドとの距離を見極めた「サブブランド」「エンドースト・ブランド（保証付きブランドのことで、企業名と商品名を連動させること。たとえばネスレ・キットカットが該当する）」を戦略的に使い、より強い効果的なポートフォリオをつくる方法だ。

強いマスターブランドがすでに存在し、マスターブランド型戦略をとっている企業が、そのブランド力を活かしながら雰囲気が違うパーソナリティや異なる種類の製品を提供する場合、サブブランドを使うという方法や、保証できる約束や便益が得られることを暗示するエンドースト・ブランドを使う方法がある。

三つ目の視点は、親ブランドにより強力な差別化を実現するブランデッド・ディファレンシエーター（他社ブランドとの差別化を明確に図る方法。たとえば、デルタ航空がビジネスクラスの快適性をアピールするため、ウェスティンホテルで使用しているヘブンリーベッド用品を起用し、他社との寝心地の違いを明確化した）の活用だ。

顧客の購買行動やロイヤルティを促進する要素を理解し、自社の製品やサービスが備える競合優位性や、顧客に選ばれている理由を見極め、差別化を明確に図りブランド化させることができるかどうかを検討する。

⑥ポートフォリオでの役割

六つ目の要素は、ポートフォリオの役割を明確化することだ。現在の状況だけでなく、将来に向けて他のカテゴリーにもその力を活かせる可能性を持つ戦略ブランドを見極めて強いブランドをつくり、企業の成長戦略の役割を担うようにする。

顧客の興味や関心を理解し、親ブランドと結びつけながら、活性化したサブブランドや個別ブランドの製品を持ち、ブランドに力を与える活動を行う。

このように企業は強いブランドを生み出すために、自社ブランドを分析し、注力するブランドを決め、理想的なブランドになるようにブランド構築計画を考え、ブランドポートフォリオを活用する必要があると、アーカーは指摘する。

参考文献
『ブランドポートフォリオ戦略』デビッド・A・アーカー著　2005年　ダイヤモンド社刊
『全史×成功事例で読む「マーケティング」大全』酒井光雄編著　2014年　かんき出版刊

実務スキルを磨くシミュレーションワークショップ

「魅力があるのに、知られていない地方自治体のブランド力」を高めるには

ブランド総合研究所は2006年から「地域ブランド調査」を毎年発表し、110の調査項目の中で「都道府県・魅力度ランキング」がいつもメディアに報道される。「都道府県・魅力度ランキング」だけが無料で結果が公表され、他は有料販売になっているためだ。

この「都道府県・魅力度ランキング」を無料で公開しても、それをメディアが報道すれば、ブランド総合研究所の知名度と認知度は向上する。同社のパブリシティ活動が狙った筋書きである。

この「都道府県・魅力度ランキング」の調査方法は、「1　とても魅力的」「2　やや魅力的」「3　どちらでもない」「4　あまり魅力的でない」「5　まったく魅力的でない」の5段階評価で行われ、点数付けは「とても魅力的」が100点、「やや魅力的」が50点で、「どちらでもない」以下の3評価はすべて0点で扱っているようだ。

この評価方法の是非はともかく、茨城県は6年連続で魅力度が全国最下位に甘んじている。実際には該当する都道府県に魅力があるのに、調査対象者がその魅力を知らなければ、魅力がないかのように報道されて、誤解を招く。

いくら知名度と認知度があったとしても、その地を訪れようと思うのかどうか。あるいはその地の特産品などを購入してくれるかどうかが、本来のブランド評価につながる。顧客にならない人に、

いくら知名度だけを上げても意味がない。顧客になってもらえる人に正確な情報を届け、そこで旅行や消費といった行動を起こしてもらうことが何より重要になる。

エリアの魅力とは、民間企業が個別に価値を創造し、それを発信し、情報の質と量が蓄積されるという側面がある。地方自治体は特定の企業や団体、特定の場所だけを広報することは立場上できず、総花的な情報発信になりやすい。旧来型の広報活動では、エリアのブランド力向上にはなかなかつながらないことが多い。

あなたが茨城県知事のブレーンだとしたら、どんな方法で、茨城県が持つ魅力をアピールできるだろうか。以下のヒントを基に考えてほしい。

①地域ブランドの資源を特定する

地域の魅力としては、「自然」「産業」「生産物（海産物や野菜など）や地場の名品」「地元企業」「そこに暮らす人たちの魅力」「名所・旧跡」「歴史・旧跡・名所」「交通アクセス」「医療・福祉」「文化」「観光」「出身の人物」「スポーツ」「映画や漫画、アニメ、小説の舞台」「地域の言葉・方言・風習・習慣」など数多く存在する。

こうした中で、何を地元のブランド資源にするかを特定し、コミュニケーションを集中化させる必要があるだろう。

②広報活動の担い手を育て、自治体のインフラストラクチャーを活用する

自治体の広報活動は総花的に行わざるを得ないため、ブランドのようにテーマを絞り込んだ広報活動にはあまり適していない。その一方、自社の広報に専念できるため、企業の広報活動はブランドコンテンツの発信者としては適性があるが、地元の中堅企業や中小企業は広報のノウハウや具体的な取り組み方を知らずにいるところが多い。

県庁や市庁には記者クラブがあり、ジャーナリストとの交流が可能だ。こうしたパイプを民間企業にも提供すれば、広報のノウハウを持たない企業でもメディアに情報を流せる。自治体や企業のサイト上からもニュースリリースを発信できるサイトや仕組みも視野に入れる。

③ネット対応を強化する

旧来型のマスメディアによる広報だけでなく、ネットによる広報活動も不可欠だが、ネットやITのリテラシーを備えた人材が地方には不足していることが多い。地元の大学生や専門学校生の就職先として働く機会を提供して人材育成を行いながら、情報システムの構築やネットによる広報インフラストラクチャーづくりなども視野に入れる。

④時代に合致したサポーターづくりとその活用

地元自治体出身の著名人を観光大使として起用し、広報を依頼する活動はどの自治体でも行っているが、その具体的成果は見えていない。誰がどのような方法で広報活動を行えば、注目度が増す

のか、その具体的な方法を探る。

⑤広報のコミュニケーション活動は時系列に目標を設定し、進捗管理を行う

広報をはじめとするコミュニケーション活動を実施する際には、計画立案期、短期的目標達成期、中期的目標達成期、長期的目標達成期などと時系列に計画を立案し、その都度、目標管理と進捗管理を行いながら、実施していく。

このように、地域の魅力を伝える取り組み方法は数多く存在する。

地域のブランド資源を何に特定し、どのような方法でコミュニケーションを行うのか。これまでになかった地域のブランド資源を新たに創造するなら、どのような資源を活用し、育成していくか。それぞれについて検討してみてほしい。

Chapter 18

インターネットとデバイスの進化が、コミュニケーションを変えていく

〜メディアとコミュニケーションの基本概念を知る〜

テーマ

飛躍するメディアと衰退していくメディアに二極化する

ジャーナリズムの本質を、零細な新聞社が提示した

２０１１年3月に起こった東日本大震災によって町の大部分が水没し、電気・ガスをはじめとするライフラインに加え、電話やネットも止まった中、社員数28人、その内記者の数は６人（２０１１年当時）という小さな新聞社も被災していた。社員たち自身も被災し、家族の安否も把握できない中、彼らは被災した地域住民に必要な情報を届ける決意を固める。

被災状況やライフラインの復旧、支援状況等を記事にした原稿を、報道部長の武内宏之氏（当時）が読み上げ、社長の近江弘一氏が新聞用のロール紙にフェルトペンを使って手書きしていく。同じ6枚の壁新聞を書き上げると、胸まで水に浸かりながら、6カ所の避難所に貼りに通った。この手書きの壁新聞は3月12日から3月17日までの6日間にわたって続けられ、3月18日にはA4判のコピー新聞が発行され、19日には輪転機が再稼働するまで、この新聞社は震災後1日も休刊せず被災した住民に情報を届け続けた。

当時大手メディアは何十人何百人と記者を送り込み、零細な新聞社が入手できない情報を大手メディアが掲載していく。そんなとき、彼らは「大手のメディアは被災地のことを被災地の外に伝えるメディア」なのに対し、自分たちは「地域紙は被災地のことを被災地に伝えるメディアだ」という視点に立ち、食料、水、薬など、被災者のための生活情報を中心に報道していった。

この新聞社の活動に対し、同年9月に国際新聞編集者協会（※1）は年次総会で特別賞を授与。そしてアメリカのワシントンDCにあるニュースの総合博物館「ニュージアム（※2）」はその歴史的な紙面である壁新聞（求めに応じ同社が寄贈した）を展示した。

この新聞社とは、宮城県石巻市にある石巻日日新聞社である。

※1　国際新聞編集者協会

国際新聞編集者協会（International Press Institute　略してIPIと呼ぶ）は、報道の自由の促進及び保護、報道の実践の改善を目的として設立された世界的組織で1958年に設立され、120カ国以上が参画している。

会員は、世界各国の報道機関に勤める編集者、幹部、記者などで構成されている。

※2 ニュージアム

ニュージアム（NEWSEUM）とは、ワシントンDCにある、ニュースとジャーナリズムに関する双方向型の博物館で、その運営は「フリーダム・フォーラム」という、「すべての人々のための報道の自由、表現の自由、そして自由な精神」のために設立された無党派の基金が資金を提供している。

参考資料

早稲田大学 大学院 政治学研究科 ジャーナリズムコース J-Schoolウェブマガジン Spork! 2012年11月30日「戦時中の伝説が生んだ壁新聞「石巻日日新聞」常務取締役 武内宏之さんに聞く」

石巻日日新聞の手書きの壁新聞　在アトランタ日本国総領事館

AIがスポーツ番組を自動編集し、試合終了の2分後にハイライトを放映する

テニスの4大大会の1つであるウィンブルドン選手権は、全世界で9億人以上の人々が関心を寄せるイベントである。

大会の技術サポートを担うアメリカのIBMは、同社のAI（人工知能）「ワトソン」を使って試合のハイライトを自動編集し、同社のアプリを通じて視聴できる仕組みを提供している。このア

プリを使えば、試合が終了した2分後に試合のハイライトを見ることができる。

２０１９年のウィンブルドン選手権でＩＢＭのアプリが使用された回数は世界で５９８０万回と、過去最高（前年比28％増）を更新した。

ワトソンがプレーの模様を自動編集できる仕組みは、まず事前にウィンブルドンの過去の試合を分析させ、重要なプレーなどを把握させておく。そして、当日の試合中の歓声や選手のガッツポーズなどを加味し、これらを基に自動的に編集する流れだ。

前年は試合終了後5分以内にハイライトを配信していたが、２０１９年は自動編集をさらに進化させ、２分以内に短縮している。

参考資料
「ウィンブルドンで注目、スポーツで「AI編集」広がる」日経ビジネス1分解説　２０１９年7月19日

メディア産業に、人員削減の波が押し寄せているアメリカ

アメリカの雇用コンサルティング会社チャレンジャー・グレー&クリスマス（Challenger Gray & Christmas 本社　シカゴ）が発表した調査によると、「映画」「テレビ」「出版」「音楽」「放送」「紙媒体」の報道などのメディア企業は、２０１９年になって７７７５人の人員削減を発表。その

うち3600人以上を報道機関が占めた。

ちなみに2018年は、6月末までのメディア企業の人員削減数は6435人、通年では1万5474人で、うち報道機関は1万1878人だった。

報道機関の人員削減や廃業が相次いでいることで、不振に陥っているアメリカメディア産業の今年の解雇者数は過去10年間で最悪となる恐れがあると、伝えている。

この背景には、フェイスブックやグーグルはサイト利用者の関心に合致する広告を表示して収益を得ているが、既存メディアはこうした対応に出遅れていること。そして広告収入によって無料でニュースを配信できるビジネスモデルの台頭により、有料メディア（たとえば購読料が必要な新聞など）から顧客が離れていることにある。

そして、何より従来のマスメディアが独占していた「希少性」が、インターネットの出現により失われつつあることが最大の要因だろう。

出典
「米メディアの人員削減、今年は過去10年で最悪の恐れ」AFP BBNEWS 2019年7月6日 12：16
発信地：ワシントンDC／アメリカ

アメリカも日本も、メディアへの信頼が低下している

調査会社ギャラップとナイト財団（Knight Foundation）がアメリカ国民2万名を対象に実施したニュースメディアの信頼性に関する調査結果が、２０１８年1月に『フォーブスジャパン』で報道された。

報道に政治的バイアスを感じる人の割合は全体的に高くなり、ギャラップやピューリサーチ、ハリス・インタラクティブらのデータを集計した結果、１９８９年に「報道に政治的バイアスを感じる」と回答した人は25％だったが、今回の数値は45％となっている。

また、ギャラップの２００３年の調査では、54％の回答者が「メディアを信頼する」と答えていたが、２０１７年の調査では41％。「メディアに対して好ましくない印象を持っている」と答えた回答者は全体の44％で、好ましい印象を抱くと答えた人々の比率（33％）を上回っている。

この傾向は日本でも同様で、メディアに対する信頼性は下がっている。新聞通信調査会が２００８年から毎年実施する「メディアに関する全国世論調査」では、ＮＨＫ、新聞、民放テレビ、ラジオの信頼度が、いずれも過去最低となっている。

参考資料
「米国人の報道の信頼度調査、45％が『バイアス』を感じる」Forbes JAPAN 2018/01/23

「信頼失う新聞・テレビは滅ぶのか　池上彰さんが「楽観できない」と語る理由」バズフィード・ジャパン　2017年4月15日

知識を実務に活かすために

メディアとコミュニケーションを理解する

メディアの力を測るひとつの尺度は、広告費

日本の総広告費と媒体別・業種別広告費を推定した「2019年日本の広告費（電通）」（図表34）によると、2019年（1〜12月）における日本の総広告費は、6兆9381億円（前年比106・2％）で、インターネット広告費は2兆1048億円（前年比119・7％）と6年連続の二桁成長となり、地上波テレビ広告費1兆7345億円と、インターネット広告費が地上波テレビ広告費を初めて上回った。

総広告費における各メディアの構成比は、マスメディア4媒体が37・6％、インターネットが30・3％、プロモーションメディアが32・1％。マスメディア4媒体のうちテレビメディアは26・8％だ。

2014年以来2桁成長を続けるインターネット広告の構成比が、テレビメディアの構成比を歴史上初めて上回った。

媒体別にみると、テレビ、ラジオ、新聞、雑誌のマスメディア4媒体広告費は、前年比96・6％の2兆6094億円。その内訳は、地上波と衛星メディア関連を合わせたテレビメディアが前年比97・3％、ラジオが98・6％、新聞が95・0％、雑誌が91・0％といずれも減少している。

6年連続で2桁成長を遂げているインターネット広告費（媒体費＋広告制作費＋「物販系ECプラットフォーム広告費（※2）」）は、前年比119・7％の2兆1048億円で、その内訳は、媒体費が前年比114・8％の1兆6630億円。制作費は前年比107・9％の3354億円となっている。

※1　マスコミ四媒体デジタル広告費

マスコミ四媒体事業社などが主体となって提供するインターネットメディア・サービスにおける広告費のこと。新聞デジタル、雑誌デジタル、ラジオデジタル、テレビメディアデジタルのことで、これらのデジタル広告費はマスコミ四媒体広告費には含まれない。

※2「物販系ECプラットフォーム広告費」

生活家電・雑貨、書籍、衣類、事務用品などの物品販売を行うEC（電子商取引）プラットフォーム（これを本広告費では「物販系ECプラットフォーム」と呼んでいる）上において、当該プラットフォームへ〝出店〟を行っている事業者（これを本広告費では「店舗あり事業者」と呼んでいる）が当該プラットフォーム内に投下した広告費と定義した。より広い意味での「EC領域での販売促進を図るインターネット広告費」全体を指すわけで

図表34　媒体別広告費（2017～2019）

媒体＼広告費	広告費（億円）			前年比（%）		構成比（%）		
	2017年	2018年	2019年	2018年	2019年	2017年	2018年	2019年
総広告費	63,907	65,300	69,381	102.2	106.2	100.0	100.0	100.0
マスコミ四媒体広告費	27.938	27,026	26,094	96.7	96.6	43.7	41.4	37.6
新聞	5,147	4,784	4,547	92.9	95.0	8.1	7.3	6.6
雑誌	2,023	1,841	1,675	91.0	91.0	3.2	2.8	2.4
ラジオ	1,290	1,278	1,260	99.1	98.6	2.0	2.0	1.8
テレビメディア	19,478	19,123	18,612	98.2	97.3	30.4	29.3	26.8
地上波テレビ	18,178	17,848	17,345	98.2	97.2	28.4	27.3	25.0
衛星メディア関連	1.300	1,275	1,267	98.1	99.4	2.0	2.0	1.8
インターネット広告費	15.094	17,589	21,048	116.5	119.7	23.6	26.9	30.3
マスコミ四媒体由来のデジタル広告費		582	715		122.9		0.9	1.0
新聞デジタル		132	146		110.6		0.2	0.2
雑誌デジタル		337	405		120.2		0.5	0.6
ラジオデジタル		8	10		125.0		0.0	0.0
テレビメディアデジタル		105	154		146.7		0.2	0.2
テレビメディア関連動画広告		101	150		148.5		0.2	0.2
物販系ECプラットフォーム広告費			1,064					1.5
プロモーションメディア広告費	20,875	20,685	22,239	99.1	107.5	32.7	31.7	32.1
屋外	3,208	3,199	3,219	99.7	100.6	5.0	4.9	4.6
交通	2,002	2,025	2,062	101.1	101.8	3.1	3.1	3.0
折込	4,170	3,911	3,559	93.8	91.0	6.5	6.0	5.1
DM(ダイレクト・メール)	3,701	3,678	3,642	99.4	99.0	5.8	5.6	5.3
フリーペーパー・電話帳	2,430	2.287	2,110	94.1	92.3	3.9	3.5	3.1
POP	1,975	2,000	1,970	101.3	98.5	3.1	3.1	2.8
イベント・展示・映像ほか	3.389	3,585	5,677	105.8	158.4	5.3	5.5	8.2

出所：「電通　2019年日本の広告費」

はない。

世界で、テレビからインターネットにシフトする広告

イギリスのメディアサービス企業、ゼニスメディアによると、全世界のインターネット広告費は2017年にテレビの広告費を上回った。テレビ広告は1996年に新聞広告を抜いて長くメディアとしてその力を発揮していたが、インターネット広告にその地位を奪われた。

2017年の世界の全広告費に占めるテレビ広告費の割合は、34・1%、新聞広告(9・5%)、屋外広告(6・7%)、ラジオ広告(6・2%)、雑誌広告(5・2%)、シネマ広告(0・7%)という中で、インターネット広告費は37・6%と拡大している。

ゼニスメディアの予測では、ネット広告は今後も伸び続け、2020年には44・6%を占めるまでになり、テレビ広告は、31・2%へと低下するとしている。

出典
「世界広告費　ネットが初めてテレビを上回る」ライブドアニュース　2018年5月17日

広告の4つの効果

広告の効果は、次の４つに分けられる。どのメディアがどの段階で広告効果を発揮しているかを判断する目安になる。

①到達……生活者に広告が露出されることで、測定指標は到達率（リーチ）と到達頻度（フリークエンシー）になる。
②認知……広告が生活者に届き、その広告やブランド・商品・サービスなどが知られること。
③意識変容……その広告や広告内容に対して理解が深まり、生活者に興味がわくこと。
④行動変容……生活者の購買行動に結び付くこと。

マスメディアによる広告は、到達や認知までの段階を得意とする。

ＴＶや新聞などのマスメディア４媒体を使った広告は、企業・ブランド・商品・サービスなどを広く認知させ、ブランドイメージや好意度を形成する。広告効果のプロセスでいえば、到達から認知を担っている。そのためマスメディア４媒体を使った広告のコスト効率は、短期的な売上や利益だけでは判断できない面がある。

テレビ広告は、到達の指標として、「世帯の延べ視聴率（GRP、Gross Rating Point）＝到達率（リーチ）×到達頻度（フリークエンシー）」が広告を売買する単位になっている。

視聴率1％の番組に、テレビCMを1本流すことを1GRPといい、視聴率20％の番組に5本、15％の番組に3本、10％の番組に8本のCMを流した場合の述べ視聴率は、（20×5＝100）＋（15×3＝45）＋（10×8＝80）＝225GRPという計算になる。

またTVスポット広告の料金は、GRPにGRP1％あたりのコスト（＝パーコスト）を掛けて算出する。

パーコストが仮に1万円の場合だと、前記の例では、225GRP×1万円＝225万円がCMを16本放送した場合のTVスポット広告の料金になる。

視聴率が同じ1％でも、Aテレビ局は視聴世帯数が10万世帯、Bテレビ局が1万世帯だとすると、エリア内世帯数が多いAテレビ局のパーコストは高くなる仕組みだ。これがパーコストの算出方法である。

広告の目的とターゲット層を広告主と共有すると、テレビ局からはどの時間帯に広告を何本流すかについてタイムテーブルが提案される。タイムテーブルには図表35のような基本的な広告の露出パターンが存在する。

図表35　基本的な広告の露出パターン

全日型

平日＆土日のほぼ全日で流れる

平日	土・日	
朝帯	朝帯〜深夜帯	朝帯〜深夜帯
午前帯		
昼帯		
午後帯		
夕方帯		
夜帯		
深夜帯		

コスト：**安い**

対象層：主婦、シニア、ファミリー層
業種：食品、トイレタリー、化粧品、通信販売、薬品、保険、金融など

ヨの字型

平日の朝・昼・夜・深夜帯＆土日の全日で流れる

平日	土・日	
朝帯	朝帯〜深夜帯	朝帯〜深夜帯
午前帯		
昼帯		
午後帯		
夕方帯		
夜帯		
深夜帯		

コスト：**やや安め**

対象層：主婦、ビジネスウーマン
業種：食品、家電、化粧品、トイレタリーなど

コの字型

平日の朝・夜・深夜帯＆土日の全日で流れる

平日	土・日	
朝帯	朝帯〜深夜帯	朝帯〜深夜帯
午前帯		
昼帯		
午後帯		
夕方帯		
夜帯		
深夜帯		

コスト：**やや高め**

対象層：学生、サラリーマン、OL
業種：飲料、自動車、精密機器、化粧品、家電、エンタメなど

逆L型

平日の夜・深夜帯＆土日の全日で流れる

平日	土・日	
朝帯	朝帯〜深夜帯	朝帯〜深夜帯
午前帯		
昼帯		
午後帯		
夕方帯		
夜帯		
深夜帯		

コスト：**高め**

対象層：サラリーマン、OL、学生
業種：自動車、アルコール飲料、金融、家電、化粧品、エンタメなど

出所：テレビCMドットコム

インターネット広告が広告効果を測定しやすいといわれる理由

インターネット広告は、広告を出稿すれば効果が発生し、出稿が終わると効果はそこで止まるため、広告効果は「費用対効果」で判断されることが多い。

インターネット広告は、インプレッション数（配信数）とクリック数およびクリック率が媒体社（※1）から報告され、トラッキングツール（※2）を使えばコンバージョン（※3）の成果まで測定できる。インターネット広告が広告効果を測定しやすいといわれる理由はここにある。テレビや新聞などのマスメディアでは、インターネット広告と同様の広告効果測定を行うことはできないからだ。

※1　媒体社
情報者サービスを提供するウェブサイトやアプリケーションなどのメディアを所有・運営し、それらの中に設けた広告枠を第三者の広告主に販売して広告を掲載する事業者のこと。
（出所　インターネット広告の基本実務（インターネット広告基礎用語集）２０１６年度版　発行者一般社団法人日本インタラクティブ広告協会）

※2　トラッキングツール
インターネット広告の効果測定手法。ユーザーのサイトアクセスデータを収集・集計しユーザーの行動を分析するツール。

（出所　インターネット広告の基本実務（インターネット広告基礎用語集）２０１６年度版）

※３　コンバージョン

コンバージョン（conversion：ＣＶ）とは、ウェブサイトにおける目標の達成を指す。ＥＣサイトなら商品の購入、企業や商品の情報サイトなら問い合わせや資料請求、ウェブメディアなら広告主への送客がコンバージョンに該当するなど、サイトによってコンバージョンは異なる。

メディアの効果は、戦略によって決まる

企業がブランド・商品・サービスなどのトライアルや継続購入の効果を狙っているなら「費用対効果」で判断するので、この場合はインターネット広告が向いている。

ブランドロイヤリティ（愛着心）の醸成や確立のような長期的な効果を狙うなら、「投資対効果」で判断することになり、マスメディア４媒体の広告が機能する。

どのメディアを選択するかは、企業の戦略によって決まる。

マスメディア４媒体が抱える問題

マスメディア４媒体には以下の３つの問題が内在している。

①生活者のマスメディア離れが進んでいること

若者から中堅世代にかけてテレビを視聴する人たちが減少し、多様なコンテンツが登場しているネットメディアを利用する人たちが年ごとに増えている。テレビは高齢者が視聴者の中心的存在になってしまっている。

新聞は定期購読者が大幅に減少し、新聞を購読しない生活者が増加している。このまま推移していけば、紙の新聞が衰退することは確実で、新聞社の売上や利益は減少していく。すでに朝日新聞社は本業の減収分を、不動産事業の収益で支えている。

新聞社が「紙媒体」に固執しているのは、これまで新聞社に貢献してきた販売店の存在がある。新聞をデジタル化することは容易だが、その後、販売店の経営が成り立たないためだ。逆に日本経済新聞社は専属販売店がほとんどないため、他紙よりも早く電子化を進めることができた。

雑誌は紙媒体の売上が減少し、紙をネットに移行し、そこでいかに課金するかを各雑誌社は模索中だ。また、出版社としては利益率を高めるために、書店経由でなく出版社から直接生活者に雑誌（紙とネットの両方）を定期購読してもらうことが必要になっている。

日本の書店は、これまで書籍ではなく雑誌の販売力で利益を上げてきており、書籍の収益では経営できない構造だ。書店の粗利益率は20～25％程度に過ぎず、万引きが多発すると赤字に転落する書店が出現する理由はここにある。

日本の書籍返本率は30％台後半で推移しているが、返本率がこれだけ高水準なのは、書店の注文に基づかず、多くの出版物を送る「配本制度」（※4）に原因がある。書店も取次を経由せず、出版社と買い取りを前提に直接取引する動きが出てきている。

ラジオは高齢の視聴者に依存しており、ラジオの存在自体を知らない若者世代が出現する環境下で、２０１８年にスマートスピーカー「Amazon Echo」で利用できる機能「スキル」の12月のランキングで１位に選ばれた「radiko.jp（※５）」や、ＴＢＳが番組配信サイト「ラジオクラウド（※６）」を立ち上げるといった対策を打ち出している。

※4　取次と配本制度

取次とは出版社と書店をつなぐ流通業者のことで、書籍と雑誌の問屋機能を果たす。委託販売制度があるため、書店は在庫管理をする必要がない。その一方、書店が注文しなくても書店の立地・規模・過去の販売実績に応じて新刊書籍を書店に届ける配本制度がある。

※5　radiko.jp

ラジオ局と電通が「株式会社radiko」を設立し運用が開始された「radiko.jp」は、日本のラジオ放送をインターネットで同時にサイマル配信（ライブストリーミング・同時並行放送）するインターネットラジオ。

※6　ラジオクラウド

博報堂ＤＹメディアパートナーズと日本の民間ラジオ放送局の一部が共同で展開する、スマートフォン用のインターネットラジオサービスのこと。ポッドキャスト（インターネット上で音声や動画のデータファイルを公開する方法の１つ）型のサービスで、各ラジオ局の過去放送した番組も配信するが、radikoのようにサイマル配信型サービスではない。

②マスメディアに出稿する広告主が減少したことで、コンテンツが劣化していること

社会が成熟し、どの企業も費用対効果を厳しくチェックするようになると、マスメディアよりもインターネットメディアに広告のウエイトをかけるようになっていく。広告収入だけで経営するテレビやラジオは番組制作コストを次第にかけられなくなり、低予算で制作することを余儀なくされる。番組の質が低下すれば、生活者は番組を見なくなり、その結果さらに広告収入が減少するという悪循環に陥る。

その一方で、ユーチューブに代表される無料で視聴できる動画共有サイトが登場し、個人の投稿とともに企業からの投稿も増え、視聴者を増やしている。

また、ネットフリックスのように月額定額制の動画配信サービスが登場し、「ここでしか見られず、しかも費用をかけて制作したコンテンツ」を、「Google Chromecast」「Fire TV」などのストリーミングデバイス、Nintendo 3DS、PlayStation などのゲーム機、iPhone、iPad、Android などのモバイルアプリ、パソコンなど数多くのデバイスから視聴でき、会員には個別に最適なコンテンツを推奨する「パーソナライズドレコメンド」機能も提供している。コンテンツの質と視聴できるデバイスの多様性からみても、有料に相応しいメディアに育ってきている。

購読料を徴収している新聞と雑誌も読者離れが進み、発行部数が減少すれば広告価値が下がり、広告が減っている。さらに発行部数が減れば広告料金を安くする必要が生じて、経営はさらに圧迫される。

視聴者と購読者の減少、そして広告費の減少が、マスメディア各社を苦しめているわけだ。

③マスメディアの報道姿勢と報道内容に疑問を持つ人が増えていること

メディアの数と情報の入手方法が限られていた時代に、新聞は世論を喚起し、時に作為的に世論を煽り、自社の目指す方向に世論を促す情報操作が行われることがあった。選挙の際には新聞の論調が、候補者に大きな影響を与えた時代もあった。

こうした歴史的経緯を経てきた新聞社が、現在の民放テレビ局の株主になっており、マスメディアには今も過去からの報道姿勢が残り、メディアの数が限られていた時代の特権意識が未だに業界には内在している。

反論する手立てがない時代には、個人も企業もメディアを敵に回すことは致命的になった。だがインターネットが登場してからはＳＮＳを通じて多くの専門家や関係者が独自に情報を発信し、生活者が双方向で情報をやり取りできる環境になった。偏向報道があれば瞬く間にネット上で指摘され、マスメディアに対して反論できる場も持てるようになっている。

メディアの数が限られた時代に生き、情報を受け身で入手して来た75歳以上の世代や情報の入手方法が受動的な人は、フェイクニュースやフェイク情報を妄信してしまう一方で、情報リテラシーの高い人たちはその真偽を確かめるようになってきている。

「建前」や「綺麗ごと」、そして絶えず「批判」を繰り返すだけで具体的な改善策の提示のないメディアは、生活者にとってその存在価値は希薄化して当然だろう。

コミュニケーションの進化と深化は、インターネットとデバイスに連動する

①デバイスは限りなく小型化し、ウェアラブル端末化している

1990年～2000年はパソコンがインターネットに接続する機器の主流で、自宅でインターネットを利用していた。ネットのコミュニケーションは掲示板やメーリングリストが中心で、ネットを使った情報発信や交流は屋内で行われていた（図表36）。

2005年に2人に1人が持つほど携帯電話が普及し、2008年にスマートフォンが登場、そして2012年にLTE（※1）が登場し、日本の携帯電話のガラケー化が始まると同時に、スマートフォンによってインターネットの利用が急速に普及する。屋内から屋外に利用範囲が拡大したからだ。2015年にはウェアラブル端末として時計型の端末が登場した。

②スマートフォンの登場で、インターネットサービスは爆発的に広がった

インターネットを使ったサービス面では2008年にSNSが登場し、それまで掲示板など「場」を作ってそこに人が集まり交流をしていた時代から、SNSは個々人をつないで交流できる新しいコミュニケーション方法を生み出した。

SNSは新たな人と出会うきっかけをつくり、人が発信した情報を自分がシェアしてクチコミの

図表36　インターネットの普及とデバイスの進化

1989年 東芝からノートパソコンDynaBook（現dynabook）が発売される

1991年 アップルコンピュータがPowerBookシリーズを発売

1996年 日本のインターネットの人口普及率は3.3%
日本初のポータルサイト「Yahoo! JAPAN」がサービス開始

1997年 日本のインターネットの人口普及率は9.2%

1999年 日本のインターネットの人口普及率は21.4%
ADSLの登場
「2ちゃんねる」が開設
携帯電話がインターネット接続サービスを開始

2000年 日本のインターネットの人口普及率は37.1%
「Google」が日本語検索サービスを開始
「Amazon.co.jp」がサービスを開始
2000年以降ノートパソコンがパソコン市場の主流となる

2001年 NTTやソフトバンクなどが「フレッツADSL」や「Yahoo! BB」といったADSL事業を開始

2004年 「mixi」「Amebaブログ」「GREE」がサービスを開始し、日本でSNSが誕生

2005年 日本のインターネットの人口普及率は70.8%
「YouTube」がサービスを開始
「iTunes Music Store」がサービスを開始

2006年 日本のインターネットの人口普及率は72.6%

2008年 「iPhone」が発売される
「Facebook」「Twitter」がサービスを開始

2010年 日本におけるインターネットの人口普及率は78.2%
「iPad」が発売されタブレット端末が普及

2012年 「LINE」、「パズル&ドラゴンズ」がサービスを開始

2013年 日本のインターネットの人口普及率は82.8%
「Facebook」の日本での利用者数は2,100万人を突破

2014年 「LINE」の日本での利用者数が5,000万人を突破

2015年 「Apple Watch」が発売される

出所：「日本におけるインターネットの人口普及率」（総務省『情報通信白書（平成26年版）』、デジタルアーツホームページ「日本におけるインターネットの歴史」より引用

ように周囲の人たちに拡散したり、フェイスブックの「いいね！」ボタンを使って簡単に共感したりする手段も生み出した。

インターネットとＳＮＳ、そして時代に即したデバイスの出現により、情報の入手とその発信は一部のメディアによってコントロールされる時代ではなくなった。

※１　ＬＴＥとは

ＬＴＥは、Long Term Evolution（ロングターム・エボリューション）の略称で、無線の携帯電話用の通信回線規格のこと。ＬＴＥを利用できるのはスマートフォンやタブレットなどのモバイルデバイスに限定され、主に各携帯電話会社が所有する基地局をアクセスポイントとして電波を飛ばしている。現在では４ＧとＬＴＥは携帯電話の高速な通信規格を表す用語として使われている。

5Gで高度化する社会

「５Ｇ」とは「5th Generation」（第５世代）の略称で、次世代通信と呼ばれる。国際電気通信連合（ＩＴＵ　※１）が５Ｇの世界的基準を決めており、日本では総務省を中心に通信事業者や有識者などと導入の方法を決めている。

※１　国際電気通信連合（ＩＴＵ）とは

国際連合の専門機関の一つで、国際電気通信連合憲章に基づき、無線通信と電気通信分野において各国間の標準化と規制の確立を図っている組織。

5Gの強みは「高速大容量」「多数同時接続」「超低遅延」

5Gの「高速大容量」の機能によってデータ容量が大きくても通信速度が速くなると、IoTによる膨大なデータ通信にも対応でき、屋外でも動画や映像の視聴・ビデオ通話などが容易になり、文字から動画によるコミュニケーションが拡大する。

現在の4Gでは利用者が大量にいる場所では通信速度が落ちてしまうことがあり、スマートフォンに加えIoTで接続するモノが増えると接続端末数が限界に達して機能が低下してしまう。しかし、5Gではそうした条件下でも情報アクセスや送受信が問題なく高速性を発揮する。これが5Gの「多数同時接続」の強みだ。

また、現在は遅延することが多いLINEやスカイプのビデオ通話や、リアルタイム性が重要なライブ中継も、5Gの「超低遅延」により遅延が発生しにくくなる。

5Gが導入されると、遠隔操作によって人が入れない危険な災害現場にロボットが入れるようになり、医療分野では遠隔操作による緊急手術が行えるようになると期待されている。

さらに大容量のデータ通信が可能になるため、高速移動していている飛行機の中で会議に参加することが可能になり、車の内外に配置したセンサーによる「自動運転」と、交通情報がＩｏＴのセンサーによって共有されることで渋滞の回避が実現するといったことが視野に入る。

参考資料

「ネットが遅いなんて無くなるかも？　次世代通信５Ｇで変わる、私たちの未来生活（前編）」ソフトバンクニュース　２０１８年５月30日

「身近なモノが何でもネットにつながる時代に　次世代通信５Ｇで変わる、私たちの未来生活（後編）」ソフトバンクニュース　２０１８年６月29日

実務スキルを磨くシミュレーションワークショップ

あなたが広告主なら、どのメディアに広告を出稿するか

国内で自然災害が発生するたびに、マスコミと被災者の「トラブル」が多発

２０１６年４月14日に発生した熊本地震では、関西テレビの取材陣がガソリンの給油待ちをする被災者の列に割り込んで給油したことをネットで指摘されて謝罪。さらにこの割り込みを指摘した

被災者のツィッターに対して、仙台放送の関連会社社員が虚偽だとするツイートを行い、こちらも謝罪に追い込まれた。

続いてＴＢＳの報道スタッフが熊本県益城町の避難所を生中継中に、被災者の心情を省みない報道姿勢をどなられ、中継は中止された。

また東日本大震災の折に、石巻赤十字病院の現地本部で救援活動をおこなった岡山赤十字病院の石井史子医療社会事業部長は、２０１１年10月15日付の山陽新聞紙上で、「政府や電力会社の非をひたすらあげつらう、街が津波に襲われる映像を延々と流し続ける、被災者に無遠慮にマイクを向ける——といった具合。何日も終日、流し続けることにどれほど意味があるのか」という指摘を行った。

阪神淡路大震災の折には、救援活動を行なうスイスの災害救助隊から、「人命救助中に、テレビカメラがついてきて驚いた」という指摘がなされ、中央防災会議では「メキシコ地震では人命を優先してメディアの飛行が規制された」とする意見が委員から述べられ、災害報道についての規制が指摘されたものの、マスコミの反発で立ち消えになっている。

参考資料

「マスコミが被災地で繰り返し暴走するのはなぜか」ダイヤモンドオンライン　２０１６年４月27日

キュレーションサイトの信頼性を揺るがせた「WELQ」事件

ディー・エヌ・エー（DeNA）は、2016年に運営する健康情報のキュレーションサイト（※1）「WELQ（ウェルク）」をはじめ、同社が運営する10のキュレーションサイトをすべて休止する事態に追い込まれた。

同社の「WELQ」の記事は、健康被害が生じる可能性を問題視する意見がかねてからネット上で指摘され、東京都の福祉保健局健康安全部がDeNAに対し、一連の記事についての説明を求めるまでになっていた。

「WELQ」は専門家による監修を行わず、専門知識の乏しい外部ライターや一般会員による記事を大量に掲載し、他サイトの文言の転用を促すマニュアルまで用意していた。また検索サイトで上位に表示されるようにするため、行き過ぎたSEO対策を講じていることも発覚した。

DeNAの主力事業であるモバイルゲームが縮小し、2016年3月期の連結営業利益は198億円とピークの4分の1近くまで減少しており、短期的に黒字化が必要な状況が背景にあったようだ。

※1　キュレーションサイト
特定のテーマに絞った情報をネット上から集め、まとめ直して公開しているサイトのことを指す。

参考資料

「ＤｅＮＡ、９情報サイト休止　検索上位狙い編集歪む」日本経済新聞社　２０１６年12月2日

不祥事や偏向報道、社会的倫理観に欠けるメディアの対応が批判されるときメディアの種類による良し悪しではなく、メディアを経営する企業の経営方針と経営姿勢に起因する問題である。

マスメディアとインターネットメディアそれぞれに、最も影響力を持つのは広告主の存在だ。どのメディアが信頼できるかという二項対立で考えるのではなく、広告主はどのメディアが自社にとって最適であり、どうすれば自社の想定顧客層から好感をもってもらえるかを考えて選択することが必要になる。

もしあなたが広告主だとしたら、自社のブランド力を高め、好ましい顧客層が接触するメディアをどのように特定し、活用するだろうか。また自社のブランド・商品・サービスを購入してもらうには、どのメディアを、どのように活用すればよいだろうか。

広告主になったつもりで、すべてのメディアの中から最適なものをいくつか選択し、メディアミックスのプランを検討してみてほしい。

Chapter
19

バリューチェーンモデルのアナログ企業の市場を、プラットフォーマーは奪っていく

～ビジネスモデルとしてのプラットフォーム～

テーマ

プラットフォームを手にした企業が、市場とビジネスを制する

製品ライフサイクルが短命化し、自前主義では経営が難しい時代の到来

テクノロジーの急速な進歩により、パソコンの製品ライフサイクルが短命化し、新製品であっても販売価格が数カ月で下落していく問題が１９８０年代に表面化した。半導体メーカーは製品ライフサイクルが短いにもかかわらず、半導体工場の設備投資には多額のコストがかかることが経営課題として浮上する。製品が短期間に陳腐化するのに、巨額な資本を投じて製造設備を維持する意味

がなくなってきたからだ。

そこで半導体メーカーは開発から生産まで一貫して行う自前主義から決別し、「開発は自社で行い、製造は他社に依頼する」経営に転換。自社の強みを発揮できる事業に特化し、経営資源の効率的な活用によって安定した事業を推進することになった。これがファブレス経営だ。

製造はコストが安い開発途上国に移転し、知的資産やテクノロジーは自社の中でその価値を高めていく経営視点だ。

ファブレス経営はこの後、半導体メーカーから他の分野にも広がっていく。同時に少ない資本で利益を最大化するため、テクノロジーへの投資に注力していくことになる。

たとえば、アップルは、テクノロジーに関してはＯＳ（基本ソフト）を自前で開発し、「iTunes」や「App Store」というプラットフォームも開発した。「iPhone」の企画開発は自社で行うが、製造は外部に委託している。

「iPhone」に提供されているアプリの数は２００万種類に及び、毎年16万人近い外部のアプリケーション開発者や企業が参画しアプリを提供している。アップルが自社ですべてを手がけていたら、ここまでアプリ市場の規模は巨大化しなかっただろう。ちなみに同社の携帯端末の累計出荷台数は、２０１８年9月時点で20億台に迫る勢いだ。

プラットフォームは、そこにさらに企業が集まる循環サイクルを生み出す

企業はファブレス経営を実践しながら、自社の効率を高め生産性を向上させながら、独自の価値を高めるテクノロジーの開発に投資を行っていった。

マイクロソフトはOSを開発して提供し、企業はそのOSの上で機能するソフトウェアをつくり、企業と個人が利用するようになる。アップルは「iPhone」を通じてユーザーとアプリの開発者を結びつけ、「iTunes」はユーザーと音楽業界やミュージシャンをつないだ。

さらにこれまで製造業が中心だったビジネスの世界に、サイト上にこれまで存在していなかった「場所」を創造して提供する、モノをつくらない企業群が登場してくる。

グーグルは、ネットによる検索場所を社会に提供し、検索する人々のニーズと広告を通じて企業と結び付けた。アマゾンはどこにいても手軽に買物が行え、商品が手元に届くECサイト（場所）をつくり、そこで得た資源をクラウドサービスにして企業に提供していく。フェイスブックやツィッターは世界中の人々が出会い、相互に交流できるSNSという既存メディアが機能できずにいた「場所」を創造し、ユーザーと企業とを広告を介して結びつけた。

その後登場するエアビーアンドビー（Airbnb）は、余っている家や部屋を活用し、「部屋を貸したい人」と「借りたい人」の両者をつなぐマッチングサイトを立ち上げ、現在全世界191カ国、10万の都市で600万以上の宿を提供している。

ウーバー（Uber）はタクシーの配車に加え、一般人が自分の空き時間と自家用車を使って他人を運ぶ仕組みを考え出した。タクシーにはなかった仕組みとして、顧客が運転手を評価し、同時に運転手も顧客を評価する「相互評価」を実現し、現在は世界70カ国・地域の４５０都市以上で展開している。

他のプラットフォーム企業と同様に、エアビーアンドビーとウーバーは宿泊施設や自動車、運転手などの資源は自社で持たず、個々人が持つ資源を有効活用している。

これらの企業群は、社会に存在していなかった新たな「場所」を生み出し、その「場所」に生活者が集まることで、企業にビジネスが生まれるという、循環サイクルのビジネスモデルを創造したわけだ。

参考資料

「台頭するデジタルプラットフォームビジネス　～テクノロジーは、加速度的にビジネスを陳腐化させる～」ニッセイ基礎研究所　２０１８年12月7日
「台頭する金融系プラットフォームビジネス」野村資本市場研究所　２０１８年Winter

知識を実務に活かすために

ビジネスモデルとしてのプラットフォームを理解する

日本では、マーケティングやITは製造業のために機能してきた

20世紀に台頭した企業は高品質な製品を安価に提供する仕組みづくりに成功し、その地位を盤石なものにしてきた。当時の企業の発想は、「モノをつくって販売する」概念であり、「いかに良い製品をつくるか」、また「それらをいかにたくさん販売するか」という視点でビジネスに取り組んできた。

また、マーケティングの研究や理論もその流れを踏襲していた。経営戦略論研究の第一人者であるマイケル・ポーターが提唱した「価値連鎖（バリューチェーン）」（※1）なども、製造業に主眼を置いた「サプライヤー→企業→販売業者→生活者」という「バリューチェーン」の重要性とその効率化を提唱したものといえる。

また、取引先にマーケティング機能を提供する企業（広告代理店やコンサルティング会社など）やITの機能を提供する会社（※2）も同様に、取引先が求める役割と機能を提供してきた。

たとえば、「モノを売る機能」「顧客をつくる機能」「ネットを使って情報を発信する機能」「顧客

に継続的な利用を促す機能」「オンラインからオフラインに顧客を誘導する機能」「顧客との関係性を強化し、顧客満足を最大化する機能」「顧客生涯価値（ライフ・タイム・バリュー）を向上する機能」など、短期的に企業の収益向上につながる「戦術支援」が中心だった。

こうした戦術的発想と視点の中では、新たな社会基盤となるプラットフォームを創出しようとする概念は、企業側とそれを支援する組織の双方に希薄だった。モノを製造するのが本流で、「ＩＴやＡＩなどはモノづくりを補完する機能にすぎない」とする概念がその底流に流れていたからだ。

※1　価値連鎖（バリューチェーン）
マイケル・ポーターの著書『競争優位の戦略』（1985年　ダイヤモンド社刊）に登場した概念。

※2　ＩＴの機能を提供する会社
ＩＴ業界にはソフトウェア系、ハードウェア系、そして情報処理系の業務を行う企業などがある。システム全体を管理するソフトウェア（オペレーティングシステム）と、アプリケーションソフト、そしてオペレーティングシステムとアプリケーションソフトとを仲介する役割を持つミドルウェアがある。ソフトウェア系の企業は、セキュリティソフトや経営管理ソフト、顧客情報管理ソフト、各種アプリケーションなどのソフトウェアを開発している。

ハードウェアとは、コンピュータとその周辺機器（マウス、キーボード、モニターなど）を指し、ハードウェア系の企業はこれらの開発・製造を行っている。近年ではスマートフォンやタブレット機器、ゲーム機、家電などに高度なプログラムが搭載されるケースが増え、メーカーとＩＴ企業の境界はボーダーレス化している。

情報処理系企業は、企業向けの情報システムや、サイト上で利用されるサービスを開発・運用し、「システムインテグレータ」とも呼ばれる。センサーやドローンといった新サービスを提供する企業もＩＴ・ソフトウェア・

情報処理業界に含まれる。

「プラットフォーム」は、社会のインフラストラクチャーになる

モノづくりの概念に縛られていた日本をよそに、アメリカと中国では世界を変える新たな仕組みが登場し、その力は世界に拡大していった。それが「プラットフォーム」というビジネスモデルである。

GAFA（グーグル、アマゾン、フェイスブック、アップル）に代表されるアメリカのプラットフォーム型企業は、日本でも日常の暮らしの中に浸透している。GAFAはメディア・流通小売・物流・広告をはじめとする分野に、プラットフォームという新たなビジネスモデルを持ち込み、従来のビジネス構造と仕組みを激変させ、世界に台頭している。

GAFAは自動運転やヘルスケア分野への取り組みにすでに着手し、シェアリングエコノミーを切り口にしたウーバーやエアビーアンドビーは新たなプラットフォームを登場させ、プラットフォーム型企業は社会のインフラストラクチャーを目指している。

デジタル化が遅れ、大量生産発想による企業が淘汰される事態を目の当たりにして、旧来発想の企業はなんらかの影響を受ける事態に直面している。

新たなプラットフォーム型企業が登場している中国

アメリカに続いてプラットフォーム型企業が台頭している国が中国である。中国は政府の政策と企業の思惑、そして中国市場独特の社会環境が相まって、社会のデジタル化が急速に発展している。中国でプラットフォーム型企業として台頭しているのはBAT（アリババ、バイドゥ、テンセント）だ。当初彼らはアメリカのプラットフォーマーの模倣だといわれる時期があったが、現在彼らの取り組みとそのビジネスモデルは高度化しており、もはや模倣のレベルではない。

アリババはEC、バイドゥは検索サービス、テンセントはソーシャルネットワークからそれぞれのビジネスを立ち上げ、ビジネスを通じて入手した顧客データを活用して、決済、物流、信用情報、金融、クラウドなどにおいてビジネスの基盤を短期間に構築してきた。

彼らが生み出し、進化させているビジネスモデルとしてのプラットフォームは、極めて戦略的だ。その実体を知るには、アリババグループホールディング（阿里巴巴集団）とその傘下にあるアント・フィナンシャルサービスグループ（螞蟻金融服務集団）の事業展開を見れば理解できる。彼らの取り組みは、現在の日本企業には手が届かない、驚愕するレベルにある。

アリババグループのビジネスモデルの成長過程を知る

アリババグループ（※1）は、時価総額が2018年は47兆5170億9100万円（楽天証券「時価総額でみる外国企業ランキング」より）、2019年6月時点では43兆8377億円（180 Limited Liability Company の世界時価総額ランキングより）の規模にまで成長している企業集団だ。彼らのビジネスモデルは紆余曲折を経て、その都度試行錯誤の中で運用され、高度化を進めている。

①アリババの草創期　B2Bオンライン・マーケットプレイスの立ち上げ

創業者の馬雲（ジャック・マー）は1999年にB2Bのオンライン・マーケットプレイス「Alibaba.com」を立ち上げ、「モノを持っている企業」と「モノを仕入れたい企業」が互いに取引先を見つけるために利用するマッチングサイトの機能を提供した。

当時中国におけるB2Bのオンライン・マーケットプレイスは、取引成立時に手数料を支払う成功報酬型収益モデルが一般的だったが、「Alibaba.com」は企業の紹介とマッチングを基本的に無料（無料会員制）にしたことで短期間に会員数を増やすことに成功する。しかし、無料にしたことで同社は資金不足に追い込まれてしまう。

そこにベンチャー投資家が500万ドルを投資し、続いてソフトバンクの孫正義氏が2000年に2000万ドル、2004年に6000万ドルを投じたことで、同社は救われる。ちなみにソフトバンクはここでアリババの株式の37％を取得している。

「Alibaba.com」は無料にしたことで登録企業を急速に増やし、2001年末の段階ですでに100万社を超え、そこでマーケティング支援と企業認証が受けられる有料会員制度を導入した（2010年時点で「Alibaba.com」の登録企業は6180万社となり、そのうち有料会員は1.3％の81万社に上っている）。

アリババグループの飛躍は、B2Bのオンライン・マーケットプレイスでの「Alibaba.com」から始まり、そこで当初は「無料会員制フリーミアム・モデル」を採用し、会員企業が増えた段階で「一部有料会員制フリーミアム・モデル」を追加採用した。

参考資料
『ビジネスモデル全史』三谷宏治著　ディスカヴァー・トゥエンティワン刊　2014年

②「淘宝網（タオバオワン）」「支付宝（アリペイ）」「余額宝（ユエバオ）」

C2Cのオンライン・マーケットプレイスとして、個人間のオークションサイトを運営するアメリカのeベイは2002年に中国に進出。2004年の売買額は34億元に達し、売買額を急速に伸ばしていた。

アリババグループは2003年にC2Cのオンライン商取引プラットフォームとして個人間売買サービス「淘宝網（タオバオワン）」を立ち上げ、登録料・出品料・取引手数料をすべて無料にし、eベイの市場に参入した。

中国社会の問題として「商品を発送しても料金が支払われないことがある売り手の不安」と、「金銭を支払っても約束通り商品が届かないという買い手の不安」を解決し、「安心で簡易で低コスト」の決済手段が必要とされていたため、2005年にアリババグループはネット決済サービス「支付宝（アリペイ）」を開発して提供した。

「淘宝網（タオバオワン）」を利用する利用者には「支付宝（アリペイ）」を無料で提供し、売買者間のコミュニケーションを可能にするインスタントメッセージ機能とオフライン取引の促進など、当事者間の直接交流まで可能にした。これらの施策によりeベイは収入源にしているものをすべて無料にされて競争力を失い、2006年に中国市場から撤退した。

2005年に「支付宝（アリペイ）」を「淘宝網（タオバオワン）」以外のEC事業者にも開放し、2008年からは電気、水道、ガスなどの公共料金の支払いも可能になった。

また2013年には「余額宝（ユエバオ）」（※2）というMMF（Money Management Fund 換金性の高い公社債ファンド）を投入した。モバイル決済アプリの「支付宝（アリペイ）」から出し入れが自由で、銀行定期預金よりも高い利息を得られるため、銀行口座から「支付宝（アリペイ）」口座に預金を移す人が続出。「支付宝（アリペイ）」が本格的に普及する要因となった。

しかし、集客のために取った無料政策により、同社の収益源は広告費だけとなったため、新たな収益源の創出が急務となっていた。

参考資料
『ビジネスモデル全史』三谷宏治著　ディスカヴァー・トゥエンティワン刊

※１　阿里巴巴集団（アリババ・グループ・ホールディング）

創業者は馬雲（ジャック・マー）で、世界貿易のＢ２Ｂのオンライン・マーケットプレイスであり企業間のＥＣ取引をサポートするマッチングサイト「Alibaba.com」により急成長した企業集団。

「Alibaba.com」はＢ２Ｂのオンライン・マーケットプレイスとして、製品を持つ企業と製品を仕入れたい企業が互いに取引先を見つけるために利用するマッチングサイト機能を提供している。製品を持つ企業は「Alibaba.com」の自社ページに製品を掲載し、世界の企業に自社製品を紹介して新たな取引先を探せる。また広告媒体やマーケティングツールとして活用することも可能だ。このサイトを活用すれば、世界中の企業との交流を通じて、マーケティングリサーチを行うこともできる。

アリババは、ＥＣ商取引サイト「淘宝網（Taobao.com）」、検索サイト「Yahoo!中国雅虎」、電子マネーサービス「支付宝（Alipay　アリペイ）」、ソフトウェア開発会社「阿里軟件（Alisoft）」（現在はアリババ・ドット・コムとアリババ・クラウドコンピューティングに合併）などの企業を傘下に持つ。

馬雲（ジャック・マー）はアメリカ検索サイトヤフーの創業者ジェリー・ヤン、ソフトバンクの孫正義と交流があり、２００７年にはソフトバンクの取締役に就任。馬と孫はソフトバンクとアリババの取締役を兼任し、提携関係を継続している。

同社は２０１８年３月にインドＥＣ決済最大手のペイティーエムに関連会社とソフトバンクとともに出資してシェアを拡大している。また両社はスナップディールにも出資し、２０１６年４月には東南アジアのｅコマース最大手ラザダグループを買収した。

2016年3月期の決算で、傘下のサイトでの流通総額は前年比27％増の4850億米ドル（約51・9兆円）となり、アメリカのウォルマートやコストコ、フランスのカルフールを上回り、世界最大の小売企業・流通企業になった。

※2　余額宝（ユエバオ）

「余額宝（Yuebao）」とは、2013年6月にアリババの金融子会社アント・フィナンシャルが発売したMMF（Money Management Fund　換金性の高い公社債ファンド）のことで、「余額宝（Yuebao　ユエバオ）」は、アリババのモバイル決済アプリ「支付宝（アリペイ）」から出し入れが自由で、銀行定期預金よりも高い利息を得ることができる。

2018年4月まで4％近い利率を保ったことにより（2019年2月段階では2％台後半に低下）人気が沸騰し、2019年2月段階でアリペイのユーザー数は約8億7000万人、そのうち「余額宝（ユエバオ）」の利用者は3億人を超えている。

これまでに「余額宝（ユエバオ）」は4回にわたり受け入れ限度額が引き下げられ、現在は1日の預入限度額2万元、総額10万元に制限されている。2％台後半に下がったとはいえ、銀行の1年定期1・5％に比べれば、約2倍の水準にある。2018年第3四半期の段階で、「余額宝（ユエバオ）」の規模は1兆9300億元（31兆2000億円）に達し、日本の国家予算の3割に相当する。

アリババは「花唄（ホワベイ）」「借唄（ジエベイ）」などのローン商品をヒットさせ、貸し借りと支払いのすべてをアリペイ上で操作することが可能になり、さらに新しい投資信託商品を買えるようにしたことで、中国人の銀行離れは急速に進んだ。選択の余地が広がったことで、中国の個人金融は大きく進化した。その中心的役割を担ったのが「余額宝（ユエバオ）」である。

出典資料
Global Marketing Labo「余額宝って何？ アリババ金融事業の成功を決定付け、世界で最も成功したＭＭＦ」
２０１９年2月16日

③信頼性が高く有料のB2C販売サイト「天猫（Tmall）」を立ち上げて収益性を向上

「淘宝網（タオバオワン）」は登録料や販売手数料が無料で、手軽に出品できるため爆発的に発展した反面、悪質な出品者が横行し、偽物や非正規品が氾濫するという問題が生じた。

そこでアリババグループは、もともと「淘宝網（タオバオワン）」の中にあった「淘宝商城（タオバオモール）」を独立させ、厳格な審査を通過した法人だけが出店できるモールとしてＢ２Ｃの販売サイト「天猫（Tmall テンマオ）」をスタートさせた。

「天猫（Tmall テンマオ）」に出店する前提条件として、中国本土で営業許可証を持つ法人とし、中国での商標登録証や販売権利証などを提出し、２～３カ月の審査期間を経て出店の認可が下りる仕組みにした。そのため「天猫」に出店しているテナントは信用度が高く、「天猫」へ出店することが企業の評価につながっている。

消費者保護の観点から、「支付宝（アリペイ）」を採用し、商品到着後7日以内の返品・交換を自由にする措置が取られた。

「天猫（Tmall テンマオ）」は無料ではなく、販売手数料や出店料を徴収したので、「淘宝網（タオバオワン)」と「天猫(Tmall テンマオ)」の収益は、一気に改善した。また「淘宝網(タオバオワン)」向けには無料だった「支付宝(アリペイ)」も、「天猫(Tmall テンマオ)」や他のECサイトでは有料にした。B2CのECが拡大すれば「支付宝(アリペイ)」の利用率も向上し、収益に貢献するようになった。

日本企業としてはユニクロ、パナソニック、ソニーなどが「天猫(Tmall テンマオ)」に出店している。

参考資料

「中国B to C-ECシェアNo.1の「天猫」(Tmall)とは?」株式会社ecbeing ECニュース 2018年4月26日

④越境EC向けモールの「天猫国際(Tmall Global)」を立ち上げる

「天猫(Tmall テンマオ)」への出店は中国国外の企業にとっては敷居が高いため、アリババグループは国外のEC事業者を呼び込むために、越境EC向けのモールとして「天猫国際(Tmall Global)」を立ち上げた。

「天猫国際(Tmall Global)」は中国本土に現地法人がなくても出店できるため、海外企業の出店が容易になり、中国における越境ECプラットフォームの代表的地位を確立していった。日本からは資生堂、花王、ムーニー、ミキハウス、カルビー、ライオンなどが「天猫国際（Tmall Global）」に出店している。

中国のオンライン市場で最大のＥＣプラットフォーム「天猫国際（Tmall Global）」と「天猫（Tmall テンマオ）」の２０１８年の累計流通額は97兆円以上に達し、毎月7・2億人のユーザーが訪れている。

参考資料

「中国BtoC-ECシェアNo.1の「天猫」（Tmall）とは?」株式会社ecbeing ＥＣニュース ２０１８年4月26日

⑤オムニチャネルの核となるリアル店舗「盒馬鮮生」（フーマーフレッシュ）

中国のネット通販市場は、アリババ（Alibaba）と京東集団（ＪＤドットコム）の2社合計で8割を超えるシェアを占めており、中国国内では飽和感が強くなっている。そのため、両企業の目はリアルの市場（オフライン）開拓に向いている。

食品ＥＣとリアルの店舗展開というオムニチャネルで先進的な取り組みを行っている食品スーパーが、上海にある「盒馬鮮生（フーマーフレッシュ）」だ。

「盒馬鮮生（フーマーフレッシュ）」は２０１6年1月にオープンした生鮮食品スーパーで、中国の主要都市に展開している０２０（Offline to Online）の店舗だ。このスーパーは拡大を続け、開業してから3年で店舗数は150に達し、系列店舗として盒馬菜市場（フーマーツァイシー）（※1）、盒馬F2（フーマーF2）（※2）、盒馬mini（フーマーミニ）（※3）、盒馬小站（フーマーストップ）（※4）という4業態を誕生させている。

※1　盒馬菜市場（フーマーツァイシー）
上海郊外に1号店をオープンしたフーマーツァイシー（盒馬菜市場）は、郊外に住む庶民的な消費感覚の家族層を想定顧客とし、青空市場のような陳列を行う店舗。「盒馬鮮生（フーマーフレッシュ）」よりも安価に提供し、宅配サービスも行う。

※2　盒馬F2（フーマーF2）
都心部のビジネスマンやOLを対象にし、日用品や菓子などを揃えコンビニエンスストアとレストランが融合したような店舗がフーマーF2。宅配サービスはないが、アプリで注文して店舗に取りに行くことはできる。「F2」は「Fast（速さ）」と「Fresh（新鮮）」を掛け合わせた意味。

※3　盒馬mini（フーマーミニ）
平均敷地面積は、フーマーフレッシュの半分（500平方メートル）程度の小型店。

※4　盒馬小站（フーマーストップ）
「盒馬小站（フーマーストップ）」は「盒馬鮮生（フーマーフレッシュ）」がカバーできないエリアに宅配サービスだけを提供する、倉庫のような小型店舗。2019年の重点施策として2019年5月現在上海で2店舗の実験店舗がある。

「盒馬鮮生（フーマーフレッシュ）」はアリババから1億5000万ドルの出資を受け、同年3月にアリババが子会社化し、アリババは購買頻度の高い生鮮食品ビジネスに参入するための重要な企業として、盒馬鮮生を位置づけている。

「盒馬鮮生（フーマーフレッシュ）」は店舗から半径3キロメートル圏の顧客には30分以内に商品を届けることを売り物にしている。顧客が同社のアプリから注文すると、自動的に最寄り店舗が選択され商品が出荷される。出店エリアは市内中心部ではなく、住宅街である。

「盒馬鮮生（フーマーフレッシュ）」は会員制で、買い物をする際には専用のスマホアプリで会員登録を行う。このアプリは、ＥＣだけでなく店頭でも使用できる設計だ。店頭で使用する場合は、アプリからスキャナーを起動し、店頭の棚札をスキャンするとＥＣの商品ページに移動し、Offline to Online になる。

ＥＣの際にアプリを使用するときは、事前にアリババグループの決済サービス「支付宝（アリペイ）」に登録しているので、決済時にその都度カード情報を入力する必要はなく、そのままワンタップで決済できる。

アプリ経由で顧客から注文を受けると、ピッキングスタッフが店頭から商品を選択して専用バッグに収納し、バッグを売場の端にあるクレーンに載せると、天井に張り巡らされたレールを伝って、バッグヤードの配送スタッフに引き渡される。「盒馬鮮生（フーマーフレッシュ）」は店頭がＥＣの倉庫を兼ねる発想だ。

この会員制度は「支付宝（アリペイ）」と紐づけられ、同店への来店履歴や購入履歴が「支付宝（アリペイ）」の利用データとともに分析できるので、スーパーで利用されているＰＯＳデータよりも精度の高い需要予測を行っている。精肉や野菜等といった生鮮食品を「その日に売れる数量だけを製造して入荷し、その日中に売り切る」ことを実現し、廃棄ロスをなくして効率化している。

店舗内で購入した商品を決済するレジは、従来のスーパーとは異なり、店舗内の目立つ位置に大型のデジタルサイネージとバーコードリーダーによるセルフレジで決済を行う。顧客はバーコードリーダーで商品をスキャンし、最後に「盒馬鮮生（フーマーフレッシュ）」のスマホアプリに表示されるQRコードをスキャンすれば、支払いは完了する。

「盒馬鮮生（フーマーフレッシュ）」の店内には巨大な水槽が設置され、中には魚やカニなどが入れられている。水槽内の魚介類は顧客が生け簀から取り出して決済した後、調理カウンターで調理法・味付けを指定すれば、店内にいるコックがその場で料理し、店内で食べられる仕組みだ。

「盒馬鮮生（フーマーフレッシュ）」の店舗は商品のショールームと倉庫を兼ねており、売上を宅配に集約させる狙いがあり、現在のところ宅配の売上は全体の50％以上、単位面積あたりの売上は既存スーパーの3・7倍という数字を達成しているという。

その一方、江蘇省にある「盒馬鮮生（フーマーフレッシュ）」の昆山新城吾悦広場店は2019年5月31日に閉店したが、これは急激に店舗展開を進めたため十分な労働力を確保できず、店舗のサービスレベルと品質管理がともに低下し、店舗の運営効率が大幅に悪化したためだとジェトロ（日本貿易振興機構）が報じている。

参考資料

「アリババ、生鮮スーパー出店加速　年内60店から100店に計画上方修正」日本経済新聞電子版　2018年8月27日

「盒馬鮮生が初めて閉店、新小売りは調整期入りか」ジェトロ　２０１９年5月13日
「アリババ集団の生鮮スーパーマーケット「フーマーフレッシュ〈盒馬鮮生〉」に注目が集まっています。」飛天ジャパン㈱
「アリババが展開するスーパー「フーマーフレッシュ」と、ジャックマーが提唱するニューリテールとは〈後編〉」wai corporation.　２０１９年5月31日

アント・フィナンシャルサービスグループが目指す社会のインフラ化

「アント・フィナンシャルサービスグループ（螞蟻金融服務集団）」は、２００４年12月にアリババが運営するeコマースでの決済を目的に「支付宝（アリペイ）」が生まれ、２０１４年10月に会社名を「支付宝（アリペイ）」から「アント・フィナンシャル」へ変更、アリババグループから独立してFintech（フィンテック）（※１）金融機関になった。しかし、筆頭株主はアリババグループの代表であるジャック・マーである。２０１７年2月からは海外展開にも力を入れ、生体認証や顔認証を使ったFintech（フィンテック）技術にも投資を増やし、世界最大のフィンテック企業になっている。

※1　Fintech（フィンテック）
金融（Finance）と技術（Technology）を組み合わせた造語で、金融サービスと情報技術を結びつけた革新的

な動きを指す。インターネットやスマートフォン、ＡＩ（人工知能）、ビッグデータなどを活用し、新たな金融サービスを手がける企業が登場している際に用いられる言葉。

「アント・フィナンシャルサービスグループ」の主要業務としては、以下の業務がある。この業務内容をみれば、同グループが中国での金融基盤を形成しようとしている全貌が見えてくる。

①オンライン第三者決済分野「支付宝（アリペイ）」

「支付宝（アリペイ）」の提携金融機関数は２００社を超え、世界有数のオンライン決済のプラットフォームだ。単なる電子ウォレットから生活必需品へと進化を遂げ、ユーザーはタクシーやホテル予約、映画チケットの購入、公共料金の支払い、病院の予約、振込みや資産運用商品の購入をアプリから直接行うことができる。

②ウエルスマネージメント（個人財産の運用管理サービス・理財サービス）「余額宝（ユエバオ）」

「余額宝（ユエバオ）」は、預金額にかかわらず、通常より高い利回りを提供し、流動性が高いオンライン資産管理サービスを行う。

「螞蟻聚宝（Ant Fortune）」は、２０１５年８月からサービスが開始されたモバイル向け理財商品販売のプラットフォームである。

「螞蟻財富（Ant Financial）」は、２０１７年６月から開始されたワンストップ型の投資理財プラットフォームで、100社以上のファンド販売会社と提携し、2600余りのファンド商品を扱う。

③オンラインP2Pレンディング「招財宝」

P2Pとは、peer-to-peer の略である。一般的なインターネットはサーバーで処理された内容をパソコンやスマートフォンから利用する通信を行うが、P2Pは、パソコンやスマートフォン同士がつながって処理を行う。ブロックチェーンはP2Pネットワークを応用して作成されている。

P2Pレンディングとは，銀行などの金融機関を通さず、インターネットを経由して、資金を必要としている個人と資金を提供する個人を結び付ける仕組みである。アメリカやイギリスを中心に市場が拡大している。

「招財宝」は、2014年4月から開始された、ビッグデータを活用したP2Pマーケットプレイス・レンディング・プラットフォームである。

④オンライン・コンシューマー・ファイナンス「螞蟻花唄」

「螞蟻花唄（アント　ホワベイ）」は、2015年4月からスタートした後払い・分割払いのバーチャルクレジットカードサービスで、「芝麻信用（ジーマ信用　※後述）」が持つ利用者の購買・返済履歴のデータから算出した信用格付けに応じて利用限度額が変わる。与えられた信用額で「淘宝網（タオバオワン）」や「天猫（Tmall　テンマオ）」で買物をし、商品の到着確認後、翌月10日までに返済する。返済が遅れると手数料が発生する。

C2Cの「淘宝網（タオバオワン）」とB2C「天猫（Tmall　テンマオ）」だけでなく、他社のECサイトでも利用でき、2017年末の利用者数は1億人を超えている。

参考資料
NRI Financial Solutions「アリババのインターネット金融業務」2016年1月号

「螞蟻借唄（アントジエベイ）」は、2015年4月から始まった消費者ローンサービスで、「芝麻信用（ジーマ信用）」の評価スコアが600点以上の人なら新規口座開設の手続きを経ずに使用できる。「借唄（ジエベイ）」は「芝麻信用（ジーマ信用）」の評価スコアが高い人だけが利用しているため、不良債権比率が最も低い消費者金融といわれ、信用スコアを活用した融資により効率的な事業運営を可能にしている。

⑤零細企業・個人事業主向け小額信用貸付「螞蟻小貸」

「螞蟻小貸」は、「淘宝網（タオバオワン）」などから収集したビッグデータに基づいて、零細企業や個人事業主向けに「小額で、短期間に、いつでも利用可能」な小額信用貸付を提供している。2015年7月末時点で、累計で170万社の零細企業に対し、4500億元の融資を行い、不良債権比率は約1・5%と、大企業に融資する商業銀行に近い水準にある。なお「螞蟻小貸」の業務は「網商銀行（後述）」に移行される予定になっている。

参考資料

NRI Financial Solutions「アリババのインターネット金融業務」2016年1月号

⑥ネット銀行「浙江網商銀行（マイバンク）」

「浙江網商銀行（マイバンク）」は、2016年6月に設立されたオンラインサービスによる民間銀行で、主に中小企業や個人事業向けの小口融資サービスを提供する。2016年末の段階で「浙江網商銀行（マイバンク）」は277万社の中小企業に融資を行っており、累計貸出残高は879億元を超えている。

「網商貸（※1）」と名づけられた小規模企業や個人事業者向けの融資サービスは、スマートフォンのアプリから融資申請を提出すると、コンピュータで融資判断を行い、数分以内に送金される仕組みになっている。

「アント・フィナンシャル」はこの超高速融資システムを「3・1・0」という言葉で以下のように説明している。

融資申請の記入に必要な時間は約「3」分。申請書を提出すると「1」秒でシステムが融資可否を判断。そして審査はAIによる審査のみで判断を下し、審査にたずさわる人間はいないので「0」というわけである。

また農村向けの「旺農貸」という金融サービスは、農家に資金を融資するが、直接現金は渡さず、アリババ系列のECで飼料や種子、小豚、農業機械などを購入する用途に限定される。融資された資金をギャンブルや投資などに流用されることを防ぎ、農家の経営状況をネット経由で把握し、与信評価を行う仕組みになっている。

※1　網商貸
網商貸の前身はアリババによって2010年に設立された「阿里小貸」で、浙江網商銀行（マイバンク）が設立されたことで、同銀行のサービスとして引き継がれた。

参考資料
WEDGE Infinity「高口康太の「中国ビジネス最前線」「審査に1秒！　中国「超高速融資」の恐るべき実力」2019年7月28日
DG Lab Haus「コネクテッド・カウ（牛聯網）」牛もつながる中国の農業　ファーウェイ、アリババなどが推進2018年4月25日

⑦信用格付け会社「芝麻信用（ジーマ信用）」
「芝麻信用（ジーマ信用）」とは、2015年1月に中国人民銀行から事業ライセンスを取得してサービスを開始した信用格付け会社で、「支付宝（アリペイ）」の使用履歴などに基づいて、個人の信用度をスコアリングする。消費者金融、旅行代理店、ホテル、レンタカー会社、賃貸不動産会社

などと提携して広く使用されている

「芝麻信用（ジーマ信用）」のシステムにより、中国では7億人がこの点数で格付けされている。「芝麻信用（ジーマ信用）」の点数による格付けは5段階に分けられる。点数を決めるのは、アリババのECデータを中心に買い物履歴や金融ローンの支払い状況、学歴など細かな情報をAIが分析し、950点満点で点数化する。

点数に応じてつけられる格付けは5段階で、350点から500点の人は「やや劣る」、500点から600点の人は普通、600点から650点は良好、650点から700点は優秀、700点以上の人は、「大変良い」と格付けされる。

利用者はビザ申請やホテルのチェックイン時の信用保証として利用できるほか、点数に応じてアリババが提携する企業や団体から、多様なサービスを受けられる。たとえば550点以上の人は、街中で携帯の充電が無料になり、さらに点数が高くなると、病院の予約が優先され、低い金利でローンが組めるなどの優遇を受けられる。

その一方、アリババは信用が高く支払い能力の高い顧客を絞り込んで、効率的なセールスや取引を行えるメリットがある。

ちなみに中国では企業だけでなく、政府も個人情報による格付けを導入しており、鉄道や公共の場所で監視カメラを通じて国民を格付けしている。その結果、無賃乗車や車内での暴力行為など、秩序を乱した2000万人以上が、高速鉄道や飛行機の利用を禁止され、さらに信用が低い人は、ネットで名前とIDが公表されている。

システムを導入した北京市では、日々の行動が市民の信用に影響を与えている。その典型例が、自転車の駐輪である。禁止されている場所に自転車を止めると、監視カメラの顔認証システムで個人が特定され、信用の格付けに反映される。このシステム導入後、北京市ではそれまで非常に多かった違法駐輪が減る効果が出た。国が格付けする背景には、中国が国家体制を維持するために、人々の監視体制を強化する狙いがあるように見える。

参考資料
クローズアップ現代「個人情報格付け社会〜恋も金回りもスコア次第!?〜」2019年2月12日

⑧クラウドファンディング「螞蟻達客」

「螞蟻達客（ANTSDAQ）は、2015年11月から開始された株式投資型クラウドファンディングで、中小企業や零細企業、非公開株式による創業者の資金調達プラットフォームになっている。このプラットフォームを通じて資金を調達し、8件の融資案件の内2件は株式売却により利益が出ている。

⑨フィナンシャルクラウド「螞蟻金融雲」

「螞蟻金融雲」は、2015年10月から開始された金融機関向けのクラウドサービスで、金融業の業界基準を満たしたＩＴシステムを迅速に構築するためのクラウドコンピューティングサービスを手がけている。

⑩オンライン金融資産取引センター「網金社」

「網金社」は、アント・ファイナンシャルサービスグループが25％出資する「浙江互聯網金融資産取引中心股份有限公司」が運営するオンライン金融資産取引のプラットフォームで、２０１５年６月から事業を開始した。利用者は「網金社」のアカウントを新設しなくても、「アリペイ」のアカウントで取引できる。２０１７年４月末時点での累計取扱高は１９１・38億元となっている。

⑪ネット専業保険「衆安保険」と「衆安科技」

「衆安保険（ZhonAn Insurance　ジョンアン保険）」は、２０１３年にアント・フィナンシャル、中国平安グループ、テンセントによって設立されたインターネット専業の損害保険会社で、「インシュアテック（フィンテック×保険）」の世界的企業として成長している。２０１７年９月に香港取引所に株式上場を果たし、調達額は１５００億円を超えている。

「衆安保険（ジョンアン保険）」は、保険契約を保管する目的でブロックチェーンを利用し、中国全土の１００以上の病院と、記録照合及び保険金自動請求に関するデータ共有協定を締結している。

同社はネット取引サイトの「淘宝網（タオバオワン）」などで商品を購入する際、商品が思ったとおりの内容や品質でなかった際に返品する場合の返送料金を補償する保険として、一般消費者向けの「返品送料保険」を開発した。中国のeコマース市場が伸張したことでこの保険が普及し、同社が急成長する要因となった。

同社は創業から業容を拡大し、「フライト遅延保険」や「スマホ破損保険」といった商品を投入し、需要を拡大している。フライト遅延保険とは、フライト運航情報と連携し、一定時間以上の遅延が生じた場合には、契約者が直接請求の手続きをしなくても自動的に保険金が振り込まれる保険だ。

中国では飛行機が頻繁に遅延する国内事情があり、これに不満を持つ乗客によって空港が混乱する社会問題が生じていた。しかし、同保険が普及し、遅延保険金をもらえるため不満を持つ人が減り、トラブルは沈静化しているようだ。

同社は医療保険領域にも進出し、スマートフォン経由で毎日の歩数を測定すると翌月の保険料に反映する医療保険や、血糖値測定器を使って糖尿病患者の保険金を計算する商品を誕生させている。「衆安保険（ジョンアン保険）」は、これまでに日常消費・ファイナンス・航空旅行・健康・自動車保険の5分野に300以上の保険商品を投入しているが、将来は生命保険への参入を視野に入れている。

参考資料

NRI Financial Solutions「新しい保険ＩＴプラットフォームを打ち立てる衆安保険・衆安科技」２０１８年2月号

コインテレグラフジャパン「中国オンライン保険大手の衆安保険、ブロックチェーン活用を計画　アリババなどが出資」２０１８年6月2日

「衆安科技（ジョンアン・テック）」は、短期間に商品を投入・改良することを優先して進め、企画の段階から商品担当者とシステム担当者が同じチームとして検討し、短期間に商品開発が行われている。システムが容易になるように商品内容を制限することもあり、運用する際のシステム化は、他商品に転用できるように汎用性・拡張性を重視している。

衆安保険は開発してきたこれらのシステムを、新たな商品開発時には時間を掛けずに市場投入できる保険ＩＴプラットフォームとして整備。このプラットフォームを企業に利用してもらうことを目的にして、１００％出資子会社の「衆安科技（ジョンアン・テック）」を２０１６年に設立した。「衆安科技（ジョンアン・テック）」が提供する保険ＩＴプラットフォームは、保険商品を構成するシステム要素が揃えられており、同社と提携した企業は、このプラットフォーム上でこれらのシステムを組み合わせれば、自社のサービスの中に保険サービスをすぐに組み込むことができる。「衆安科技（ジョンアン・テック）」は、自らを「Leader in Global Insurance Technology」と位置づけており、この保険ＩＴプラットフォームを活用して、これまでの保険会社とは違った保険サービスを生み出す考えだ。

そのために「衆安科技（ジョンアン・テック）」は保険に関わるあらゆるデータを集積し、ＡＩを使ったビッグデータ分析によってさらに優れた保険サービスを創造する基盤づくりを目指して

いる。

参考資料

NRI Financial Solutions「新しい保険ITプラットフォームを打ち立てる衆安保険・衆安科技」2018年2月号

⑫資産運用「天弘基金」「徳邦基金」「数米基金」

「天弘基金（TIANHONG）」は、2013年5月にアント・フィナンシャルから出資を受け、「余額宝ユエバオ）」の資産を運用している。「支付宝（アリペイ）」を通じてネットショッピング決済資金向け・短期金融ファンド商品として「余額宝（ユエバオ）」を投入したことで話題になった。

2015年の年明けに「天弘基金」は「淘宝網（タオバオワン）」にオンラインのオフィシャルショップを新規出店し、以下の3商品を発売している。

・2014年以降で48・42%のリターン（収益率）を実現した「天弘永定」
・2014年以降で15・44%のリターンを実現した養老資金投資管理商品「天弘安康養老」
・2015年に新発売の投機ファンド「容易宝」

２０１６年９月末時点の基金資産管理規模は、８３２０億元で業界トップとなっている。

参考資料
チャイナ・ドリーム・サポート「余額宝」運営の天弘基金が、淘宝網（タオバオ）でオフィシャル店を開店　2015年1月8日

「徳邦基金」は、２０１５年２月にアント・フィナンシャルから出資を受けて、理財商品の開発を行う。

「数米基金」は、２０１５年４月にアント・フィナンシャルから出資を受けて、理財商品の開発を行う。

なお前述したアント・フィナンシャルグループの主要事業については、左記の参考資料を参考にし、さらに著者がデータを加えた。

参考資料
「金融サービスの姿はどのように変わっていくのか―中国で進展するデータ駆動型金融からの示唆―」（李立栄）証券レビュー　第59巻第6号　日本証券経済研究所

アリババグループのビジネスの拡張プロセスと、プラットフォーム化への打ち手

アリババグループは、中国が抱える社会問題や課題を踏まえ、またそれらをビジネス機会と見て、まずオンライン取引プラットフォーム「淘宝網（タオバオワン）」を無料で立ち上げて顧客を増やしつつ、ネット決済サービスの「支付宝（アリペイ）」を導入して、市場を拡大。さらに「支付宝（アリペイ）」の魅力を高める「余額宝（ユエバオ）」を投入して、中国国内での地盤を固めた。

次に「支付宝（アリペイ）」から顧客データを収集した後、「芝麻信用（ジーマ信用）」が格付けした顧客データを企業に提供しながら、自社の事業にも活用している。並行してビッグデータ、AI、ブロックチェーンなどの研究開発・技術開発ノウハウを、グループ事業に転用・応用していくという構図になっている（図表37）。

実務スキルを磨くシミュレーションワークショップ

「マーケティングを活用する前提と目的」を考える

図表37　アリババグループホールディングスにみるプラットフォーム化への打ち手

〈中国が抱える社会的問題や課題〉
- 中国社会の信用問題（送金しても商品が届かない、商品を発送しても代金を支払わない、模倣品や粗悪品が多い）
- 公共交通機関の整備の遅れや運行遅延
- 公共マナーと社会秩序の維持
- 中小企業の育成 など

〈アリババの打ち手１……顧客の開拓〉

〈顧客を開拓し、ECの決済手段を提供〉
- C2Cのオンライン取引プラットフォーム「淘宝網（タオバオワン）」を無料で立ち上げ
- ネット決済サービスを提供する「支付宝（アリペイ）」を導入
- 支付宝（アリペイ）から出し入れが自由で、銀行定期預金より利息が高いMMF「余額宝（ユエバオ）」を発売

〈アリババの打ち手２……個人と法人の顧客データと取引データを収集〉

〈決済利用を通じて、顧客データを収集〉
- 「支付宝（アリペイ）」を通じて、顧客データと決済データを入手

〈アリババの打ち手３……個人と法人の信用格付けと入手情報の活用〉

〈収集した顧客データを格付けし、その情報を活用〉
- 「支付宝（アリペイ）」利用者のデータを芝麻信用が格付け
- 「返品送料保険」「フライト遅延保険」「スマホ破損保険」の開発と投入
- スコアリングした個人データを消費者金融、旅行代理店、ホテル、レンタカー会社、賃貸不動産会社などに提供

〈アリババの打ち手４……技術開発と新たな情報技術資源の開発〉

〈技術開発を行い、グループ事業で新たなビジネスを立ち上げ〉
- 衆安科技が開発した「保険ITプラットフォーム」の活用
- ビッグデータ、AI、ブロックチェーンなどの研究開発・技術開発とその活用

図表38　日本における海外プラットフォーム企業のシェア

	市場規模	外国勢のシェア	シェア推移や見通しなど
インターネット広告	約1.5兆円	50～70% (2018年)	市場規模は続伸、外国勢シェアは増加見通し
EC	約7.2兆円	25% (2016年)	約2倍 (2016年→2018年)
音楽定額制配信サービス	約570億円	75%～ (2017年)	市場規模は続伸
動画定額制配信サービス	約1,700億円	20%～ (2018年)	約2倍 (2016年→2018年)
ゲーム	約1.3兆円	20%～ (2018年)	外国勢のシェア拡大 ※2018年国内DLトップ30で外国勢15社
アプリストア (※音楽・動画配信サービスやゲームなどを含む)	約1.5兆円	ほぼ100% (2017年)	市場規模は続伸

出所:「海外デジタルプラットフォームを巡る諸課題と対応策～越境経済下での対等な競争環境の整備について～」2019年３月　新経済連盟グランドデザインプロジェクトチーム

海外のプラットフォーム企業に富が集中

フェイスブックは２００４年に誕生し、その歴史は15年。アマゾンは１９９４年に生まれ、誕生から25年に過ぎず、プラットフォーム企業は短期間の内にその力を拡大した。彼らが今後もその力を発揮するかどうかは誰にもわからず、今はその名が知られていない日本企業が、明日には新たなプラットフォームを立ち上げるかもしれない。

プラットフォーム企業は市場を拡大し、日本の国内市場（図表38）を見ても、そのシェアは拡張している。

インターネット広告では市場の50～70%がグーグルとフェイスブックに集中し、外資系プラットフォーム企業のシェアはＥＣでは25%、音楽定額制配信サービスは75%と拡大している。特にアプリ市場はアップルとグーグルがほぼ１００%を独占し、しかもアプリは売上の30％を手数料としてアプリストア側に支払う仕組みのため、国内企業の収益は圧迫されている。

参考資料
「海外デジタルプラットフォームを巡る諸課題と対応策　～越境経済下での対等な競争環境の整備について～」
２０１９年３月　新経済連盟グランドデザインプロジェクトチーム　新経済連盟

マーケティングが担う役割は、時代とともに変わっていく

「モノを所有する社会」「基幹事業はモノづくり」「マスメディア」「組織小売業」といった既存の仕組みを前提にした需要対応型マーケティングから、「新たな価値づくり」「インターネット」「ＥＣ」という社会ステージに拡張し、マーケティングは需要創造型マーケティングにシフトしてきた。
そして現在は、以下のような構造の変化の中にある。

・利用を前提としたサブスクリプション
・５Ｇによるデバイス開発
・ＩＴやＡＩを駆使した新たなマッチングプラットフォームに代表される仕組みの登場

・インターネットによる双方向の情報・出会い・交易・決済・物流などへの機能拡張
・ECからリアルの商業施設に行き来するonline to offlineの普及
・銀行に変わる新たな資金調達方法と決済方法の拡大

マーケティングに携わる人は、何を前提に、どんな目的のためにマーケティングを駆使するのか。それによって、実現する内容は大きく変わる。

「モノづくり」と「モノを作ってマネタイズ（収益を得る）」というこれまでのビジネス概念だけで経営していては、企業の寿命（※1）はますます短命化する。その反面、人間の寿命（※2）は90年近くにまで延び、企業の寿命を超えて生きることになる。

※1　企業の寿命
「日経ビジネス」1983年9月19日号で「1つの会社が繁栄を謳歌できる期間は30年」という記事が掲載されたことで、「企業30年説」が語られるようになった。

東京商工リサーチは、2018年に負債総額1000万円以上で倒産した国内の企業8235件のうち、創業年月が明確な7009件を対象に東京商工リサーチが分析した結果を、2019年1月31日に発表した。その調査結果によると、2018年に倒産した国内企業の平均寿命は、前年より0・4年伸びて23・9年となった。産業別では、平均寿命が最も長いのが製造業の33・9年なのに対し、最も短かった金融・保険業は11・7年となっている。

※2　人間の寿命

厚生労働省が発表した「平成29年簡易生命表」によれば、日本人の「平均寿命」が過去最高を更新し、男性は「81・09歳」、女性は「87・26歳」となった。また「65歳」の時点の平均余命は、男性で19・57歳、女性で24・43歳となっている。

「IoT時代では『成功』の反対は『失敗』ではなく『何もしないことだ』」と言われる。

本書を手にした読者が、マーケティングのサイエンスを身につけた上で、何を実現するためにマーケティングを活用するのか。その前提と目的をここで考えてみてほしい。

短期的な売上を上げるためなのか。限られた市場ではあっても、グローバル企業にはない魅力を発揮して顧客を虜にする企業を目指すのか。あるいはこれまで存在していなかったプラットフォームを創造し、世界を魅了する価値を提供するのか。それを決めるのは、読者であるあなたの手に委ねられている。

おわりに　～社会から求められる人材を目指して～

■終身雇用はいずれ崩壊する

終身雇用は年功序列と並んで、これまで日本企業が前提としていた雇用制度だ。この制度が存在するため、日本の人材の流動性は諸外国と比べて低いままだ。

日本経団連の中西宏明会長（日立製作所会長）は2019年4月22日の記者会見で「正直言って、経済界は終身雇用なんてもう守れないと思っている」と述べ、トヨタ自動車の豊田章男社長は同年5月13日に行われた自身が会長を務める日本自動車工業会の会長会見で「雇用を維持し、税金を払っている企業にとって、もう少しインセンティブが出てこないと、なかなか終身雇用を守っていくのは難しい局面に入ってきたのではないか」と述べた。

日本を代表する経済団体と企業のトップが、相次いで日本企業は終身雇用を維持できなくなる趣旨の発言をした。

■公務員の終身雇用制度も崩壊する

与信管理のクラウドサービスを行うリスクモンスターが、2018年に就職活動を迎える2019年卒の学生の志望先をまとめた「就職したい企業・業種ランキング」を2018年3月29日に発表した。このデータを見ると、就職希望ランキングの1位は国家公務員（5・6％）、2位は地方公務員（5・2％）となり、安定を重視する学生が多いことが明らかになった。

そんな中で、奈良県生駒市長の小紫雅史氏は2019年6月2日付『ダイヤモンドオンライン』で、「公務員の終身雇用制度は10～15年で崩壊する」と題し、以下のような趣旨の指摘をした。

地方公務員法第27条第2項には「職員は、この法律で定める事由による場合でなければ、その意に反して、降任され、もしくは免職されず……」という身分保障に関する規定があるが、小紫氏は、公務員の終身雇用は10～15年後、すなわち2030年から2035年をめどに崩壊していくとし、その理由として以下の3点を挙げている。

①多くの公務員を雇用し続けることができない財政状況になる

人口減少や高齢化、行政課題の多様化などに伴い、自治体の財政状況は厳しくなり、多くの公務員を雇用し続けることができない財政状況になる。

②AIやICTの普及と外部委託の増加によって、職員が従事する業務が大きく減少する

定型業務をAIが行うようになれば、適正な職員数が今とは大きく変わり、10年もすると相当の自治体業務はAIやICTによる対応が可能になる。

③急激な社会変化や市民ニーズの高度化・多様化等に対応するには、プロジェクトごとに外部か

ら専門家を登用するほうが合理的になる

職員採用に社会人経験枠を設けて年齢制限を撤廃するなど、多様な人材を求める動きはすでに自治体で始まっている。年齢に関係なく地域に付加価値をもたらすことのできる職員を抜擢し、中途採用者などの多様な視点を組織に持ち込んで、過度な同質性をあえて乱しにいくことが不可欠になる。

その上で、小紫氏はこれから公務員になる人材は、

「終身雇用が崩壊しても役所が手離さない公務員となること」

「公務員をやめても食べていける公務員になること」

だと指摘した。

奇しくもトヨタ自動車の豊田章男社長も、2019年の社員向けの年頭挨拶で、同様の指摘を行っている。

「(トヨタ自動車の社員は)トヨタの看板が無くても、外で勝負できるプロを目指してください。私たちマネージメントは、プロになり、どこでも闘える実力を付けた皆さんが、それでもトヨタで働きたいと、心から思ってもらえる環境を作りあげていくために、努力してまいります。他人と過去は変えられませんが、自分と未来は変えられます。皆さん、一緒にトヨタの未来を作っていきましょう」

■人間だからできる仕事と機械が代替できる仕事

定型化されパターン化された仕事はＩＴやＡＩに代替され、これからの仕事は人間だからできる仕事に集約されていく。その一方でこれまで存在しなかった新たな職業も誕生していく。

１９８０年代から１９９０年代にかけて、アメリカをはじめとする製造業の現場では産業用ロボットの活用などにより、省力化が急速に進んだ。その雇用の受け皿になったのが、流通業（トラックなどの運転業務や倉庫業務）と小売業だ。

21世紀に入り、アメリカでは小売業が製造業を押さえて最大の雇用創出源となり、アメリカの労働者の10人のうち1人は小売業で働いている計算になる。アメリカの小売市場は5兆ドルといわれるが、その5分の1が２０２０年までにネットに移行すると予測されている。

アマゾンは世界中の倉庫に10万台以上のロボットを導入し、今後さらに増やす計画だ。アマゾンはロボットを導入することで個別の倉庫当たり年間２２００万ドルを節約できると試算している。将来、ドローンや自動運転車での配達も視野に入れており、アマゾンの従業員が1人増えると、リアルの小売店の従業員が2人減るといわれている。自動運転が実用化されると、全国のタクシー、トラック、バス、ウーバーなどで運転している人たちは転職を余儀なくなされる。

その一方、ユーチューバー（YouTuber）に代表される動画クリエイター、ブロックチェーンのエンジニア、データサイエンティスト、ＡＩに精通したエンジニア、プロｅスポーツ選手といった新しい職業も生まれてくる。

■マーケティングは企業だけでなく、個人にも応用できるサイエンスだ

これまで述べたように定型化やマニュアル化できる仕事は、人間が携わる必要はなくなり、人間だからできる仕事、ＩＴやＡＩでは代替できない価値を創造する仕事に私たちは取り組むことになる。人の寿命が企業の寿命を超える時代では、人は一生をひとつの企業で終えることはできなくなり、２社以上の企業で働くことが当たり前になる。

社会にとってなくてはならない存在になれば、その人の社会的価値は高まり、人生の選択肢が増える。また就職して働くだけでなく、起業して世界を魅了する企業に成長させることができれば、社会により大きく貢献できる。

マーケティングはビジネスのためだけに存在するのではなく、私たち個々人の可能性を広げる翼にもなり得るサイエンスだ。仕事はもとより、読者の可能性を最大限に拡張させるためにも、本書を通じてマーケティングの力を身につけてほしいと心から願っている。

最後に本書の執筆にご尽力いただいたプレジデント社書籍編集部部長の桂木栄一氏、同書籍編集部の田所陽一氏、同社ブランド事業本部副本部長兼ブランド事業部部長の八尾研司氏にはこの場を借りて御礼を申し上げる。

２０２０年４月吉日　酒井光雄

酒井光雄
（さかい・みつお）

マーケティングコンサルタント

学習院大学法学部卒業。事業経営の本質は「これまで存在していなかった新たな価値を生み出し、社会に認めてもらう活動」であると提唱。価値の低いものはいつの時代も、必ず価格競争に巻き込まれ、淘汰されていくとして、一貫して企業と商品の「価値づくり」を支援している。日本経済新聞社が実施した「経営コンサルタント調査」で、「企業に最も評価されるコンサルタント会社ベスト20」に選ばれた実績を持つ。
プレジデント社の『PRESIDENT Online 経営者カレッジ』のアドバイザーを務め、併せて連載コラムを執筆。同社のアップデートセミナーではファシリテーター（MC）も務める。また日経 BP 社が主催する「日経 BP　Marketing Awards」の審査委員を長年務めている。
著書・編著・監修に『全史×成功事例で読む「マーケティング」大全』『成功事例に学ぶマーケティング戦略の教科書』（共にかんき出版）、『コトラーを読む』『商品よりもニュースを売れ！ 情報連鎖を生み出すマーケティング』（共に日本経済新聞出版社）、『価値づくり進化経営』『中小企業が強いブランド力を持つ経営』『価格の決定権を持つ経営』（共に日本経営合理化協会）、『男の居場所』『図解&事例で学ぶマーケティングの教科書』『まんがで覚えるマーケティングの基本』（共にマイナビ出版）など多数。

〈オフィシャルサイト〉
http://www.ms-bgate.com/

デジタル時代の
マーケティング・エクササイズ

発　行　日　2020年4月24日　第1刷発行
著　　　者　酒井光雄
発　行　者　長坂嘉昭
発　行　所　株式会社プレジデント社
〒102-8641　東京都千代田区平河町2−16−1
平河町森タワー13階
http://www.president.co.jp/
電話　03-3237-3732（編集）
03-3237-3731（営業）

ブックデザイン　中西啓一（panix）
DTP＆図表作成　横内俊彦（ビジネスリンク）
編　　　集　桂木栄一　田所陽一
販　　　売　高橋 徹　川井田美景　森田 巌　末吉秀樹
制　　　作　関 結香
印刷・製本　図書印刷株式会社

ISBN978-4-8334-2348-9

Printed in Japan